上海研究院
智库报告系列
丛书主编 李培林

上海文化消费调查报告

荣跃明 包亚明 主编

上海人民出版社 上海书店出版社

目 录

上海文化消费调查

公共文化与公共空间

娱乐消费与网络社会

消费空间与城市实践

文化消费与空间转型

社区营造与社会融入

引言

文化消费是人们获取、拥有、感受和分享文化的一种形式。不同时期，因思想观念、价值取向和审美意识的差异，人们在文化消费中的选择往往是因人而异的。文化消费中的差异化选择，不仅呈现为个体差异，也具有群体特征；既有地域性偏好，也有代际区别。当前，新时代的我国社会发展已经进入全面建成小康社会的关键时期，社会发展正在经历深刻转型。其中，既涵盖了城乡、地区和阶层人群关系在内的结构重塑，也呈现为思想观念、价值取向和利益诉求日趋分化前提下社会共识和主流价值的重新凝聚过程。总之，某个时期社会整体呈现的文化消费面貌是这一时期社会文化发展的表征。鉴于文化消费与社会文化发展这种内在的紧密联系，文化消费调查常被用来判断和把握社会结构、文化变迁的发展历程，也被用于分析评价文化生产和供给状况，还对社会文化政策的优化完善有积极价值。也正是基于文化消费与社会文化发展的这种内在复杂关系，本项目的立题依据建立在以下问题意识之上。

上海作为我国最大的经济中心城市，经济总量率先达到了3万亿。这表明，上海城市社会已进入了后小康时代。在这样的时代背景下，上海居民的文化消费总体现状、发展趋势和基本特点呈现为怎样的态势？对上海城市发展的创新转型有怎样的意义？由上海文化消费状况所展现的上海文化生产供给状况，能否有效满足广大市民的多样化文化需求？在现有文化生产供给条件下社会主义核心价值观发挥思想引领和精神凝聚作用，还面临哪些困难和挑战？由差异化文化消费所呈现的上海城市社会结构变化有哪些趋势和特征？文化消费如何促进上海城市经济、政治、文化和社会各领域协调发展？等等。对于上述问题的思考是本项目立项研究的出发点。

一、文化消费的概念、理论和内涵

（一）文化消费概念定义

有关文化消费的概念内涵，目前尚没有一种简洁且被公认的定义。事实上，关于文化消费概念内涵的复杂多义表述，往往源于人们对于文化的不同理解和观察视角。就本项目而言，界定和明确“文化消费”的概念内涵，对于形成有价值的成果是一个重要基础。

消费本身是经济行为。因此，将文化消费限定在经济领域，有助于理解和把握文化消费的经济学意义。但是，文化消费与一般物品消费有很大不同。

首先，人们只有在满足了基本生存需求的前提下，才会形成文化消费需求，而基本生存需求往往表现为一般物品需求，如吃、穿、住、行的需求。因此，物质消费是文化消费的基础。

其次，文化消费还要具备文化消费能力，这种能力通常表现为文化消费者所掌握的文化知识、价值倾向和审美能力，是人们进行文化消费选择和决策的关键因素。

第三，文化消费本质上是一种寻求意义和实现价值的行为，会对消费者形成潜移默化的长期影响，直至改变消费者的思想观念、道德水平和审美倾向。

第四，文化消费水平与文化消费花费的时间成正比。当前，新技术的迅猛发展和广泛应用，促进了经济增长、提高了生产效益，也使人们可以自由支配的闲暇时间不断增多，这为扩大文化消费尤其是提高文化消费水平提供了前提[①]。

（二）文化消费观念

文化消费观念是影响消费者如何看待、选择和进行文化消费决策的思想倾向和观念态度。文化消费观念具有以下特点，一是文化消费观念表现为消费者对于文化消费对象内含价值的总体认知、判断和评价；二是基于文化消费观念，消费者在文化消费中完成对于文化消费对象、方式以及过程的选择和决策；三是文化消费观念的形成和演变是经济增长和社会发展达到一定阶段和水平后的结果；四是文化消费总体上是一个社会主流价值观的表征，与这一时期的经济增长和社会发展水平相适应。

当前，中国特色社会主义已经进入了经济增长和社会发展的新时代，社会的文化消费观念也正在呈现走进新时代的深刻转型。

（三）文化消费心理

文化消费不同于一般物品消费，作为一种精神活动，文化消费始终伴随着消费者的心理活动。文化消费心理具有以下特征：一是文化消费心理是对文化消费过程中，社会群体和个体的认知、感受、体验、怀旧、幻想、喜悦、悲伤、崇高等一系列消费心理活动的概括；二是文化消费心理，既是消费者的理性认知、感性审美和价值判断过程的统一，不仅影响消费者对文化消费对象、行为和过程的选择，也是消费者心理和人格成长的重要内容；三是文化消费心理是反映经济社会发展的文化表征，往往表现为社会流行趋势和时尚，是

① 参见万家良等著《文化经济学》，上海交通大学出版社，1991年版。

区分不同社会阶层和群体的标识，同时也是具有特定文化消费心理的个体连接成群体的精神纽带；四是文化消费心理不仅影响群体和个体的文化消费，也反作用于文化生产、传播和分配，因此，在现代文化生产中，通过调查来把握社会各阶层和各区域群体或个体的文化消费心理，是改善和提高文化生产效率，提升文化消费水平的重要手段。

（四）文化消费类型

对文化消费类型进行界定，通常基于对文化概念的理解。现实层面上的文化概念所涉及的范围有大中小之区别。所谓“小文化”，一般是指文艺，包括文学、戏曲、音乐等不同门类的文艺形式；“中文化”涉及的范围大致与宣传思想文化工作相当，即宣传系统的工作范围：除小文化所指的文艺外，还有理论社科、新闻出版、精神文明建设、对外文化交流传播等；“大文化”的概念实际上超出了现有文化体制中宣传系统的工作范围，将整个社会与文化相关的部门都纳入了其中，包括教育、体育和旅游等。

以生产的观念来看文化，即把文化实践看成是一个生产过程，目前的文化两分法就容易理解了：面向全体居民的公共文化服务，是由政府提供的；而百姓花钱购买所需要的各种文化产品和服务，则由各类从事文化生产经营的市场主体来提供，这类文化生产的市场主体统称为文化产业。实际上，这两部分的文化产品或服务，都需要由生产来提供。

以生产的观念来看文化消费，文化消费处于文化生产链的终端环节，是文化生产的目的；没有文化消费，文化生产没有意义。在现实中，理解文化的概念有大中小不同的范围。同样，文化消费也有狭义和广义两种理解，前者主要表现为以文化艺术为对象的单纯消费行为。例如，看电影、听音乐会、去博物馆或美术馆看展览，阅读文学作品，去社区文化中心这一类公共文化机构参加各种文化活动，等等。

广义文化消费涉及范围更广，其主要特点是文化消费行为与非文化消费行为的融合。例如，绝大部分奢侈消费具有这样的特征，是一般物品消费与文化消费的一体化；此外，在一般商品功能和质量已无差别的情况下，以品牌赋值的形式来使某个商品形成与同类商品的差异化特征，而消费者对这一品牌的选择，意味着在消费这一商品的同时，还消费了这一品牌所具有的符号意义。因此，广义的文化消费，是基于一般物品消费的符号消费。综上，文化消费是基于内容、意义和符号需求的消费行为，在文化生产链上居于终端环节，对文化生产链上内容、意义和符号的生产、传播和分配行为有巨大的影响和作用，但并不总是一一对应的。

当下，文化消费可分为影视观赏、书报刊阅读、观看现场演出、看展览展示、休闲娱乐、旅游观光、艺术教育培训七个大类；此外，每个大类下还包含若干小类。

（五）文化消费方式

文化消费方式是指消费者占有和享用文化消费品的途径、手段和方法。第一，文化消费方式通常可以区分为三种基本形式，一是群体性的文化消费方式，即由众多消费者共享同一文化消费品。例如，数千人在同一个影剧场同时观看一部电影或观赏一场演出。大众文化产品的消费方式，通常具有这种群体性特征；二是家庭式或小众化的文化消费方式，事实上，文化消费方式不断转向家庭式或小众化是文化发展多元化趋势的表征。例如，现在小型、多厅的影院已经成为影院建设和运营的基本模式；三是产销一体化文化消费方式，如卡拉 O K 和广场舞。这种文化消费方式的本质是生产与消费的融合。在现实中，随着多元文化的不断发展和丰富，文化消费的产销一体化方式已经发展出很多变体，如卡拉OK和广场舞等文化活动的自娱自乐型，粉丝推动的内容持续生产和消费，以及网络文学中的作者与读者互动推进创作的模式。等等。

第二，文化消费方式与文化生产、传播和分配方式，在完整的文化生产、传播、分配和消费循环链条中，形成了互为因果的结构关系。文化生产、传播和分配方式的变迁，会引致文化消费方式的变化，反之也一样。

(六) 文化消费形态

通常,文化消费类型是以消费对象的特征来进行分类;文化消费方式则是以人们分享文化的形式来界定;而文化消费形态则是由文化生产、传播和分配方式、文化消费类型,以及文化消费方式等综合因素相互作用所呈现的形态。例如,随着网络信息技术的发展和应用,文化生产、传播和分配的业态不断变迁和出新,进而影响终端消费,形成了新的文化消费形态。当前,新的文化消费形态以网络文娱产业所对应的网络文化消费形态最为典型,例如,在网络信息技术迅猛发展和广泛应用条件下,人们的阅读方式已经从传统的纸质报刊图书,转向数字报刊图书。

二、影响文化消费的经济社会发展趋势

(一) 中国经济增长新阶段、新特征、新动力

党的十九大报告明确指出,我国经济已由高速增长阶段转向高质量发展阶段,正处在转变发展方式、优化经济结构、转换增长动力的攻关期,建设现代化经济体系是跨越关口的迫切要求和我国发展的战略目标。必须坚持质量第一、效益优先,以供给侧结构性改革为主线,推动经济发展质量变革、效率变革、动力变革,提高全要素生产率,着力加快建设实体经济、科技创新、现代金融、人力资源协同发展的产业体系,着力构建市场机制有效、微观主体有活力、宏观调控有度的经济体制,不断增强我国经济创新力和竞争力。

当前,我国经济增长的创新转型,正在为文化发展创造新的基础。一是广大人民群众生活水平的不断改善和提升,激发了人民群众精神文化需求的日益增长,推动了文化生产和消费的持续扩大;二是我国是文化资源大国,将各种文化资源转化为生产要素,是推动经济增长由高投入高消耗转向高质量高效益发展的重要方法和手段;三是文化生产和消费的持续扩大,使文化生产和消费作为整体经济构成的组成部分其重要性日益突出。据国家统计局

发布的最新数据，2016年全国文化及相关产业增加值为30 785亿元，同比增加13.0%，占GDP 4.14%，同比增加17%，文化产业增加值占GDP比重逐年增长。十八大以来，我国文化产业整体呈现快速增长态势。

（二）网络信息技术推动经济与文化融合发展

当前，大数据、云计算、人工智能等网络信息技术的迅猛发展和广泛应用，正在深刻改变人类生产和生活方式，正在重塑经济和社会结构；产业组织和形态呈现出一系列新特征，社会文化新观念和新实践层出不穷，如网络平台、线上线下、共享经济、合作分享、产销一体等。在经济和社会层面，以网络传播技术的发展应用为先导，经济和社会的深度信息化，不仅促使传统产业分化重组，并在与互联网深度融合中不断创造出新业态，而且也使整个社会都呈现出媒介化特征。社会媒介化趋势使所有竞争——无论是经济、政治还是社会领域的竞争——都转变为文化影响力和传播力的竞争，并推动不同产业间的分化重组和跨界融合。由此，文化生产、传播、分配和消费的发展获得了前所未有的巨大空间。

（三）文化产业、创意产业、创意经济

文化产业是文化生产、传播和分配的重要形态，是文化消费产品的供给者，作为一个古老的生产行业，不同历史时期的文化产业具有不同形态和特征，而无论哪个历史时期，文化产业共有的鲜明特征是以内容复制传播为核心，通过生产的社会化和组织化来进行文化消费产品的规模化生产。

由于人类精神文化需求的永恒性，不同历史时期的文化产业总能突破产业发展的生命周期，在传播技术助力下，实现业态更新和可持续发展。21世纪以来，网络信息技术迅猛发展正在引领当代文化产业挣脱传统行业藩篱，通过跨界融合来重塑业态，而创意产业正是文化产业突破自身局限所获得的新命名和新业态。创意产业超越了文化产业，不仅使科技创新和文化创意得以汇聚，更使物质生产与非物质生产形成融合。

正是创意产业所具有的融合特征，不仅促使文化生产、传播、分配和消费规模的持续扩大，同时也进一步增强和提升了文化生产和消费在整体经济中的影响力和重要性。事实上，当创意产业总产值在一个国家或城市的GDP总量中占比超过12%时，创意产业已经在整体经济中扮演主导产业的角色，既为经济增长提供动力，也为经济结构重新塑型，进而推动整体经济向创新引导的创意经济转型。

（四）中国中产阶层的文化消费规模和影响

社会分层理论认为，可以根据收入、职业和教育背景的状况来确定某个人的社会阶级或阶层归属。目前，我国对于中产阶层的划分和认定，主要是看其收入和职业；但是，由于我国地域辽阔，区域和城乡发展差异巨大，有关我国中产阶层的认定尚无共识和统一标准。据国家有关部门估计，我国现有中产阶层人口规模已达3.7亿，占到全球中产阶层人口总数的30%，约占我国13.9亿人口总数的26.6%。对现代社会而言，中产阶层是经济增长和社会发展的中坚力量，中产阶层生活水平的不断提升和群体规模的持续壮大，将有力地支撑着社会结构的稳定和可持续发展。中产阶层的文化消费不仅是其阶层群体的文化表征，也是社会观念和主流价值的再生产过程，很大程度上将引领和影响整个社会的文化消费走向。

（五）经济转型中的文化因素

当前，中国经济正在从高速增长向高质量发展转型。经济发展的创新转型，扩大了文化生产和消费的基础，创造了巨大的文化生产和消费新空间；与此同时，文化生产和消费自身也在经历深刻转型，并在整体经济向高质量发展转型中日益发挥重要作用。

文化生产和消费积极促进整体经济创新转型，主要经由文化资源资本化和艺术品金融化来实现，其作用方式主要有四个方面，一是借由文化资本化，将文化资源转化为现实资本，通过市场流动和交易不断扩大生产要素规模，在体现文化价值的同时,实现了文化的经济价值;二是文化资本化促进了文化生产和消费,提升了消费者的文化修养和艺术审美能力;三是文化资源资本化和艺术品金融化促进了现代金融业的发展,文化艺术作为新的资产类型获得了市场认可,既扩大了金融资源,也催生了文化产业新业态,如艺术基金、艺术银行、艺术品租赁和仓储等文化艺术资产管理行业;四是文化资本化和艺术品金融化加速了物质生产与非物质文化生产的一体化,借助于艺术设计和艺术版权经营,文化资源和资本正加速融入制造业、农业和服务业等传统产业,尤其是在一般产品生产制造的品牌化发展中发挥关键性作用。

(六) 消费转型中的文化因素

我国消费转型和升级在整体经济转型中所发挥的基础作用日益突显。首先,消费正在发生结构性变化,一方面物质消费仍保持增长,另一方面,服务消费则呈现加速增长态势:生活富裕后人们对于教育、健康、医疗、旅游、体育和文化娱乐的需求日益增长,而社会生产为这一类需求提供的服务消费所创造的产值在经济总量中占比重不断提高,消费的持续扩大已成为推动经济增长的重要动力。

其次,以收入提高为基础的消费升级,实际上是由文化消费驱动的,改变消费观念对提升消费水平是一个关键因素。供给短缺时代的消费要解决的问题是有没有符合需求的消费品,而生产过剩时代的消费则追求产品的更优品质。生活富裕并不能自动地引致消费升级,例如,人们必须具备健康知识和观念,才会更加主动积极地接受健康服务和消费更多的保健用品。因此,追求品质生活是一场生活方式和消费观念的变革,而这是推动消费转型和升级的精神文化动力。

第三,尽管经济转型中消费转型和升级正在加速,但一般物品消费与服务消费、传统消费和新型消费并行不悖,社会整体消费呈现出多元化和差异化趋势。当前消费结构的复杂特征反映了我国经济社会发展不平衡和不充分的现实,其中隐含着由地区、城乡、阶层群体和不同代际之间发展差异所导致的思想观念、价值取向和审美能力的差异和张力。把握当前消费结构复合型的复杂特征和社会精神文化多元化、差异化发展趋势之间的内在联系，是理解当前我国文化消费复杂性的关键。

（七）空间转型中的文化因素

经济转型的重要特征之一是空间转型，无论是工业化、城市化和信息化的三化融合，还是区域协调发展、特色小镇建设和乡村振兴战略的实施，都在持续推动空间重塑。在空间转型中，空间生产正在由物质生产转向文化生产，由单一功能的空间生产转向复合功能的空间生产。景观意识的觉醒是空间转型的显著标志。景观是社会价值的情境化，是综合性符号表征，是人与自我或外部世界各种关系的意义外化和呈现，是人之于自然、社会、未来的认知态度和期望追求。在空间转型中，环境优美整洁、社会安定有序、人际关系和谐友善、历史文脉得以延续、社会记忆能够留存、文化遗产获得保护和传承等等，再造景观能否容纳上述这些愿望，并使之相得益彰，不仅要有愿景，更要有景观所呈现的空间公平和正义。实现空间公平和正义，根本在于社会生产中，要在让资本发挥资源优化配置作用的同时，有效地抑制资本贪婪；事实上，共享文化是文化的本质，从空间到内容，持续地扩大公共文化的生产供给规模，是文化超越资本、最终实现空间公平和正义的根本途径。

三、文化消费的社会特征和意义

（一）社会系统的意义再生产与文化消费

社会系统是社会结构各要素之间相互连接和相互作用的整体。社会结构各要素之间如何连接、为什么这样连接，以及怎样相互作用，需要通过文化阐释来理解，文化为社会系统的运行提供了价值体系和意义阐释方法。从这个意义上说，文化消费在社会系统运行中发挥着意义再生产的作用，人们通过对不同文化产品和服务的选择，象征性地表达自己的思想观念、价值取向和审美情趣。因此，文化消费的多元化和差异化及其趋势走向，既是阶层和群体分异的文化表征，也是社会结构不断演化的标志。

（二）新时代中国社会主要矛盾新变化的文化解读

党的十九大明确指出，中国特色社会主义进入了新时代，社会发展的主要矛盾已经从人民群众日益增长的物质和精神文化需求与相对落后的社会生产力之间的矛盾，转变为人民群众向往美好生活的需要与不平衡、不充分发展之间的矛盾。一方面，社会主要矛盾的变化标志着经济社会转型；而人们物质精神需求的变化，表明生活水平的不断改善，正在促使人的需求的心理层次不断提升[①]；另一方面，人们的物质和精神需求的不断变化和日益复杂多样趋势，不仅直接影响和制约文化生产、传播和消费，同时也表征了社会文化多元多样形态和当前社会结构分化重构的相互对应关系。

（三）文化消费的社会群体特征

经济增长和社会进步是人的需求层次变化的基础，而人的需求在心理层次上的提升是推动消费结构变革的精神动力。文化消费规模的持续扩大以及所呈现的多样性、差异化和复合型趋势，正是人的需求层次提升的反映，既展现了不同阶层和群体的文化偏好，也呈现出文化消费的地区特征和代际差异，是以群体性消费方式来表达的观念、价值和情感。把握文化消费的群体性特征，对于改善文化生产、供给和服务，具有重要意义。

（四）社会价值观变迁背景下的文化消费趋势

进入新时代，随着经济增长和人民群众生活水平的不断提高，人们的思想观念和价值取向在日趋多元化的同时，社会价值观也在发生从物质主义

---

① 参见［美］马斯洛. 动机与人格：华夏出版社，1987年11月第1版

向后物质主义[①]的趋势性改变，对物质和精神文化的需求转向了向往美好生活的需求。这种转变趋势，一方面是现实生活中人们心理需求层次不断提升和自我价值不断实现的表现；另一方面，也在涉及文化消费的各个方面展现出来，无论文化消费观念、形式和形态等都发生了重要变化。在文化消费变迁趋势中，人们文化消费的动机已经超越了“有无”，而是向往“更好”。例如，在生活消费中人们普遍追求品质生活，更加注重消费产品的质量和服务体验。这种趋势，一方面对现实的文化生产和供给服务提出了新要求，另一方面，也为文化渗透社会生产和生活的方方面面创造了巨大空间，文化消费日趋呈现复合型消费特征，即物质消费和文化消费的融合。

（五）工业化、城市化、信息化进程中的文化消费变迁

进入21世纪以来，中国特色社会主义现代化进程日益呈现出工业化、城市化和信息化三化重叠融合的发展态势，一方面对人民群众的文化消费产生深刻影响，推动了文化消费变迁形成新的特点和趋势；另一方面，由于我国地域辽阔、地区和城乡差别巨大，也使文化消费呈现复杂分异景象，社会阶层、群体和不同代际的人们的文化消费具有各自鲜明特点。一是工业化、城市化进程带来了人口的大规模流动，大量农村富余劳动力进入城市从事非农生产劳动并在城市居住生活，但农民工群体在向新市民身份转变中遭遇不少困难。人口的城市化滞后于以工业化为载体的城市化，不仅给城市带来新的二元结构，也在文化消费上形成了群体分异特征；二是我国经济体制改革始于农业农村，进入21世纪以来，新农村建设、田园综合体建设、特色小镇建设以及十九大确立的乡村振兴战略，正在加速推进我国农业、农村的现代化进程，但我国农业农村的现代化仍任重道远。农村的文化消费虽有基本公共文化服务供给给予保障，如文化下乡的大篷车、电视、电信的村村通、乡村书屋等，但农村文化消费相对供给不足，且主要以传统文化消费样式如民俗、民间文化为主。农村和农业人口的文化消

① 参见［美］罗纳德·英格尔哈特《现代化与后现代化》，社科文献出版社2013年版。

费水平相对较低且供给单一和不足，与城市快速发展的文化消费新趋势形成了鲜明对比。三是当前我国着力推进的“互联网+”战略正在加快社会深度信息化进程，并创造出不同于传统的文化生产和消费全新空间，依托网络，以手机、电脑和其他终端设备作为文化娱乐工具的新型文化消费样式，跨越了城乡和地区发展的鸿沟，带动了庞大的网上文娱产业和消费的形成，如网络文学、网络游戏、网络音视频等等，而新型文化消费群体主要是年轻人。

（六）老龄化与文化消费

人的社会化进程中，青少年时期个体的环境（包括家庭和社会环境）对其学习、交往、工作中的经验积累、心灵成长和个性形成有着重要的形塑作用。青少年时期因环境和经历等因素形成的价值倾向、情感喜好和审美趣味等影响行为选择的生活习惯具有长期稳定性而不易改变，甚至影响一生。因此，社会发展和时代变迁会在不同人群之间形成较为鲜明代际特征，并在文化消费观念和文化消费方式等方面表现出来。

我国人口已呈现老龄化发展趋势，尤其在沿海和发达地区老龄人口在总人口中结构占比更高。退休老人有更多空闲时间，文化娱乐和休闲活动是老年人群生活的重要内容，并对他们的生活质量有重大影响。体现老有所养，进一步保障和提升文化民生水平，必须准确把握老年人口的文化消费代际特征，不断改进和完善老年人群的文化供给服务。

四、文化消费研究反思

（一）文化消费研究现状

21世纪以来，在马列主义、毛泽东思想、邓小平理论、“三个代表”重要思想、科学发展观和习近平新时代中国特色社会主义思想指引下，我国文化建设形成了大繁荣大发展的新局面。文化体制改革的全面推开和不断深入，极大地解放了文化生产力，并带动了文化消费在经济增长和人民群众生活水平普遍提高支撑下的快速增长；文化消费不仅丰富了人们的精神文化生活，也成为促进经济增长的重要动力；网络信息技术的迅猛发展和广泛应用，不仅扩大了文化发展空间，也催生了形形色色的文化消费新业态和新方式。

当前，文化消费研究主要呈现以下几种方式和类型：一是随着文化体制改革的不断深入和文化产业的快速发展，由文化消费推动的文化产品需求增长，吸引了相关生产要素和资本向文化产业高成长行业和领域加速集聚，而这一类文化消费研究通常由商业咨询机构通过问卷调查和行业发展数据分析研究等方法形成研究报告，为引导资本流向和行业发展资源的优化配置提供决策参考意见。近年来，一些商业咨询机构或行业组织发布的有关文化消费状况年度报告或行业发展趋势报告，已经对相关行业领域的资本流动和资源配置产生了积极影响。此类成果一般以商业咨询机构的产品在市场上出售，因很少成为相关学术研究的基础材料。

二是随着互联网技术在文化领域的广泛应用，基于互联网平台的文化消费新形式层出不穷。管理部门和相关研究机构运用运营平台积累的文化大数据，研究分析网络文化消费和网络文娱产业的新趋势和新特征，为推进互联网文化产业和消费的健康发展提供预测判断和参考意见。如，中国互联网信息中心发布的报告，不仅反映我国互联网技术发展和应用的现状，也有专题性的分析报告，其中不少内容涉及网络文化娱乐活动，特别是新型网上文娱消费形式。根据中国互联网信息中心2018年1月发布的《第41次中国互联网络发展状况统计报告》显示，2017年，我国网络直播用户增长迅速，已达4.22亿，仅游戏直播用户就达2.24亿户。

三是专业学术机构开展的有关区域、城市或某一文化领域的文化消费研究。这一类研究通常采用政府相关管理部门发布的年报数据并结合社会学问卷调查方法，进行分析研究并形成年度报告。其中，比较有影响的是由王亚南主编的《中国文化消费需求景气评价报告》（年度报告）①，已连续多年

① 《中国文化消费需求景气评价报告》是王亚南主编、社会科学文献出版社年度出版的反映和评价我国文化消费发展状况的年度报告。

发布；中国传媒大学文化产业研究院组织实施的“中国城市文化消费调查报告”工程系列研究成果《中国城市文化消费报告》(北京卷)、(上海卷)、(广州卷)、(郑州卷)、(长沙卷)[①]等；此外，还有吕炜等著《中国文化消费报告》[②]、《西部文化消费与文化市场》[③]等。

（二）文化消费研究反思

总体看，目前我国文化消费研究的三类主要成果特色鲜明，以商业投资为目的的文化消费调查研究注重以调查问卷方法获取数据，但这类成果主要服务于投资，更多关注文化产业各行业创新增长的经济价值，对由文化消费所形成的意识形态和伦理效应缺乏应有敏感；依托互联网平台的文化产业运行所形成的大数据，进一步扩大了文化消费研究的资料基础，但大数据作为研究资料与传统研究资料有很大不同，需有专门处理技术和新的研究方法，而依托大数据的文化消费研究新方法尚在形成之中，因此目前以文化大数据为基础形成的研究报告，虽有部分内容涉及文化消费，但尚未见有群体细分和阐释完整尤其是更具有社会学意义的成果；学术机构的文化消费研究成果多以年报统计数据为依据，且偏好文化消费的地区差异分析，但明显缺少对不同群体差异的精细刻画。目前为止，综合上述三种主要研究方法的文化消费研究尚未有见。

（三）文化消费差异形成的影响因素及动力

阶层划分是对社会群体特征进行描述的前提。有关目前我国阶层群体的划分，社会学界尚没有一致意见。陆学艺提出的五个等级和十个阶层的划分方法有较大影响；此外，九大阶层的提法也有较大的影响。近年来，社会学界提出了“新阶层群体”的概念，作为社会发展变迁的重要表征，这一群体所

① 《中国城市文化消费报告》是以城市为单位，分析和评价城市文化消费的研究报告，目前已经完成和出版了一线城市和部分二线城市的研究报告。

② 吕炜：《中国文化消费报告》，社会科学文献出版社2016年版。

③ 李菊梅、刘从水、王志刚、笪田田、赵庆文等著，《西部文化消费和文化市场》，云南大学出版社2016年版。

具有的社会特征已被广泛认可。社会阶层群体划分及各阶层群体相互关系的确定，通常是社会学关注的对象，而社会各阶层群体的特征及相互关系如何影响或制约文化消费，尚未见有系统的研究成果。

我国幅员辽阔、地区差异巨大，这一基本国情对我国经济社会发展产生了深刻影响，无论是时间维度还是在空间维度上，我国经济社会的发展整体上都呈现为差序格局，并对文化消费产生重要影响。社会学依据人的职业、收入，以及掌握的资源来划分人的阶层群体归属。对于不同人群在文化消费上表现出的不同，其影响因素究竟是其阶层群体归属，还是其所在地区的发展差序所致，需要通过实证的方法才能验证。事实上，影响文化消费差异形成的因素远不止上述几种，一个地区的历史文化传统也会对其文化消费产生重要影响，形成差异化的地方文化消费特色。

（四）文化消费新趋势

随着新技术的发展和应用普及，文化生产和传播的方式不断创新，催生出一系列文化消费新形式新趋势：一是网络为媒介平台的文化娱乐正在成为文化消费的新形式并在整体文化消费中占比不断提高；二是移动终端设备的普及是网络文化消费不断壮大的基础；三是网络文化消费正在跨越文化消费的传统制约因素，特别是发展不平衡不充分的主要表现——三大差别；四是新的文化消费方式的不断扩张壮大，不仅没有压缩传统文化消费方式的发展空间，反而进一步促进了传统文化消费方式与新型文化消费的融合，并在整体上推动了文化消费的升级发展。

五、文化消费调查统计：方法、路径和方案

（一）文化消费统计

宣传思想文化系统的年报统计数据（按部门、单位和机构统计）；文化及其相关产业年度统计数据（十大类行业，分核心层、相关层和外围层）；公共文

化服务年度统计数据（设施利用、机构服务项目供给及覆盖人群、服务供给效率统计）；总投入和产出总效率。

文化消费统计数据来源于文化机构和部门的年报数据（上海的这些数据由《上海文化统计概览》[①] 发布。此外，国家统计局和中宣部每两年发布《文化及其相关产业统计年鉴》[②]）。实际上，年报数据不能直接反映文化消费状况，尤其是无法反映不同阶层和群体差异化的消费特点。但年报数据可以从供给侧角度反映消费中出现的新趋势和新特点。

（二）文化消费调查统计

要获得不同群体和阶层差异化的文化消费数据，必须采用社会学问卷调查方法，根据理论假设，进行问卷设计，按照覆盖的地区和人口规模，确定样本发放数量，以确保抽样结果的科学性。价值观变迁往往是在代际之间完成的；群体经验则是通过空间或场所展现的。换句话说，文化消费不仅具有群体和阶层特征，还具有代际和区域特征。本次调查统计目标是获得上海区域范围内各文化空间或场所的不同群体和阶层文化消费特点的数据。

（三）文化消费大数据的运用

随着网上文娱产业的迅猛发展，网络文化消费或利用信息技术改善传统文化消费方式，都积累了规模庞大的大数据，充分利用这些非结构化的大数据，需要有处理这些数据并从中发现意义和价值的科学理论和方法。基于文化消费的理论假设，运用地理信息技术方法，可以有效地处理各类文化消费网站产生的数据，并从中筛选和获取对于文化消费调查有价值的信息。

---

① 《上海文化统计概览》是上海的年度性文化统计数据汇编，由中共上海市委宣传部和上海市统计局联合编制和发布。

② 《文化及其相关产业统计年鉴》(2018)

(四) 上海文化消费数据的来源和获取

根据文化生产、传播、分配和消费以及在网络信息技术广泛应用背景下的过程特点，对了解和掌握文化消费相关特点有意义和有价值的数据，大致分为三类，一是由各类文化机构和部门运行中形成的数据，通常由政府相关管理部门按分类进行汇总统计，形成年报数据。文化年报数据主要反映文化生产供给情况，与文化消费相关，但不能完整全面地反映文化消费情况；二是各类与文化相关的网络平台积累的海量数据，这部分数据的特点是五花八门，首先需要分类，然后才能按照特定的方法进行处理，从中筛选出对于文化消费有意义和价值的信息。文化大数据的获取需要由政府相关部门进行协调，目前，上海数据交易中心已经运营，但尚未形成强大的文化大数据存储及服务能力，需要有关部门协调掌握数据的相关单位来提供数据；三是通过问卷设计来开展社会学抽样调查，以获得更有针对性的数据。本次调查将汇总上述三类数据，为上海文化消费现状调查、趋势分析和特征把握提供依据。

(五) 本次文化消费调查的理论假设和方法

随着中国特色社会主义现代化建设进入了新时代，文化消费领域已经并将持续呈现深刻而复杂的变化。把握文化消费变化新趋势，不仅对改进完善公共文化服务的生产和供给、促进文化产业提升生产效率、更大程度上满足广大人民群众的精神文化需求有积极意义；同时也可以为完善文化政策，加快文化发展繁荣提供参考。上海是我国经济中心城市，同时也是我国文化消费水平最高的城市。上海的文化消费调查，其意义和价值将超出上海城市本身的地域范围。本次调查，是继2003年后，上海又一次规模较大的文化消费调查。与前次不同，本次调查在注重把握文化消费最新发展趋势的同时，重点关注文化消费的差异性特征；而调查研究方法上，除使用传统的社会学调查方法外，还将用数据驱动的研究方法，综合运用不同类型的材料和数据，力图更加客观、全面和科学地展现上海文化消费的结构形态和变化过程。

“上海文化消费调查”研究项目得到了中国社科院上海研究院的立项资助；中国社科院上海研究院副院长、上海大学原副校长、中国社会学会会长李友梅教授给予本项目高度关注和热情鼓励，多次与课题组成员讨论研究方案，并提出了不少建设性意见，为本项目深入展开和最终完成提供了重要支持；本项目由我提出选题，包亚明研究员和我共同牵头组织研究团队。在项目研究过程中，来自不同学校或单位、具有不同学科背景的团队成员充分发挥个人学术专长，积极开展分工协作，使本项目研究既具备了相当深度，也涵盖了较为广泛的领域。当然，本项目成果的学术价值和现实意义，还期待学界批评和实践检验。

（荣跃明）

公共文化与公共空间

价值的发现：上海公共文化服务机构文化产品调研

一、"文化产品"是连接公共文化服务机构与公众生活的重要津梁

公共文化服务机构是满足上海市民追求物质与精神消费文化赋值的重要渠道。本研究所指公共文化服务机构主要包含博物馆、美术馆、图书馆、档案馆、文化馆等。公共文化服务机构已经突破了传统的展示、查阅等功能，在城市生活中的教育、休闲、社交、生活体验等功能日益凸显，成为城市空间中的新型复合型文化消费空间。在这一消费空间中，"文化产品"作为公共文化服务机构贴近公众生活的新连接点，是将公共文化服务机构的理念与服务"送出去"和将公众"引进来"的重要手段。而"文化产品"既是实体消费的对象，也因其文化内涵成为符号、意义等内容服务的载体。"文化产品"既涵盖临时展览、公益讲座、专家导览等传统形式，更包括公共教育与体验课程、

文化创意产品等新形态。

2016年国务院下发《关于推动文化文物单位文化创意产品开发的若干意见》，为公共文化服务机构，尤其是文化文物单位进一步全面贯彻落实“创新、协调、绿色、开放、共享”五大发展理念提供了新内容，为弘扬中华优秀文化、传承中华文明、传播社会主义核心价值观提供了新路径。2017年3月，《中华人民共和国公共文化服务保障法》正式施行。2017年底，上海市人民政府印发《关于加快本市文化创意产业创新发展的若干意见》(简称“上海文创50条”)，其中提到“推进文化领域有序开放，在互联网、文化、文物等专业服务业争取更多的扩大开放措施先行先试。”政策法规的颁布施行，为上海公共文化服务机构文化产品的生产营销提供了有利的引导和支持，同时也表明公共文化服务机构在突破固有经营管理模式的过程中，积极开发文化产品是新机遇和大趋势。

因此，提升上海公共文化服务机构文化产品生产与消费水平的意义主要包括：

(一) 文化产品推动公共文化服务机构更好地适应消费转型升级的宏观趋势

传统意义上未被纳入文化消费范畴的公共文化服务机构，随着公众对消费品质的日益追求，以及文化消费的空前激发，而成为文化消费的重要组成部分。文化产品是“客观化的文化资本和经济资本的统一”[①]，因而文化产品是公共文化服务机构适应文化消费趋势，实现更有效的公共服务的重要抓手。

(二) 突破固有模式，与公众生活建立更紧密联系

释放文化供给侧改革的驱动力，推动公共文化机构打破以往单一的知识

① 薛晓源，曹荣湘：《文化资本、文化产品与文化制度——布迪厄之后的文化资本理论》，载《马克思主义与现实》2004年第1期。

传播模式，促使其社会职能不断向贴合公众生活的方向转型。一方面提升公众对公共文化机构的参与程度，形成良好的学习生态体系，另一方面也将公共文化机构所提供的服务延伸至公众日常生活之中，帮助公众将机构文化资源和文化信息“带回家”，这是后物质主义时代人民对美好生活的向往，以及文化消费转型的实际需求。

（三）创造新型方式，助力打响“上海文化”品牌

博物馆、美术馆、纪念馆和图书馆都是一座城市重要的文化地标，标志着城市的文化厚度，应当在打响“上海文化”品牌的过程中发挥更积极的作用。文化产品能够让公共文化机构散发更大的文化活力，并在供给端与需求端之间建立更有效的连接。文化产品本身就是很好的文化传播载体，在以人民为中心的发展理念的引领下，文化产品以市场需求为出发，能够形成具有上海特色、展现上海文化资源优势的品牌，彰显“上海文化”标识度，让文物说话，让历史说话，让文化说话。

（四）提升机构收入，反哺公益性文化事业

公共文化服务机构开发文创产品，将一定程度上提升自我造血功能，是解决投入不足、发展乏力问题的补充手段，也是增强服务能力、提升服务水平、丰富服务内容的必然要求。公共文化服务机构应当以履行公益性服务为主体职能，将文化产品开发获得的收入反哺公益性文化事业。

二、上海市公共文化服务机构文化产品供给与需求现状

（一）文化产品的供给现状

目前，上海公共文化服务机构中以博物馆为引领，包括上海博物馆、上海科技馆、上海自然博物馆、上海玻璃博物馆等单位在文化产品的策划、生产和

营销方面都探索出了初步的发展之路。生产方式主要包括自主设计与生产、与企业合作各自负责一部分环节、完全外包给外部企业、直接购买市场上已有产品等。上海博物馆作为文化产品生产营销较早的单位，如今更注重对观众消费偏好的研究，刚刚上线运行的上博数字化管理平台能够实时跟踪馆内观众客流、展区观众行为、文创产品销售等情况，利用大数据等信息技术更准确地把握市场动向，更精准地为文化产品研发提供思路。上海玻璃博物馆作为上海非国有博物馆的代表，在举办各类别具特色的主题教育活动的同时，还建立了自己的文创品牌“玻心璃语”，馆内自主研发文创产品，形成了较为成熟的品牌线，每月都会推出新的产品。根据上海文物局发布的《上海市博物馆年报2017》，2017年全市博物馆共设有临时展览和馆外巡展共462个，全年接待观众总量为2 268.32万人次，同比增长6.78%；接待青少年观众398.88万人次，占接待总量的17.58%；101座免费开放的博物馆共接待观众1 135万人次，同比增长13%。[①] 各博物馆为学生、青少年儿童举办教育互动活动形式丰富，主要有亲子体验、教育教学、主题夏令营、互动教育剧等。比如，上海博物馆暑期SmartMuseKids平台夏令营；上海汽车博物馆策划的“学富五车”参观定向任务教育活动；上海玻璃博物馆的“玻玻璃璃学园”、系列活动等，都深受青少年和家长们欢迎。

截止2017年底，全市博物馆开发的文创产品总数已超1.2万种，全年新开发文创产品1 085种。文创产品年销售额4 921.84万元。上海博物馆配合“大英博物馆百物展”设计开发的文创产品再度成为年度热点。该馆与国内近10家社会机构合作，共同设计研发了160余种系列文创产品，涵盖了衣食住行等各方面，累计销售额达1 700万元，创下上海博物馆有史以来特展相关文创产品的销售新纪录。[②] 但其他更多的公共文化服务机构尚未形成有效的

① 上海市文化广播影视管理局，上海市文物局：《上海市博物馆年报2017》[R]，http://wgj.sh.gov.cn/Attach/Attaches/month_1805/201805150225216282.pdf，2018-05-15。

② 上海市文化广播影视管理局，上海市文物局：《上海市博物馆年报2017》[R]，http://wgj.sh.gov.cn/Attach/Attaches/month_1805/201805150225216282.pdf，2018-05-15。

文创产品研发、生产和营销体系，部分机构有文创产品，但主要用于合作交流过程中的礼物馈赠；部分机构奈何资金、牵头人的缺失而无法带动这一板块工作的推进；部分机构受限于现有制度，无法进行经营性活动。

美术馆方面，截至2017年底，全市各级各类美术馆共有82家；2017年全年举办展览723场，吸引观众617万人次，举办馆外公共教育活动3 357场。[①]

但与此同时，图书馆、档案馆等文献收藏机构的文化产品研发与销售尚处于起步阶段，主要仍以公共讲座为基本形式，缺乏形式新颖、内容丰实的文化活动和文化产品。随着图书馆、档案馆开始尝试举办临时展览和流动展览，文化产品如何获得形式内容的拓展和市场的认可亟待在制度、理念和资源等方面予以突破。

此外，值得一提的是，上海公共文化服务机构在适应城市整体消费升级的过程中也在积极做出新的尝试。在互联网时代，尤其是自媒体技术的迅速发展，网络平台的搭建已成为更多博物馆与公众建立连接、形成互动的新形式与新途径。因而，官方网站、微博/微信平台、APP（手机应用软件）等线上平台逐步在公共文化服务机构中普及。以博物馆为例，目前上海共有125座博物馆，其中拥有官方网站的是69家，拥有微博/微信平台的是78家，拥有自主APP的是8家[②]。博物馆线上平台最先出现的是官方网站，随后是微博/微信平台，APP则是嵌入在前两者的发展过程之中的。但从目前上海的博物馆线上平台的拥有情况来说，微博/微信平台已超越官方网站，成为体量最大的线上平台类型。这一方面因缘于网站和APP的建设和维护成本远高于微博/微信平台，另一方面是因为微博/微信平台可通过手机、平板电脑等自媒体设备直接与公众进行互动，双方的信息交互更为便捷。利用这些线上平台，上海各个博物馆逐步在原有的平台功能中增添了博物馆服务与产品的预约和

① 《〈上海市美术馆管理办法（试行）〉6月1日起施行》[EB/OL]，上海市人民政府网站：http://www.shanghai.gov.cn/nw2/nw2314/nw2315/nw17239/nw18078/u21aw1314794.html，2018-05-30。

② 数据来源自笔者对上海125家博物馆的调研统计。

购买功能，目前拥有这一在线功能的博物馆为24家，占博物馆总数的19.2%，但其中提供文化创意产品在线购买的博物馆不足10家。此外，上海博物馆、震旦博物馆和观复博物馆等若干博物馆在淘宝等第三方平台上开设了在线商店，文创与电商携手是公共文化服务机构消费文化转变的重要趋势。在今年的“双十一”期间，大英博物馆、故宫博物院、中国国家博物馆、敦煌研究院、颐和园、苏州博物馆、陕西历史博物馆、上海博物馆等都参与其中，并推出多款文创新品。

（二）公众对文化产品的需求和消费现状

从需求端来看，笔者针对上海公共文化服务机构文化产品的满意度进行了小型的调查问卷。在参与问卷调查的395人中，有4成左右的受访者每年去市内公共文化服务机构的次数在1次及以下，每月一次及以上的不到3成。（见图1）公共文化服务机构对公众的吸引度尚不够高，上海市民尚未将图书馆、博物馆、美术馆、文化馆等机构作为休闲文化生活的常去之处。

1. 临时展览

从参观临时展览的情况来看，有2成左右的受访者表示从未参观过博物馆的临时展览，有近4成的受访者表示从未参观过图书馆或文化馆的临时展

选　项	小计	比　例
每周一次及以上	27	6.84%
每月一次	86	21.77%
每半年一次	118	29.87%
每年一次或以下	161	40.76%
（空）	3	0.76%
本题有效填写人次	395	

图1　受访者参观上海公共文化服务机构的频率

览。近2成的受访者经常参观博物馆临时展览，1成左右的受访者经常参观美术馆或图书馆的临时展览，仅4.56%的受访者经常参观文化馆的临时展览。（具体可见图2）临时展览的参观率上博物馆占有明显优势，社会影响力明显较高，这一方面是由机构职能本身所决定的。陈列展示是博物馆和美术馆主要的社会职能之一，近年来，上海各个博物馆引进了不少国内外的优秀展览，如"大英百物展""草间弥生展"等，受到了市民们的广泛欢迎。美术馆也举办了各具特色的展览，其社会影响度较博物馆低，一方面是由于展览内容有不少是国内外的现当代艺术品，对市民的审美能力和艺术修养有较高要求，不少市民认为难以理解；另一方面美术馆自身在宣传推广和社会教育活动举办的力度上还有待加强。而图书馆和文化馆其本身的主要职责并非陈列展示，但随着社会对公共文化服务机构的社会服务职能不断提高要求，这些机构也开始积极探索举办临时展览，如上海图书馆在2018年11月举办的年度大展"缥缃流彩：中国古代书籍装潢艺术"，引起了市民的普遍关注。不过，上海地区图书馆的展览整体水平尚不高，在策展和推广方面还应开脱思路，提升社会效益。

题目/选项	从来没有	偶　尔	经　常	（空）	平均分
博物馆	75（18.99%）	239（60.51%）	71（17.97%）	10（2.53%）	1.99
美术馆	110（27.85%）	212（53.67%）	32（8.1%）	41（10.38%）	1.78
图书馆	109（27.59%）	211（53.42%）	46（11.65%）	29（7.34%）	1.83
文化馆	148（37.47%）	192（48.61%）	18（4.56%）	37（9.37%）	1.64
小　计	442（27.97%）	854（54.05%）	167（10.57%）	117（7.41%）	1.81

图2　受访者参观上海公共文化服务机构临时展览频率

就临时展览的票价而言，有近5成的受访者表示可以接受临时展览出售门票，另有近2成的受访者表示无所谓。而在具体的票价上，大部分的受访者认为50元及以下的票价较为合理。因此，上海市民对于临时展览门票收售的接受度是较高的，但是对高额票价的接受度较低。（可见图3）目前，上海部分公共文化服务机构，尤其是非国有机构举办的临时展览会出售门票，有些票价较高，这也是制约公众走进临时展览的主要因素之一。

选　项	小计	比　例
0元	38	9.62%
1—20元	157	39.75%
21—50元	161	40.76%
51—100元	47	11.9%
101—200元	5	1.27%
无所谓，根据展览内容定	74	18.73%
本题有效填写人次	395	

图3　受访者对上海公共文化服务机构临时展览票价接受度

就受访者对参观过的上海公共文化服务机构临时展览后的总体评价而言，基本处于中等水平，其中展览的主题新颖度、内容与形式丰富度、布展精美度和现场秩序良好度等方面评分都相对较高，但是就展览的公众参与性和互动装置配合度方面则相对较低。（可见图4）事实上"展教结合"是目前国际上展览发展的大趋势，临时展览应当营造出一种更具包容性的学习生态体系，以满足不同个体的知识探索需求，体验式和参与式展览是达到这一目标的具体实现路径。但是目前上海公共文化服务机构的临时展览仍然多以单一的信息传达方式为主，因而，使得观众产生了展览内容与自身关联性低，理解较难等问题，从而进一步导致公众对临时展览的参观兴致低下。

2. 教育活动

就教育活动而言，受访者的参与度普遍不高，其中近4成的受访者表示从未参与过博物馆的教育活动，近5成的受访者表示偶尔会参加，近7.85%的受访者表示会经常参加博物馆的教育活动。超过5成的受访者表示从未参加过

题目/选项	不了解	1	2	3	4	5	（空）	平均分
主题新颖	52（13.16%）	22（5.57%）	37（9.37%）	100（25.32%）	103（26.08%）	63（15.95%）	18（4.56%）	2.98
内容与形式丰富	45（11.39%）	21（5.32%）	48（12.15%）	113（28.61%）	77（19.49%）	61（15.44%）	30（7.59%）	2.93
布展精美，注重细节	47（11.9%）	15（3.8%）	47（11.9%）	106（26.84%）	101（25.57%）	54（13.67%）	25（6.33%）	2.98
公众参与性强，有许多互动装置	49（12.41%）	40（10.13%）	69（17.47%）	103（26.08%）	61（15.44%）	44（11.14%）	29（7.34%）	2.6
现场秩序良好	47（11.9%）	30（7.59%）	45（11.39%）	85（21.52%）	92（23.29%）	76（19.24%）	20（5.06%）	2.99
小计	240（12.15%）	128（6.48%）	246（12.46%）	507（25.67%）	434（21.97%）	298（15.09%）	122（6.18%）	2.9

图4　受访者对上海公共文化服务机构临时展览的总体评价

美术馆或文化的教育活动，超过3成的受访者表示偶尔会参加，仅有3%左右的受访者会经常参加。另外有近5成的受访者表示从来没有参加过图书馆的教育活动，4成左右的受访者偶尔会参加图书馆的教育活动，仅5.57%的受访者会经常参加。这一方面同公共文化服务机构社会教育活动的供给量不足相关。总量的不足涵盖两个层面，一是受公众热捧的活动往往一经推出就被"秒杀"，更多的公众无法参与活动；二是有不少与公众需求不符的教育活动反倒造成了资源浪费，无人参与。从机构类别来看，博物馆的公共教育活动供给数量最多，公众参与度也更高，其次是图书馆，美术馆和文化馆教育活动的公众参与度相对较弱。

题目/选项	从来没有	偶尔	经常	（空）	平均分
博物馆	157（39.75%）	197（49.87%）	31（7.85%）	10（2.53%）	1.67
美术馆	207（52.41%）	149（37.72%）	13（3.29%）	26（6.58%）	1.47
图书馆	190（48.1%）	162（41.01%）	22（5.57%）	21（5.32%）	1.55
文化馆	222（56.2%）	128（32.41%）	14（3.54%）	31（7.85%）	1.43
小　计	776（49.11%）	636（40.25%）	80（5.06%）	88（5.57%）	1.53

图5　受访者参与上海公共文化服务机构社会教育活动的频率

就社会教育活动的形式而言，讲座和演出或现场展示活动是公众参与上海公共文化服务机构社会教育活动的最主要形式。其次是公共教育课程、其他各种形式的教育活动、专家导览等。（可见图6）上海公共文化服务机构的和会教育活动形式从公众选择的角度而言较为集中，仍以相对传统的形式为主，在形式多样性和形式的公众推广方面还有待进一步提升。

在参与过社会教育活动的受访者中，他们所参与的活动近5成是免费的，另外4成左右的教育活动收费在100元及以下。总体而言，上海公共文化服务机构的社会教育活动收费较低，以公益性质为主，但部分社会教育活动的收费也相对较高，这同活动本身的策划组织成本相关，也同活动的组织实施

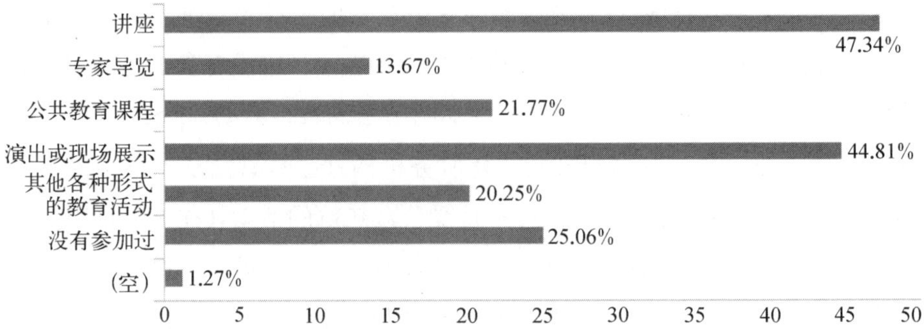

图6　受访者参与社会教育活动的主要形式

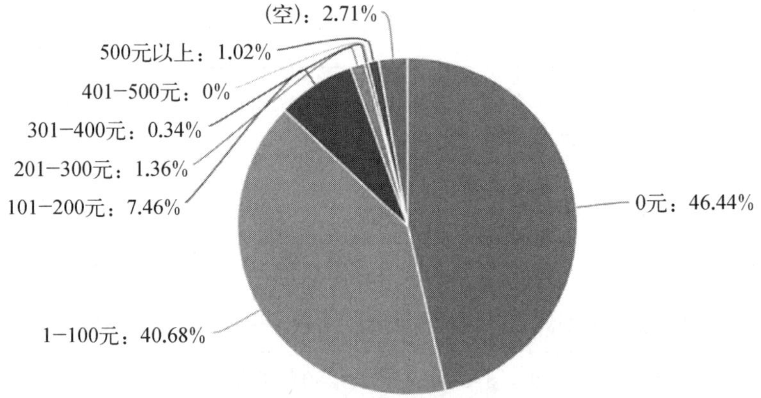

图7　受访者所参与过的社会教育活动的费用情况

主体相关。上述是目前上海公共文化服务机构提供社会教育活动的收费情况，但从需求端来看，有2成左右的受访者认为社会教育活动不应该收费，同时大部分的受访者对社会教育活动是可以接受一定价格的收费的，但相对合理的价格在100元以下，100元以上的收费会成为公众不参与的活动的主要影响因素。

就所参加过的社会教育活动的总体评价而言，受访者认为这些活动若以满分5分计，总评分在3.44分左右，总体良好，但尚未达到出彩和优秀的程度。具体在"拓宽视野"、"活动现场安排"、"内容理解容易度"、"教具教材准备"、"丰富知识"等方面相对出色，但是在"内容新颖度"、"形式创新

题目/选项	1	2	3	4	5	（空）	平均分
内容新颖	17（5.76%）	37（12.54%）	107（36.27%）	80（27.12%）	41（13.9%）	13（4.41%）	3.32
形式富有创意	14（4.75%）	37（12.54%）	119（40.34%）	71（24.07%）	31（10.51%）	23（7.8%）	3.25
深入浅出，容易理解	11（3.73%）	25（8.47%）	96（32.54%）	94（31.86%）	46（15.59%）	23（7.8%）	3.51
能够获得丰富的知识	12（4.07%）	29（9.83%）	100（33.9%）	82（27.8%）	52（17.63%）	20（6.78%）	3.48
能够拓宽视野	9（3.05%）	24（8.14%）	91（30.85%）	92（31.19%）	60（20.34%）	19（6.44%）	3.62
与日常生活关联度高	13（4.41%）	40（13.56%）	121（41.02%）	66（22.37%）	33（11.19%）	22（7.46%）	3.24
策划方准备充分，有必要的演示文稿、教材和教具	10（3.39%）	32（10.85%）	93（31.53%）	87（29.49%）	47（15.93%）	26（8.81%）	3.48
观众安排合理，现场秩序良好	8（2.71%）	31（10.51%）	86（29.15%）	89（30.17%）	60（20.34%）	21（7.12%）	3.59
小计	94（3.98%）	255（10.81%）	813（34.45%）	661（28.01%）	370（15.68%）	167（7.08%）	3.44

图8　受访者对所参加的社会教育活动的总体评价

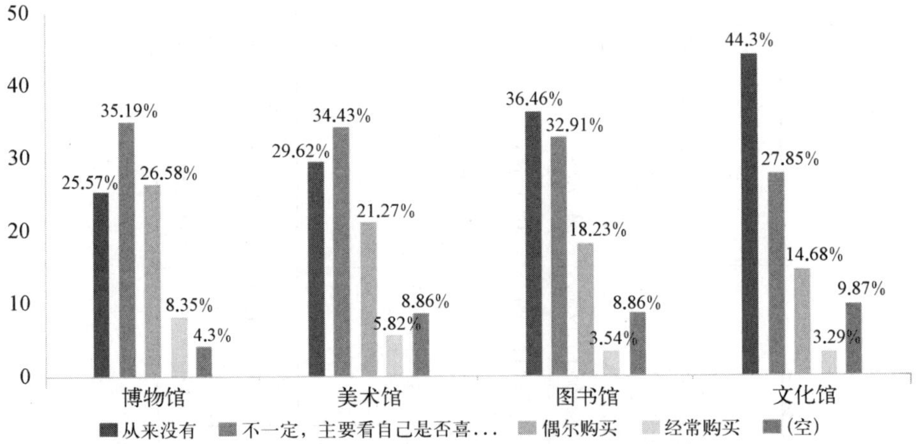

图9　受访者购买上海公共文化服务机构文创产品的频率

度”“与日常生活的关联度”等方面仍相对薄弱(可见图9),而这三个方面恰巧是社会教育活动在达到一定的发展水平,而欲获得进一步突破,迈上一个新高度的有效实践方向,也是目前上海公共文化服务机构社会教育活动的薄弱之处。

3. 文化创意产品

从文化创意产品的情况来看,在不同类型的供公文化服务机构中,受访者购买博物馆文创产品的频率最高,文化馆最低。这直接反映出上海公共文化服务机构中博物馆在文创领域的活跃度更高,无论是文创产品的总量和产品吸引力都相对高于美术馆、图书馆和文化馆。但上海公共文化服务机构文创产品的整体公众吸引力还有待提升,“经常购买”的比重仍处于较低水平。

从信息获取渠道来看,受访者主要是通过媒体宣传、机构官网、微信公众号、微博或APP等途径了解到文创产品的,其次是在实地参观的过程中或经由朋友推荐从而了解到文创产品的(可见图11),这也基本符合信息时代营销推广的主要特征。

从文创产品的购买途径来看,超过5成的文创产品是在场馆实地购买的,通过淘宝等第三方购买平台、机构官网或APP等途径购买的文创产品分别占

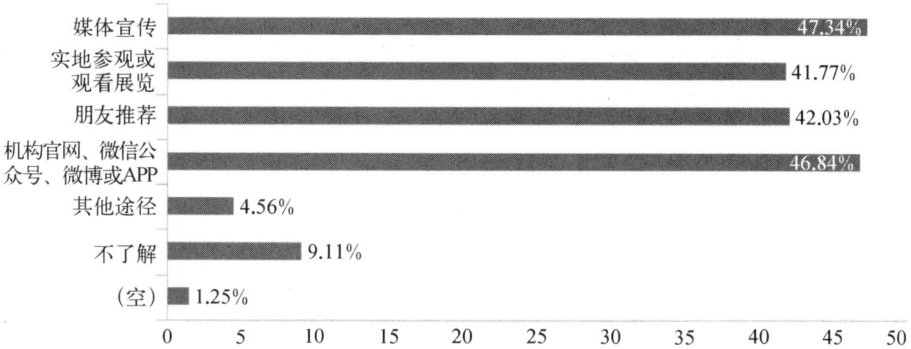

图10　受访者了解上海公共文化服务机构文创产品的主要途径

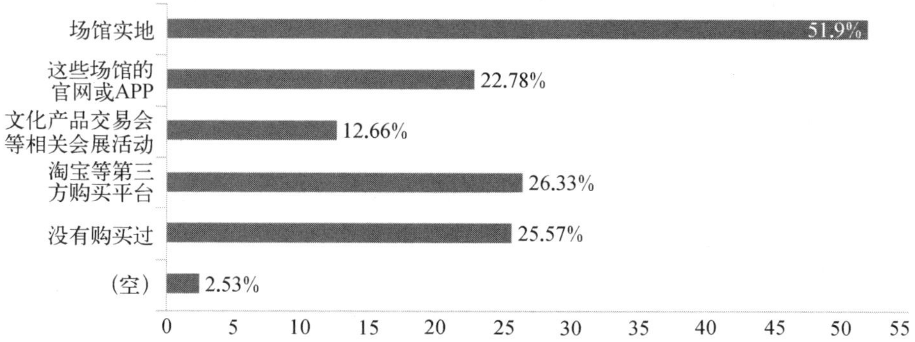

图11　受访者购买文创产品的主要途径

2成左右，通过文化产品交易会等相关会展活动购买的文创产品有1成左右（可见图12）。统计数据表明，目前上海公共文化服务机构的文创产品大部分还没有实现在线购买的方式，基本仍以机构个体的实体购买为主。这对更广范围内的公众了解与购买文创产品造成了很大程度上的阻碍，也反映了上海公共文化服务机构的文创产品尚未发展到形成成熟营销渠道，甚至是完整产业链的阶段。

就受访者每年在文创产品上的花费而言，超过5成的受访者在200元及以下，近3成的受访者在201—500元之间，8.56%的受访者在501—1 000元之间，1.71%的受访者在1 001—2 000元之间，1.03%的受访者在2 000元以上。（可见图13）因而，公众对文创产品的购买力还有待进一步提升，这一方面需

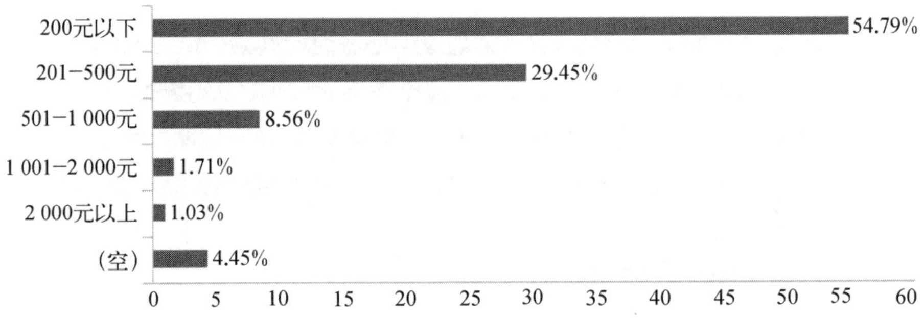

图12　受访者对文创产品的年消费额

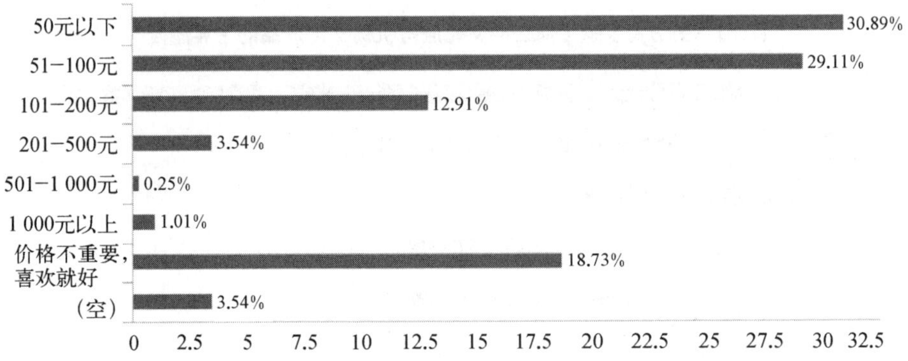

图13　受访者对文创产品单价的接受度

要供给端提供类型更多样、品质更优良的文创产品，在购买渠道上进一步拓宽，同时也需要公众能够更具意识地去了解公共文化机构的文创产品。

从公众对文创产品单价的接受度来看，认为50元及以下和51—100元区间较为合理的受访者分别占3成左右，有12.91%的受访者认为101—200元之间较为合理，18.73%的受访者认为“价格不重要，喜欢就好”。因而，从公众需求的角度，反映出文创产品的单价不宜超过200元，但是这也同文创产品本身的制作成本相关，而单价在200元以下的文创产品会有更好的销售额。

就购买过的文创产品的总体评价而言，受访者认为若以满分5分计，总评分在3.24分左右，总体良好，但也尚未达到出彩和优秀的程度。具体在“富有创意”“制作精美”“种类丰富”等方面较好，但是在“性价比”“实用性”等方面仍较为薄弱（可见图15）。

题目/选项	1	2	3	4	5	（空）	平均分
性价比高	13 （4.45%）	51 （17.47%）	122 （41.78%）	54 （18.49%）	34 （11.64%）	18 （6.16%）	3.16
富有创意	11 （3.77%）	34 （11.64%）	106 （36.3%）	88 （30.14%）	32 （10.96%）	21 （7.19%）	3.35
制作精美	10 （3.42%）	35 （11.99%）	107 （36.64%）	82 （28.08%）	35 （11.99%）	23 （7.88%）	3.36
实用性强	13 （4.45%）	55 （18.84%）	120 （41.1%）	56 （19.18%）	23 （7.88%）	25 （8.56%）	3.08
种类丰富	14 （4.79%）	41 （14.04%）	114 （39.04%）	64 （21.92%）	37 （12.67%）	22 （7.53%）	3.26
小　计	61 （4.18%）	216 （14.79%）	569 （38.97%）	344 （23.56%）	161 （11.03%）	109 （7.47%）	3.24

图14　受访者对所购买的文创产品的总体评价

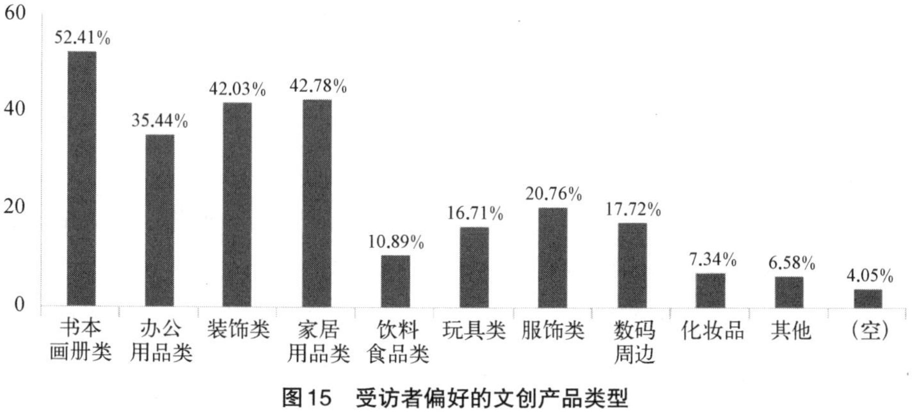

图15　受访者偏好的文创产品类型

就印象最深的一件文化创意产品而言，更多的受访者选择了上海博物馆举办的大英百物展的相关文创产品。

就文创产品的类型来看，受访者中较为偏好的类型是书本画册类、装饰类、家居用品类和办公用品类，其后是服饰类、数码周边类、玩具类、饮料食品类和化妆品类。（可见图16）其中书本画册类的偏好已不仅仅是传统意义上的

选　项	小计	比　例
搞怪	72	18.23%
可爱	123	31.14%
简洁	245	62.03%
复古	202	51.14%
清新	191	48.35%
网络流行文化	38	9.62%
其他	24	6.08%
(空)	13	3.29%
本题有效填写人次	395	

图16　受访者偏好的文创产品风格

藏品画册，也包括更多的普及类读物和儿童教育绘本，将公共文化服务机构的教育推广功能更好地融入书本画册之中。而装饰类、家居用品类和办公用品类的文创产品包涵审美意义和实用价值，也是公共文化服务机构最常见的文化创意产品类型。因此，从类型上看，目前上海公共文化服务机构文创产品的供给与需求相对一致。

就公众偏好的风格而言，受访者中主要偏好简洁、复古和清新风格的文创产品，其次是可爱和搞怪风格(可见图17)。这在一定程度上反映了目前公众的审美倾向，的确简洁、复古和清新风格也更符合公共文化服务机构本身的气质和韵调，但同时文创产品也应当拓展可爱和搞怪风格的产品，这产品更迎合年轻人的需求。

在购买的决定性因素方面，有超过5成的受访者认为“美观”“创意”“实用”是他们决定购买的主要因素，其次是“质量”“收藏价值”“有相关场馆或活动特色”“时尚”“性价比”等因素，“品牌”因素的决定性作用相对较低。(可见图18)因此，公共文化服务机构在研发文创产品的过程中应当更注重产品的创意特色和美观程度，以及将产品融入公众的日常生活之中，能够物尽

选　　项	小计	比　　例
收藏价值	111	28.1%
美观	211	53.42%
创意	222	56.2%
时尚	84	21.27%
实用	210	53.16%
品牌	44	11.14%
质量	135	34.18%
有相关场馆或活动的特色	101	25.57%
性价比高	72	18.23%
（空）	11	2.78%
本题有效填写人次	395	

图17　受访者购买文创产品的决定性因素

选　　项	小计	比　　例
馈赠他人	182	46.08%
自己欣赏	245	62.03%
自己使用	257	65.06%
（空）	10	2.53%
本题有效填写人次	395	

图18　受访者购买文创产品的主要目的

其用，如此能够有效刺激公众消费。

就文创产品的购买目的而言，受访者中更多的人是以自己使用为目的的，可见文创产品实用性的重要，其次是用于自己欣赏，这也对应了上题中“美观”“创意”的偏好。再次是用于馈赠他人，这一目的也在受访者中占据了近5成。（可见图19）

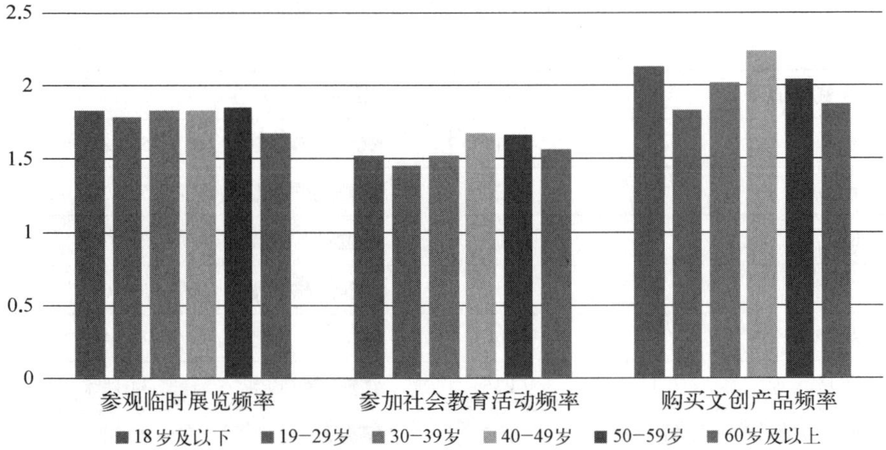

图19　不同年龄段的受访者参与文化产品消费的频率差异

若将受访者以年龄进行划分，依照18岁以下，19—29岁，30—39岁，40—49岁，50—59岁，60岁以上分为不同群体，他们对上海公共文化服务机构文化产品的消费行为可分析如下：

就参与文化产品消费的频率而言（计算方法以“经常”为3分，“偶尔”为2分，“从来没有”为1分，后取平均值），不同年龄段的受访者在参观临时展览的频率方面相差无几，60岁及以上的受访者参观频率稍低；40—49岁和50—59岁的受访者参与社会教育活动的积极性更高，其次是60岁及以上和18岁及以下的受访者，而19—29岁和30—39岁的受访者频率稍低；40—49岁的受访者更高频率地购买文创产品，其次是18岁及以下的群体，再次是30—39岁和50—59岁的两个群体，19—29岁以及60周岁以上的群体购买频率较低。（可见图20）

就对所参与过的文化产品的总体评价而言，对临时展览总体评价较高的是40—49岁和30—39岁人群，18岁及以下和60岁及以上人群评价较低。这可能是因为30—49岁人群他们已经形成了相对稳定的价值观和知识信息评判能力，而他们的生活阅历和物质精神财富的积累也已能够基本支撑起他们对临时展览内容形式的判别。而18岁及以下人群他们尚未形成成熟的审美

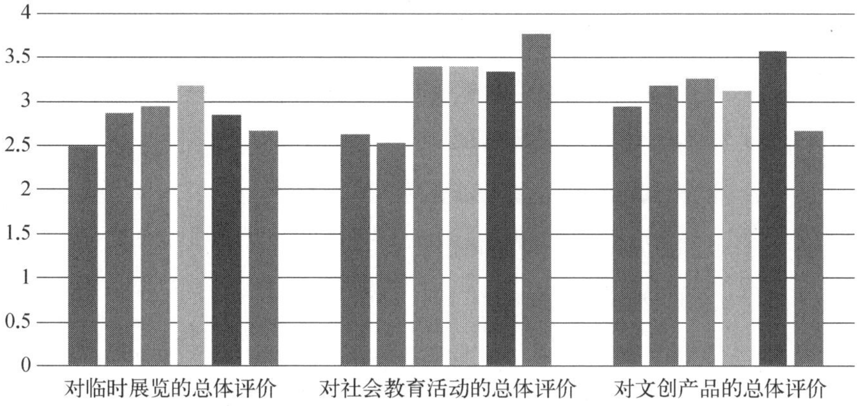

图20　不同年龄段的受访者对文化产品的总体评价

观和知识信息的判断能力，60周岁以上人群他们在信息时代中对知识信息的获取相对不易，对新的展览内容形式的接受度相对狭窄，同时临时展览本身缺乏引导这些人群浸入展览环境的关照。对社会教育活动评价最高的是60岁及以上人群，评价较低的是29岁及以下人群。60岁及以上人群他们参加的社会教育活动的主要形式是讲座和演出或现场展示，这同供给端以讲座和现场展示位主要形式的社会教育活动情况直接相关，是较为符合这一人群需求的形式。而青少年主要参与的形式是讲座和专家导览，往往由学校组织，这两个相对传统的形式可能与学生的兴趣点并不相符，无法激起他们更大的参与热情。而青年群体他们主要参加的教育活动是讲座和演出或现场展示，这一群体是各类信息接收最活跃和最广泛的群体，他们对教育活动所应传递的知识信息有更高的期待，而目前我们尚未能满足他们的需求。对文创产品满意度最高的是50—59岁群体，最低的是60岁及以上群体，从支出水平来看，后者的年花费额较低，对文创产品这一新生事物的理解与接受度偏弱，同时公共文化服务机构针对60岁及以上群体开发的价廉物美的产品较少，没有迎合他们的购买点。（可见图21）

图22和图23分别显示不同年龄段的受访者对于文化产品的消费能力和消费理念。两图中反映出，消费能力较强的群体是30—59岁群体，这同他们的物质

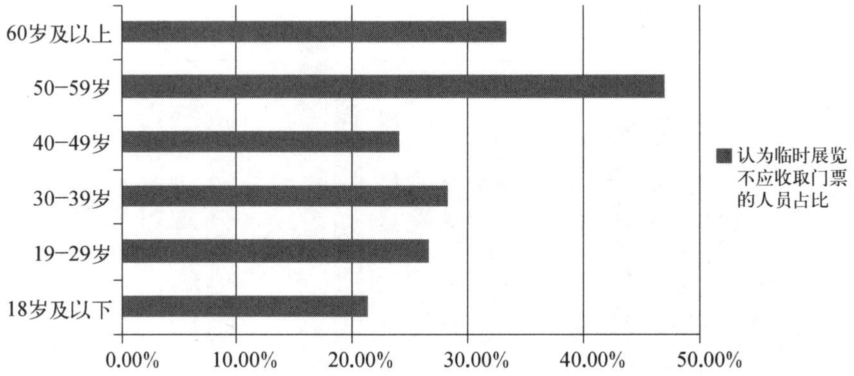

图21　不同年龄段的受访者认为临时展览不应收取门票的人员占比

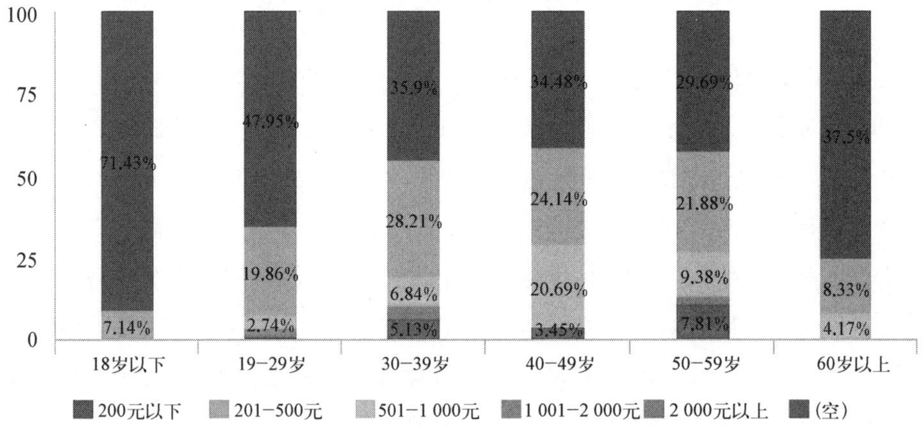

图22　不同年龄的受访者文创产品的年消费额

年龄段	偏好排名前4的文化创意产品类型			
18岁及以下	书本画册类	装饰类	办公用品类	玩具类
19—29岁	书本画册类	办公用品类	装饰类	家居用品类
30—39岁	书本画册类	家居用品类	办公用品类	装饰类
40—49岁	书本画册类	家居用品类	装饰类	办公用品类
50—59岁	家居用品类	书本画册类	服饰类	装饰类
60岁及以上	家居用品类	书本画册类	装饰类	服饰类

图23　不同年龄段的受访者对文创产品类型的偏好

精神财富积累程度息息相关，而18岁及以下和60岁以上群体的消费能力相对低下。对临时展览收售门票的现象，50岁及以上的群体中有更高比重的人员认为不应收取门票，这在一定程度上反映出青少年群体尽管消费能力较弱，但是文化消费理念相对开放，而50岁以上人群他们的文化消费观念显得相对保守。

对文创产品类型的偏好，不同年龄段的受访者也表现出了不同的偏好（可见图24）。其中，书本画册类和家居用品类是普遍较受欢迎的文创产品，其次是装饰类、办公用品类产品。对于某些群体，他们会有一些与自身年龄段相符类型偏好，例如青少年群体会偏好玩具类产品、50岁及以上群体会偏好服饰类产品等。而在决定购买的因素方面，50岁及以上人群更务实，将“实用”作为决定购买的首要因素，而30—49岁人群更注重产品的创意，“实用”因素占据第二位。29岁及以下人群他们更注重产品的美观和创意程度，务实性相对较弱。两表对比可以为上海市公共文化服务机构研发文创产品提供更具针对性的建议，应当体现“分众化”的原则，根据不同年龄段的需求特点，在文创产品研发过程中有所倾向。

若按学历水平来划分，就参与文化产品消费的频率而言（计算方法以“经常”为3分，“偶尔”为2分，“从来没有”为1分，后取平均值），参观临时展览和购买文创产品的频率总体是随着人员学历水平而递增的，而社会教育活动的

年龄段	购买文化创意产品的决定性因素		
18岁及以下	收藏价值	美观	创意
19—29岁	美观	创意	实用
30—39岁	创意	实用	美观
40—49岁	创意	实用	美观
50—59岁	实用	创意	美观
60岁及以上	实用	美观	质量

图24　不同年龄段的受访者购买文创产品的决定性因素

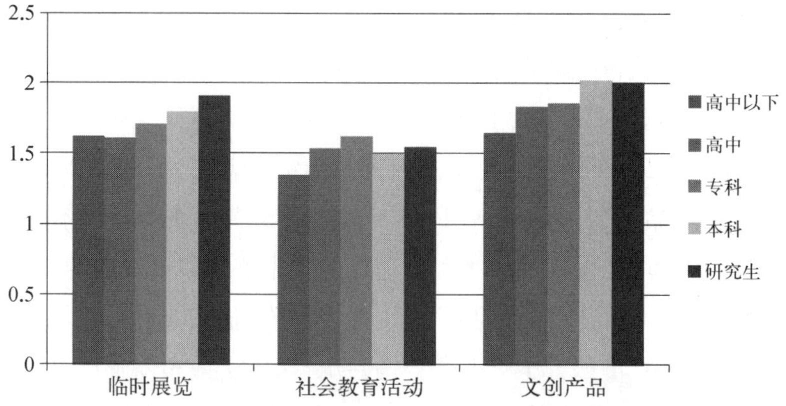

图25　不同学历水平的受访者参与文化产品消费的频率

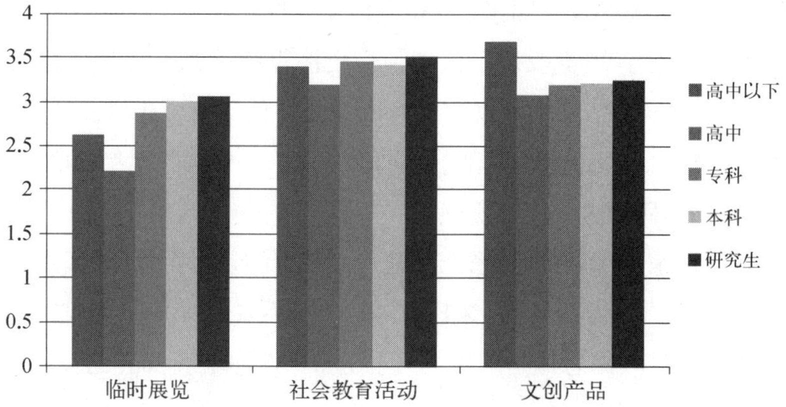

图26　不同学历水平的受访者对文化产品的总体评价

参与频率却没有与学历水平之间形成明显的关联。而对文化产品的总体评价而言,学历水平的高低与对文化产品的总体评价的高低也没有直接的关联。

三、上海市公共文化服务机构文化产品生产与消费的主要问题

(一) 机构性质决定了文化产品生产经营的主要模式

上海的公共文化服务机构若以其隶属关系划分,可以分为以上海博物馆、

中华艺术宫、上海图书馆等为代表的“体制内、系统内”机构；以上海科技馆、上海中国航海博物馆、中国烟草博物馆等为代表的“体制内，系统外”机构；以震旦博物馆、上海玻璃博物馆、余德耀美术馆等为代表的“体制外、系统外”机构。其中体制内机构由于受到现行制度的约束，没有进行营利性活动的权限，严重制约了文化产品生产研发的动力与资源获取率。因而，目前这些机构多采用成立艺术公司、与企业合作分别负责一部分环节、完全外包给外部企业等模式研发文化产品。而体制外机构，由于不受财政拨款，在机构管理、经费资源和人员专业化水平等方面都存在着良莠不齐、不稳定不充分等问题。这些机构多采用自主设计与生产、外包给外部企业、直接购买市场上已有产品等模式。

（二）馆际文化产品经营绩效不平衡，资源禀赋差异显著

2017年全市博物馆文化创意产品销售额为4 921.84万元，其中上海博物馆为3 800余万元，占77%左右，位列其后的四海壶具博物馆为374万元，上海玻璃博物馆为173万元，上海科技馆为105万元，至第10位的上海孙中山故居纪念馆就仅为27万元。[①] 此外，就学生教育和亲子活动参与人数而言，上海汽车博物馆、上海东方地质科普馆、上海博物馆、上海科技馆、钱学森图书馆等馆名列前茅，而排列在后的各馆与这些馆之间有数十倍差距。除博物馆外，目前全市图书馆多以讲座、展览、公众阅读活动等为主要文化产品形态，被列入国家文物局文创产品开发试点单位的上海图书馆在文化创意产品生产方面仍方兴未艾。不少公共文化服务机构普遍反映对于文化产品的开发显得“有心无力”，即“能力”“财力”“物力”“人力”等发展水平都相对低下。

（三）缺乏对需求端研究，导致大量无效供给

从总量上看，上海公共文化服务机构，尤其是博物馆的文化产品开发力

① 上海市文化广播影视管理局，上海市文物局：《上海市博物馆年报2017》[R]，http://wgj.sh.gov.cn/Attach/Attaches/month_1805/201805150225216282.pdf，2018-05-15。

度已在全国位列前列。但从市民调查的角度看，仍然有约80%的受访者偶尔或从来没有参观过公共文化服务机构的临时展览，约90%的受访者偶尔或从来没有参加过这些机构举办的社会教育活动，约60%的受访者偶尔或从来没有购买过相关机构的文化创意产品。可见，上海公共文化服务机构所提供的文化产品尚未在普遍意义上成为本市居民文化消费的主要选择，文化产品的供给水平不能适应公众审美能力的提升。同时，居民消费偏好和接受度的调查非常欠缺，文化产品供给数量、质量和价格与居民实际需求存在滞差。从成本与收益的角度来讲，并不是政府提供越多的公共文化产品就越有绩效，而是提供的文化产品是否与居民实际的文化需求、文化消费理念相平衡，公共文化产品是否发挥了其应有的效益。

（四）不同公众群体需要更有针对性的文化产品供给

从目前的调查结果来看，公众群体的年龄、学历水平等因素会影响他们对于文化产品的不同偏好。这意味着，为了提升公共文化服务机构文化产品的经营绩效，公共文化服务机构应当在文化产品研发的过程中针对公众的不同年龄段、不同文化水平的审美偏好有一定的设计倾向。在诸多印象因素中，年龄因素对审美偏好的影响更大。因此，例如在玩具类文创产品的设计过程中应当倾向青少年而设计，在服饰类文创产品的设计过程中应当倾向中老年人而设计，在书本画册、家具用品、装饰品和办公用品等文创产品的设计过程中应当依照不同的年龄需求而形成差异性设计。

（五）公众整体的文化感知度和对文化产品的需求度有待提升

所调查的上海市居民中，有七成左右的受访者每年去公共文化服务机构的次数在每年2次及以下。同时，公众对社会影响力较大机构的文化产品更聚关注，但对中小型机构和基层机构的参与度则非常低。可见，文化产品经营绩效低下除供给端存在的欠缺外，居民自身的文化消费观也需要在内涵、意义、符号需求等层面上进一步提升，从而在对“量”“质”追求的基础上，进入“感性消费阶段”，重视消费对象的“情绪价值”胜过“机能价值”。但公众的文化感知度是随着公共文化机构吸引力的增强而提升的，这又反过来倒逼着公共文化服务机构要成为更先进的“文化生产场域”，不断创造新的“城市文化资本”，同时通过教育、普及和营销等手段强化公众的文化产品喜爱度。

四、提升公共文化服务机构文化产品经营绩效的主要路径

在现行制度、机构资源禀赋差异和公众文化感知度等条件制约下，要求各个公共文化服务机构都能进行有效高质的文化产品生产营销活动的现实基础还不够成熟。面对现实困境，应当进一步打开思路，在资产确认和不改变文化产品权属关系的前提下，由目前上海文化产品研发经营的龙头机构上海博物馆牵头，建立上海公共文化服务机构文化产品经营合作联盟，将不同隶属性质的机构个体连接起来，形成跨条线、跨部门、跨行业的资源整合，实现上海市内公共文化服务机构共通共赢，整体提升上海公共文化服务机构文化产品经营绩效。

（一）建立上海公共文化服务机构合作经营文化产品公司，实现公共服务的均等化、标准化、社会化和专业化要求

一方面，文化产品公司是一个第三方机构，服务于各个加盟的公共文化服务机构，却又不隶属于某一个机构。另一方面，文化产品公司由各个公共文化服务机构共同发起建立，相当于各个机构都是企业的董事会成员，对企业的经营管理有一定的表决权。在这种经营管理模式之下，机构与企业建立起了利益共同体。企业以项目承接制的方式承担各个机构不同主题内容的文化产品研发营销工作，相关收益与相应机构共享，企业的经营与产品研发受到各个机构的共同监督，同时企业在产品研发和营销的过程中，又能从各个机构获得相应的文化资源研究基础和研发意见建议，机构的专业人员能够

构成企业的专家库，彼此间为不同机构的文化产品研发与经营建言献策。文化产品公司能够打破目前的制度制约，通过第三方机构实现体制内公共文化服务机构的文化产品研发经营权，同时打通了体制内机构与体制外机构、市级大型机构与区县中小型机构、博物馆美术馆与图书馆的合作壁垒，实现经验互鉴。

（二）强调如上海博物馆、上海科技馆等具有较为成功经验的公共文化服务机构进行运营模式的经验输出

合作联盟在共建文化产品公司的基础上，更重要的是实现成功经验和优质资源的共享。在上海公共文化服务机构中，目前文化产品研发和营销较为成功的有上海博物馆、上海科技馆、中华艺术馆、上海玻璃博物馆等机构。这些机构采用了多元的文化产品设计与生产模式，同时对市场需求也有较为精准的把握。他们的经验输出一方面可以在文化产品研发营销的过程中借助已有经验，以合作公司为平台，向其他公共文化服务机构输出有效的运作模式；另一方面，也可以精准地向不同的、并且有相关需求的机构开展系列培训，涉及的方面可以包括馆藏资源的发掘、观众研究、产品设计与生产、营销与传播等。

（三）以发掘各个公共文化服务机构自身特色资源为合作联盟基础

合作联盟并不代表各个公共文化服务机构文化产品的同质化发展，相反是在资源共享的基础上，更大效益地发挥不同机构个体的特色文化资源。而为了实现这一目标，各个机构首先应当充分研究自身馆藏资源，夯实学术支撑体系，把握自身文化资源优势与特色。以特色为基础了解各个机构的文化内涵，并在合作公司的平台上加以平衡。以具有各机构资源特色的创意作为优先开发项目，尽可能减少同质化产品的出现。从观众调研的结果来看，上海居民更倾向于购买美观、创意和实用的文化创意产品，从观众需求出发，以

此为研发的主要方向。

（四）利用信息技术加强观众消费行为研究，并拓展文化产品形态和营销路径

一方面，以上海博物馆信息管理系统为范例，共同开发信息管理系统，以实现对于中小型机构经费、人员有限而无力建立信息管理系统的困境，通过合作联盟降低研发成本，并且能够资源共享。信息管理系统能够充分把握馆内资源，提升他们的有效利用率，同时利用大数据、云技术和人工智能方式，也能够充分掌握馆内观众的行为特点和消费偏好，在文化产品开发过程中提供更合理有据的设计研发思路。此外，信息技术也能够借助网络平台和自媒体技术，让观众获得个体化文化产品供给服务，拓展文化产品经营路径。在合作公司的平台上，意味着所有成员机构的文化产品都汇集在一起，减少了单一机构文化产品供给不充分、社会影响力不高等问题，形成规模效应。以在线文化产品超市的形式供公众了解与选择，同时与文化上海云、淘宝等购物平台、双11和年中618等网络购物节合作，提升社会关注度。

（张昱）

“郊野”意义的文化建构：上海郊野公园调研

一、研究背景、主旨

经济全球化加速了文化全球化的步伐，世界观念、价值观和品味不断交流、增加，也影响着全球城市的空间结构变化和发展。[①]大城市的发展使得中心城区的功能结构纯化，市区与郊区的界限变得模糊，人们对郊区的观念发生改变，这就促使人们希望走向真正的自然。顺应这一趋势，郊野公园成为全球化的一个表现。

当代地理学的“文化转向”使得学界开始从地理的角度研究文化，着重研究文化是怎样影响我们的日常生活空间的。这一文化转向认为，将地理景观看作一个价值观念的象征系统。[②]对英国乡村景观的分析认为，它是英国民族特征最本质的部分，被作为维护保守的自然质朴的乡村价值观的法宝。同样，郊野公园作为地理景观，也是社会文化和社会观念的反应。从国内外郊野公园的产生和发展来看，其兴起是在城市绿地减少、城市居民郊外休闲娱乐需求提高，以及乡村景观和环境受到破坏的背景下发生的。因此，它的建设既是对城市空间的一种反思，也是城市居民渴求接近自然的映射，并反之成为塑造城市文化心理的一个场所。

当前有关郊野公园的讨论主要在城市规划的范畴中展开，对于郊野公园文化意义的讨论很少。另一方面，小规模的调查表明，当前公众对郊野公园

① [美] 爱德华·W. 苏贾,《后现代地理学——重申批判社会理论中的空间》，商务印书馆，2007年。

② [英] 迈克·克朗,《文化地理学》，南京大学出版社，2007年。

的认识仍较为浅薄，存在较多误区。基于此，从设计初衷和规划理念中来建构当代“郊野”的文化内涵，通过郊野公园空间的整合让公众了解这一空间蕴含的文化意义，引导他们正确地认识自然，既有利于通过参与郊野公园这一形式来引导提升他们的文化消费品味，同时也在理论上能够对郊野公园建设提供指导。

但是，由于各国开始郊野公园建设的时期不同，国情也有所区别，使得各地郊野公园的规划呈现出很大差异。对于上海来说，作为设计者如何对标世界成功的郊野公园，理解“郊野”的本土化意义，发现上海郊野公园目前面临的问题，提出建议和调整策略。并将其渗透到公园的建设中，向公众展示其背后的文化内涵，提升其文化消费品味是本课题要解决的主要问题。

二、“观念旅行”：世界知名郊野公园设计及消费理念

赛义德在对西方和非西方世界进行的比较研究中发现，一种理论或观念常经历这样四个阶段：“首先，有一个起点，或类似起点的一个发轫环境，使观念得以生发或进入话语。第二，有一段得以穿行的距离，一个穿越各种文本压力的通道，使观念从前面的时空点移向后面的时空点，重新凸显出来。第三，有些条件，不妨称之为接纳条件或作为接纳不可避免之一部分的抵抗条件，正是这些条件才使被移植的理论或观念无论显得多么异样，也能得到引进或容忍。第四，完全（或部分）地被容纳（或吸收）的观念因其新时空中的新位置和新用法而受到一定程度的改造。”① 他将这种现象称之为理论或观念的“旅行”。对于“郊野公园”而言，也同样呈现出类似的时空变化过程。然而不同于文论或思想中纯形式的概念和理论，“郊野公园”的观念是和它的实际建设和游人的消闲活动紧密结合的。故而我们

① ［美］赛义德，《赛义德自选集》. 谢少波译. 中国社会科学出版社，1999年版138—139.

需要将赛义德所说的“旅行”从“文本压力的通道”拓展到现实社会文化的多重作用共同造成的“通道”，这些因素的共同影响造成了每到一地、每经历一个历史时期，同一个名称实际涵括和综合的实践要素和理论主张会发生明显的偏移。

（一）“郊野公园”在英国的诞生：面向中产阶级的消闲需求

大陆的“郊野公园”一词来源于香港，但进一步溯源，可以发现这一概念来源于英国。C. Y. Jim回顾了香港郊野公园（country park）的历史，①并对其自1970年代以来游人利用方式的变迁和利弊作出了回顾。②Lambert梳理了英国1960年代开始围绕郊野公园建设所提出的一系列政策性文件和具体措施。③

早在1929年，英国艾迪生国家公园委员会（The Addison Committee）就从保护自然环境与资源的角度设立了国家公园与郊野公园两类公园[National Parks and the Countryside（White Paper）]。④至20世纪60年代，英国经济飞速发展，促使当地经济发展与人们生活方式发生改变，更多人驾驶汽车去往郊区游玩。为保护郊外的敏感区域，1966年英国政府发布《郊野休闲指引》（Leisure in the Countryside）的政府白皮书呼吁建立郊野公园和野餐场地。⑤

1968年，《乡村法》（Countryside Act）出台，英国政府再次提出为人们提供享受郊野旅游的设施和安全场所，为保护乡村自然景观而设立郊野公园。英

① Jim C Y. The country parks programme and countryside conservation in Hong Kong[J]. Environmentalist, 1986, 6(4): 259–270.

② Jim C Y. Changing Patterns of Country-Park Recreation in Hong Kong[J].The Geographical Journal, 1989, 155(2): 167–178.

③ Lambert D. The history of the country park, 1966–2005: Towards a renaissance?[J]. Landscape Research, 2006, 31(1): 43–62.

④ Lambert D. The history of the country park, 1966–2005: Towards a renaissance?[J]. Landscape Research, 2006, 31(1): 43–62.

⑤ 朱祥明，孙琴：英国郊野公园的特点和设计原则[J].中国园林，2009(6): 1—5.

国在1968年建立了最早的郊野公园，到了1995年英国利用林地、草地、丘陵、湖泊、河岸等特色景观建立了约220多个郊野公园。① 目前英国郊野公园总数为267个，其中82%是由英国政府在20世纪70年代根据《乡村法》所划分出来的。②

具体来看，英国郊野公园很大程度保留典型的乡村特质，既有乡村野趣，也有历史景观（采石场、古运河等），也有人文熏陶、郊游远足、鸟类观测、植物研习、休闲散步等。其主要目的是提供休闲、娱乐空间，以及减少对郊区乡村的破坏。③

根据英国《郊野公园评审手册》（Country Park Accreditation Handbook）可知，场地应以自然生长或半自然生长的景观为主，如森林、草地、湿地、荒野、郊野；建筑物总面积不到5%。也兼具生态栖息地功能，包括特殊科学价值区（SSSI）、自然保育价值地点（SNCI）和本地自然保留区（LNR）。

（二）"郊野公园"在殖民时代的香港：应对人口快速增长

1971年，香港成立"香港及新界康乐发展及自然护理委员会"，并与次年理发通过首个郊野公园发展五年计划（1972—1977）。1976年，香港行政局颁布了《郊野公园条例》，同时成立郊野公园委员会。

从英国的郊野公园到香港郊野公园，在规划上有所不同。郊野公园的"country"是指乡村，即与城市、城镇相对的地区，所以并不一定指原始林地、山地等，乡村景观也可以成为郊野公园的主体。英国的庄园经济开发较早，但是由于人口并非十分密集，在城镇之外乡村景观与未开发的土地都存在。这就使得英国的郊野公园既有自然林地、湖泊等实体的保护，也有田园风光。

---

① 高玉平，王希华：郊野公园的规划设计初探［J］.农业科技与信息：现代园林，2007（1）：20—25.

② Countryside Agency. Towards a Country Parks Renaissance［R］.Research note CRN35, 2004. Cheltenham: Countryside Agency, 2004.

③ Lambert D. The history of the country park, 1966－2005: Towards a renaissance?［J］. Landscape Research, 2006.

从香港郊野公园的规划内容来看，更多的是利用原生态山地、林业等资源，多了一些野趣。

由于乡村庄园经济的发展使得乡村在向城市转变的过程中，英国人对乡村生活的态度一直比较尊崇，由此郊区成为许多中产阶级向往的地方，郊野公园应运而生。

英国郊野公园的规划理念主要是将自然野趣与乡村景观、历史遗迹等结合起来，主要强调“自然野趣”，以及自然活力的恢复，人工设施也是与自然环境相呼应。香港郊野公园是在英国政府的规划下直接将遭到破坏的山地等环境复原等，利用山地、水体等自然要素形成多处知名的徒步路线。

从消费者角度来说，英国消费者对郊野公园的热衷也是基于深厚的乡村文化与庄园文化，其他各地也是重视与自然的融合。美国、东京的知名郊野公园也同样是营造出徒步、垂钓等富有野趣的户外互动氛围。

就世界已有的郊野公园景观来看，尽管不是完全自然形成，也都是在现有的自然环境基础上打造本土性的历史人文景观和自然生态景观。

英国郊野公园将结合当地的山地生态，将传统庄园经济和林地、草地、丘陵、湖泊、河岸等自然景观相融合的休闲形式。由于生态形式多样且具有本土性，在此基础上形成的郊游远足、植物研习、鸟类观测等活动十分丰富。

香港郊野公园也是利用山地地形，保存了大量的森林、实地、草地等自然风貌，并与自然港湾形成本土性的自然景观。

因此可以说，由“country”到“郊野”是在香港完成的。country是城市与乡村的结合部，更多的是保留乡村景观。但是到了香港或者是转换成汉语之后就赋予了它两种意思，即郊和野。在古汉语中，《周礼》中有：周代距王城百里谓之郊，三百里谓之野。在香港郊和野是重合的，能再同一空间下展现，既有郊区，也有野趣。比照英国对郊野公园（country park）的规制及其在香港的实践，以及香港和以上海为代表的内地在当前郊野公园概念和实践上的差别，可以发现从country park到郊野公园（香港）再到郊野公园（上海）是一个不断本地化的过程。

三、上海郊野公园规划及消费特征

2004年北京、深圳相继进行郊野公园规划。2010年上海开始郊野公园建设。本次调研分别对郊野公园消费端和供给端进行考察，除此之外，结合上海市规划和国土资源管理局、上海市城市规划设计研究院等部门的相关数据，利用地理信息系统、文献梳理等方法进行研究。

（一）上海现有郊野公园建设、规划情况

供给端对上海现有七座郊野公园进行现场调研，并结合其移动APP客户端情况。首先，对目前郊野公园的选址及规划所依赖的主要景观或自然要素分类，发现空间分布、资源利用及设计规划中所体现的“郊野”含义。

（二）上海公众对郊野公园认识和态度调研

消费端采用问卷形式行访谈，通过对受众的调研，了解他们对郊野公园的期待是什么，他们理解的“郊野”是何意义？他们的鉴赏和消费品味达到一个怎样的水平。

依托上海文化消费调查，设置郊野公园相关问题，并对上海各区的50个居委会共计1 007户家庭进行入户调查，得到有效问卷1 007份。问卷问题和各选项如下表所示：

表1　上海市居民郊野公园认识调研内容

问　　题	选　　项
您去过几个郊野公园？*	0
	1—5
	＞5

（续表）

问　　题	选　　项
您认为郊野公园与其他公园有何不同？（多选）	没有区别
	郊野公园有烧烤、农家乐等消费
	郊野公园更贴近自然，原生态
	郊野公园有农事体验区
	其他公园服务设施更好
您去郊野公园经常做的项目有哪些？（多选）	动植物等自然知识科普
	远足、徒步、骑行等户外运动
	吃野味等餐饮消费
	露营、野餐、垂钓等
您认为郊野公园应该有的最大特色是什么？（多选）	有河流、山体、湿地等野生自然实体
	作为城市开发的分界线、隔离区
	能提供其他公园所没有的消费娱乐项目
	郊野公园不应有人工建筑设施

四、文化意义与城市实践：差异分析

目前上海市初步选址确定了21个郊野公园，作为第一批试点上海6个郊区的7个近期建设的郊野公园，分别是青西郊野公园、松南郊野公园、浦江郊野公园、长兴岛郊野公园、嘉北郊野公园、廊下郊野公园和广富林郊野公园。[①]这7个郊野公园规划总面积约130平方公里。

① 殷玮：《上海郊野公园单元规划编制方法初探》，载《上海城市规划》，2013年第5期，第29—33页。

(一) 构建“郊野”，公园设计缺乏“野趣”

1. 从城市化的郊区退回到郊野，并非简单地改变土地利用方式

上海地处江南，农业开发早、程度深，伴随近年快速的城市化进程，几乎已经不存在真正的郊野。按照上海2015年的数据，上海的耕地和林地之和为1 898平方公里+467平方公里=2 365平方公里，占上海总土地面积的34%。

表2　2015年上海土地利用比例情况

规划用地平衡表

用地性质		现状2015年		规划2035年	
		面积(平方公里)	比例(%)	面积(平方公里)	比例(%)
建设用地	城镇居住用地	660	21.5	830	26
	农村居民点用地	513	16.7	≤190	≤6
	公共设施用地	260	8.5	≥480	≥15
	工业仓储用地	839	27.3	320—480	10—15
	绿化广场用地	221	7.2	≥480	≥15
	道路与交通设施用地	430	14.0	640	20
	其他建设用地	148	4.8	200	6
	小计	3 071	100	3 200	100
非建设用地	耕地	1 898	—	1 200	—
	林地	467	—	980	—
	其他非建设用地	1 397	—	1 453	—
	小计	3 762	—	3 633	—
总计		6 833	—	6 833	—

如下图所示，尽管除了崇明岛外上海郊区仍然存在大量的农业耕地，尤其在黄浦江以南的地区。对于建设郊野公园来说，同时也存在两个问题：第

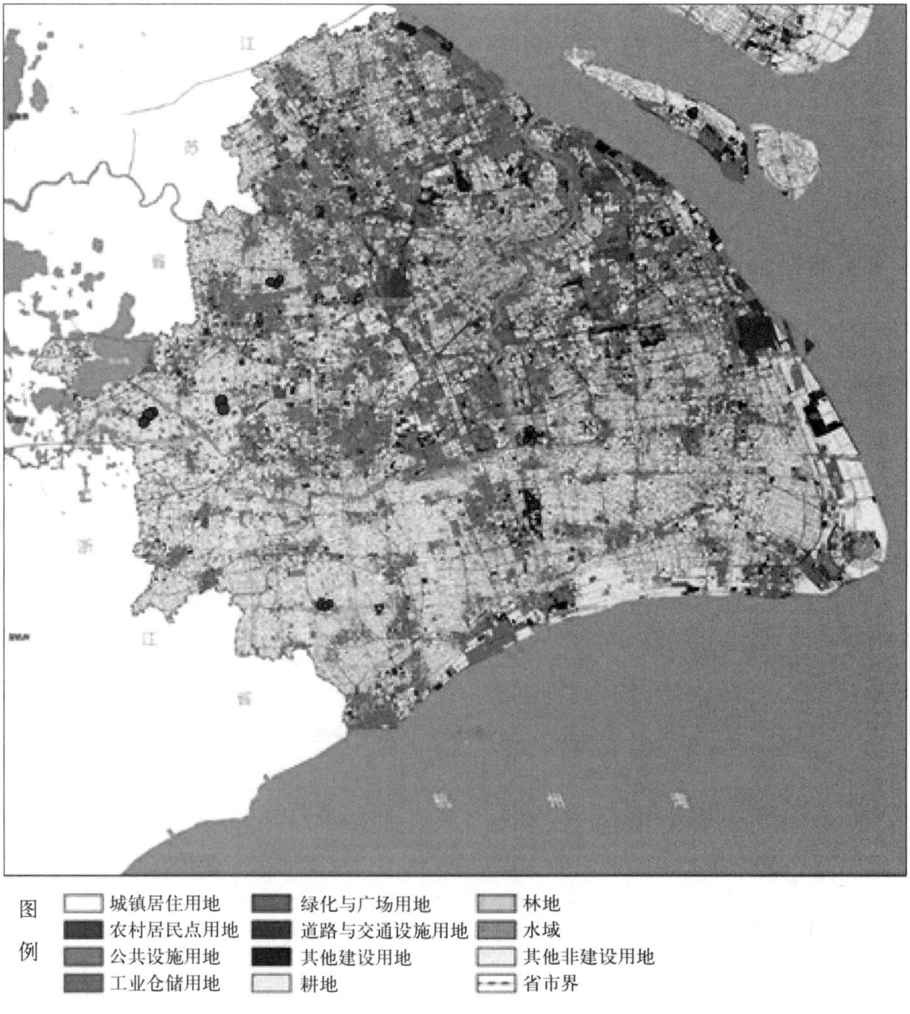

图1　2015年上海土地利用分布情况

一即现有耕地已经是十分成熟的农业用地，有的甚至是永久保护农田。第二是这些郊区的耕地周边处于半城市化状态，分布着大量的工厂和仓储用地。这一土地利用状况就使得上海郊野公园的建设有别于其他地区，它是从一个开发程度较高的状态退回到“郊野”状态，根据现有情况复原、构建一个“郊野”。

在此次调研中，根据上海市规划和国土资源局的资料显示，上海郊野公园的建设中所需要的土地资源都是征用所在区域的农业耕地、农村居住用地、部分工业用地，完全未开发的土地几乎没有。以嘉北郊野公园为例，嘉北郊野公园一期（12—03）地块，涉及被征地的单位和面积分别为：嘉定区菊园新区青冈村3组1 671.3平方米，其中农用地1 645.2平方米、建设用地0平方米、未利用地26.1平方米；嘉定区菊园新区青冈村9组2 504.3平方米，其中农用地2 323.4平方米、建设用地0平方米、未利用地180.9平方米。这一地块合计征收土地4 175.6平方米，其中农用地3 968.6平方米、建设用地0平方米、未利用地207平方米。其他郊野公园的建设也存在同样的情况，其中涉及到的土地所有权人（农村集体经济组织）、土地使用权人、宅基地使用人和房屋所有人是凭借相关证书根据土地补偿、青苗补偿、地上附着物补偿、房屋补偿安置方案获取相关补偿登记。

7座郊野公园都选择具有优质农业、生态资源基础的区域规划而建，一期涉及搬迁的企业达516家。可以看出，上海郊野公园的建设是在整治土地的基础上进行，改变已经完成城市化倾向的郊区土地利用比例。因此，郊野公园中农田景观是比较普遍的规划选择，以嘉北郊野公园为例，原本区域内就存在许多国家永久保护农田，借助这一优势规划了农田景观区，既保护了耕地也实现了景观要求。但是对于公园的其他用地来说，就要完全“先破后立”，构建新的郊野景观。

2. 人工景观较多，与城市公园区别不大

从规划思路上看，上海郊野公园主要分为田园风情、林海恢复、花海景观、消费娱乐区域等，这些景观是人为地将郊区划分为几部分。根据实地调研情况及上海市规划和国土资源管理局资料显示，上海已建成的七个郊野公园均包括这几部分景观设计。除了江南农田景观，其他几部分都不是原生的郊区景观。最重要的是大部分景观并非自然形成，而是嵌入了带有城市审美视角的人工痕迹，缺乏原生态的江南自然特色。以嘉北郊野公园为例，主要景观都是沿着修筑整齐的水泥路分布，对于没有规划的区域用指示牌标明不

图2　嘉北郊野公园指示牌

可同行，这就无形中限制了消费者寻找野趣的权力，引导消费者被动地接受公园设计者的景观布置思路。

如上图所示，嘉北郊野公园的林地通过人为命名方式给予特殊的意义，引导消费者接受。对于已经完成建设的水泥道路，两旁移栽了整齐的水杉树种；草坪修剪整齐，不准游人踩踏；河流治理方式与城市相同，禁止垂钓等活动，采取与城市公园相同的护养方式。而对于道路没有完善的区域明确指明道路不通，指引消费者不可通行。

人工景观的大量建设降低了消费者的审美水平，引导他们产生对“郊野”意义的误解和扭曲需求，认为郊野公园与城市公园同样应该有整齐划一、迎合新奇的景观、完备的服务设施和交通配套。

3. 空间设计充满仪式感，景观与自然衔接生硬

在郊野公园的规划中，为了迎合消费者的猎奇心理设置了富有仪式感的景观。例如嘉北郊野公园设计者在11月份收割完的水稻农田里搭建农夫

图3　横幅

耕牛、茅草屋的造型，除此之外还引入儿童感兴趣的流行动画元素和热带动物的形象，诸多不合理的人工景观屹立于田野中。设计者希望通过这些造型来告诉消费者农耕、田野的情形，但不免太注重仪式感，与自然的衔接过分生硬。这种直接将不协调的景观嫁接到自然景观，不仅误导消费者的审美还是对乡村景观的破坏。如下图，可以看到收割结束的稻田里打造了诸多卡通造型，游览者饶有兴趣地合影留念。

（二）生态景观同质化，与人文底蕴脱节

1. 生态种类趋于同质化

就上海来说，不同于英国、香港等地的地形、气候，典型的亚热带季风性气候，在林木种类上以落叶阔叶林为主。同时，由于长江三角洲冲积平原，传统农业开发程度高，河网密集，是上海乡村、郊野代表性的生态景观。但目前郊野公园的规划是征用大量的耕地来建设不是本地特色的大片林区，

图4　嘉北郊野公园田野人工景观

图5　嘉北郊野公园游览者享受人工景观

实际上是对生态的破坏和物种的入侵，也带来景观上与其他地区的郊野公园没有区别。

在嘉北郊野公园的调研中，樟树占林木种类的80%以上，除此之外还包括水杉、银杏、松树、枫树等树种。但江南地区特色的菱、藕、桑等特色物种几乎没有种植。

图6　嘉北郊野公园圈养的孔雀

2. 生态景观和人文底蕴不能有机结合

由于上海郊野公园人工打磨痕迹较多，使得生态景观与人文景观缺乏联系，甚至没有人文内涵。但实际上，江南特色的自然地理和生态景观正是塑造深厚人文的基础所在，两者息息相关。例如，嘉北郊野公园是古代上海等沿海地区所特有的冈身地形所在地之一，园内至今还有冈身路，但并没有相关的介绍和开发。

上海地区农业开发时间早，乡村文明发育程度高，正因如此自然生态和人文风尚之间的融合更显得完善。但与国外的郊野公园相比，上海郊野明显体现出自然生态与人文的脱节。以廊下郊野公园为例，分不同时段开展了春游芳草地、夏榻蔬果藤、秋赏红枫林、冬吟白雪诗，但事实上这些活动在其他地方都能实现，并没有体现出江南文化的人文特征。更有甚者，廊下郊野公园设置了一项“玩累了就走进海瑞先生的餐厅”活动，穿越时空，体验英国乡村俱乐部，完全脱离了江南地区的人文底蕴。

（三）孤岛式的郊野，参与模式以封闭式观光为主

1. 周边景观以城市化郊区为主

从此次调研的情况来看，部分郊野公园呈现出比较孤立的分布状态，公园与周边建置、景观极不协调。郊野公园应该是以原生态的自然或人文景观为主，以此为过渡，引导消费者进入周边真正的自然和乡村。但是，现有郊野

图7 浦江郊野公园的英式乡村别墅旅馆

公园所在地区往往是已经部分城市化的郊区，分布有大量工厂、建筑用地、公司、荒地等等，消费者感受到公园里外的景观差异很大。因此，郊野公园成了城市化郊区中的生态、景观孤岛。以嘉北郊野公园为例，周边的工厂、机械制造业、物流公司分布较多，贴近公园处自东北逆时针连续分布着青冈工业区、上海升恒汽车齿轮有限公司、光源材料公司、工程安装公司、外冈工业园区、五金拉丝厂、汽车零部件、金属制品公司、化工物资公司、塑料制品公司等第二产业。除了在公园里休闲外，园外几乎没有任何郊野、乡村景观。因此，孤岛式的郊野其实是对城市化郊区的局部修正，但是由于郊区产业布局的固化无法实现真正的郊野。

2. 非浸入式郊野，游览者参与形式以观光为主，商业消费植入较多

由于郊野公园的人工景观设置以及孤岛式郊野的形态使得上海郊野公园以观光的形式进入郊野，而非真正地参与郊野。凭借道路设施的引导，游览者跟随设计者的思路被动地“参观”郊野景观。在此过程中，设计者将商业消费要素植入其中，比如，长兴岛郊野公园在2018年11月份开展柑橘风情体验游、前小桔创意农场系列活动、农夫集市等，包括目前多处郊野公园开展农园采摘等活动，但实际上是一种集约化农业基础上的模式，渗入商业营销的要素，缺乏真正意义上乡间自然野趣。这种类似于观光农业的服务性消费一定程度上改变了郊野公园的性质，甚至在廊下郊野公园的app上直接设有“郊野小店”，引导消费者直接通过微店模式消费郊野产品。

图8 嘉北郊野公园的收割活动

（四）城市居民消费观念与世界级郊野公园差距较大，对自然的审美水平有待提高

由于我国城市化短期内快速扩张以及建国以来户籍制度带来的城乡二元体制，人们对乡村存有偏见，认为是落后的、偏远的。因此，在面对郊野公园的建设和感受中，设计者带着城市审美的眼光来规划景观，而游览者同样也不是带着审美的态度去面对郊野。在1 000位上海城市居民调研中，26.5%从未听说过郊野公园，25.9%从未去过，去过1个的也仅有28.4%。80%以上受访者认为不去郊野公园的原因是路途太远，公园太大交通不便。

与世界知名郊野公园相比，上海消费者更希望将城市便利的生活方式强加进郊野公园，他们所向往的郊野其实是已经城市化的郊区，而非真正的郊野。这一观念使得消费者无法理解“郊野”的文化内涵，倒逼公园设计者来迎合他们的品味，形成郊野公园的城市化。在对上海市城市1 000位城市居民的

调研中，只有11.9%人认为郊野不应该有大量人工景观建筑。也有10.2%人认为与城市公园没有区别。以嘉北郊野公园的交通服务设施为例，公园设有观光电动车，在每个固定的路线站点停靠，受到游览者的欢迎。这就说明：进入郊野的游览者并没有真正走进郊野的意愿，他们宁愿通过短时间、快通道的形式去浏览郊野。

五、反思和建议

通过调研发现，与世界知名的郊野相比较，上海郊野公园的主要问题在于：在城市化郊区的基础上重新建构、复原已经逝去的郊野，就面对着人文景观和自然籍贯的协调问题。同时，由于长期的城乡二元体制影响，城市居民对郊野的审美也存在一定程度的偏差。针对这些情况，上海要打造世界级的郊野公园可从以下几方面进行调整和提高。

讨论郊野公园的在地性：生态在地性和文化在地性，什么是中国目前城市化水平和大众消费品味下"郊野"的应有之义，郊野公园如何承载这一意义。

（一）活的郊野：生态在地性

将上海、香港、英国三地的郊野公园进行对比，通过"郊野"公园概念及实践的演变，结合上海本地的情况，来建构新的"郊野"内涵，得出郊野的意义在哪，怎样实现，是上海郊野公园建设要面对的主要问题。现提出以下对策：

1. 尊重生态规律，打造江南特色的郊野公园物种数据库

根据调研发现，目前很多郊野公园植物种类，还是偏向园林的绿化。基于江南地区的土壤、水系等规律，形成上海特色的农田水利、乡村风貌。因此，上海郊野公园要想有自己的特色，就应该保护现有特色的和区域性较强的生物物种（例如芦苇），让郊野公园成为他们的自然保护区。真正结合郊野公园的原始概念和设计初衷，把乡土物种更多使用在这方面，做生态恢复，成为上海的生态走廊，为本土物种提供栖息环境，并为城市居民了解生态保护提供科普教育的场所，形成江南特色的物种数据库。

以新江湾湿地的房地产为例，作为城市边缘的稀缺湿地，在城市化过度开发与郊野保护之间产生冲突。但由于房地产的开发，没有完全能保护湿地，最后在城市扩张、人文诉求、生态修复三者之间的形成妥协。

2. 借助自然生态，开发历史人文资源

以郊野公园为载体，恢复微观水网、农田等丰富的生态景观、资源，在此基础上复原相关的农业习俗，让郊野消费者感受自然的同时也在江南文化中得到熏陶。例如，根据历史文献记载，江南地区是采桑、采菱等传统农事活动的主要特色区，这不仅是郊野生态的恢复，也是人文环境的重建。

（二）人的郊野：文化在地性

农田虽然是人类开发的结果，但也可以作为郊野公园乡村景观的代表。遵循奥姆斯特德所倡导的“乡村式风景”设计原则。延续场所文脉、保存农业体验、借鉴田园风光等途径，都可以成为郊野公园进行景观规划设计的语言及策略，此部分讨论将从消费者、设计者双重角度展开。另一方面，预计结合阿多诺在《美学理论》中有关“自然美”的讨论，及其对“旅游业”的批评，[①]针对目前国内多家郊野公园开设餐饮、娱乐等消费区展开讨论。阿多诺认为，“资产阶级对自由和人类尊严概念的统治致使自然美从美学中消失，……世界之

① Adorno TW. Aesthetic Theory [M].Robert Hullot-Kentor, trans. London: Continuum, 62–78.

中显得只有那些归功于自主主体的东西才值得注意。”[①]郊野公园可以视为对此种抽象的自由与尊严“概念”的反题。如列斐伏尔所说，“用户的空间是活态的”，[②]它以一种具体的、感性的和实践的方式对抽象化了的城市空间加以补充。根据调研结果中上海居民对“郊野”概念的认知，建构一种新的、引导大众参与的“郊野”文化意义，以及提升文化消费的水平。

1. 利用现有自然景观复原郊野，构建“郊野”文化

江南地区作为乡村开发时间早、农业高度集约化的地区，已经不存在真正自然生态上的郊野。因此，建设郊野公园有两种主要途径，即保留现有的乡村景观或选取某一历史时段复原当时的郊野景观，但无论哪种都要借助适度地人工途径。减少将来以破坏现有乡村景观为代价来打造的城市公园性质的人工景观，利用现有景观来引导消费者认识真正的乡村。更多地使用有限的自然景观，结合文献中记载的历史时期江南地区景观特色，适度复原，构建一种有文化内涵的“郊野”，缩短人工景观与自然景观间的距离，来提高消费者的欣赏水平。在此过程中，将文人、作家对江南地区乡村、郊野的作品进行相关推广和植入，让消费者理解江南郊野产生的历史、人文、自然内涵，以及与城市之间有机的联系。

2. 通过郊野公园建设引导一种对郊野、乡村精神的新型消费形式

在上海已有的郊野公园规划中，征用了大量农业用地来建设停车场、电动游览车道等基础服务设施，试图让消费者快速到达、快速消费。但郊野公园作为城市深入了解乡村文化的一个入口，应该是有别于城市的慢生活代表，通过它可以走进周边的乡村，体会真正的郊野风情。目前消费者尽管认可城市化风貌的郊野公园，但他们对郊野、乡村的偏见仍在存在，两者协调发展也不可能完全实现。针对目前城市居民的文化消费水平，可通过适度减少郊野公园基础设施的建设来反向促进、引导消费心理和节奏的变化，让消费

① Adorno TW. Aesthetic Theory [M].Robert Hullot-Kentor, trans. London: Continuum, 62.

② Lefebvre H. The Production of Space [M].Donald Nicholson-Smith, trans. Oxford: Blackwell, 362.

者体会、认同乡村精神和郊野内涵。

此外，与郊野公园相配套的食宿设施，不该向城市看齐，而应将真实的乡村生活实况展现在城市人面前，让他们走进乡村。但从目前的郊野公园来看，郊野公园内民居被拆除，园外的建筑也与郊野极不相称，存在着大量的工厂、建筑用地，形成郊野公园的孤岛分布，在一定程度上扭曲了对郊野的理解。

（三）改造郊野公园周边的生态环境

上海郊野孤岛式的分布状态使得消费者无法通过它走进真正的郊野，而是被封闭地采取观光的形式。列斐伏尔认为，“空间是一种社会的产物”①，是被赋予了社会性、真实性和意义性的。每个社会都有与之相适应的生产方式，同样生产方式也具有与之相适应的空间生产。列斐伏尔所理解的空间分为物理空间、心理空间和社会空间。物理空间会在心理上产生影响，影响社会心理的波动，心理空间也会影响个体在物理空间的行为。郊野公园作为物理空间，既是城市社会心理空间的反应，也会反过来影响之。

基于此，上海郊野公园的规划不仅仅是要征收一定片量的土地来建构郊野公园，更应该对周边的土地进行统一整治，调整产业布局，缓和郊野与周边的分界线，做到两者有机衔接。

在这基础上，郊野公园的APP和官网可以适当推送一些周边的人文和自然景观，让郊野不再以公园形式出现，引导消费者放慢脚步走进郊野。

（陈云霞）

参考资料

1. http://www.greenflagaward.org.uk/
2. 参考英国对郊野公园现状的官方调研报告
3. 上海市规划与国土资源管理局网站
4. 上海各郊野公园官网、APP

① Lefebvre. The Production of Space［M］.Wiley-Blackwell, 1991. 第146页.

共享空间的塑造：浦江两岸滨水空间调研

上海依水而生，因水而兴。黄浦江是上海的母亲河，“水”天然地是上海城市发展与变迁的重要影响因素之一。2017年底，作为黄浦江的核心区段，浦江两岸杨浦大桥至徐浦大桥之间45千米、500多公顷的滨江岸线初步实现了全面贯通，形成了连贯的滨水空间。2016年，《黄浦江两岸公共空间贯通开放概念方案》发布，提出“开放的江岸”“美丽的江岸”“人文的江岸”“绿色的江岸”“活力的江岸”和“舒适的江岸”六大理念，进一步增强黄浦江的休闲游览功能，优化黄浦江两岸公共空间的景观建设。黄浦江滨江空间由是开始建立。但是浦江两岸滨水空间的理念规制，需要在实践中落地才能真正获得明确的内涵。由于按区分段建设，规划、设计、建设单位多种多样，有些地区还反复回炉重造，使浦江两岸滨水空间在形式上的贯通和统一之下，需要对其实际具有和应当具有的内涵的复杂性加以剖析。

目前对于城市空间特别是城市中公共空间的讨论，大多从列斐伏尔为代表的空间理论法国学派出发。列斐伏尔在揭示空间的社会性方面的确成绩卓著，他明确空间既是社会关系的前提，也是它的结果；生产中的社会关系进行了空间的再生产。而对空间中社会文化因素的考察，可以追溯到19世纪初德国地理学家洪堡。他将“文化景观”的生成过程确立为地理学研究的中心问题，从而引发了文化地理学研究的转向。此后，卡尔·索尔将文化景观视作人文因素与自然因素相互作用、动态生成的复合对象，文化地理学研究的基本方向得以确立。[①] 在索尔的学生维特里希看来，文化景观的生产是历

① 肖笃宁、钟林生：《景观分类与评价的生态原则》，《应用生态学报》，1998年第2期。

史性、阶段性发展的后果，并表现出一种“文化史层”的样态。[①]不同时期的人类活动会对景观施以不同的作用，文化景观的外在表现形态会随之发生变化，经过长期的积累和发展，文化景观最终会呈现出与特定时期人类文化行为相符合的样式。

在文化景观生成的过程中，人类活动、区位环境、文化趋势、历史语境等要素都会对其最终形态产生影响。反过来说，任何一种对人来说有意义的、现实的空间，都应当理解为三重意义的复合，再生产得到的空间既是物理的，也是精神的（即被感知和认识的），同时是社会的（即体现了社会关系）。通过人在空间中的狭义生产活动——也就是物质生产，物理空间得到了更新、维护，精神空间与之调适，而社会关系以此产生和存在。然而，目前的论者大多忽视了列斐伏尔展开空间与社会关系之论述的思想背景，即，处于笛卡尔所开启的法国传统之中的列斐伏尔，也同笛卡尔认定“精神”存在于有广延的松果体之中，从而在实质上蕴含了唯物论的因素一样，在他的论题中包含了唯物论的视角。当列斐伏尔提出“什么是社会关系的存在模式?”这一论题，给出回答时，他实际上就已经把“空间的社会性”这一惯常见到的命题倒转为“社会的空间性”这一新命题。[②]在这一思路下，我们对包括滨水空间在内的城市空间的考察，其本质是通过空间性的考察而省思城市居民的社会性存在；而对滨水空间的建构，其核心则在于重塑该区域的社会关系和人群的生活状态。而对于这一空间文本与人群的关系，则在于空间自身的共享与利用。

由而本调研报告分如下三部分展开。首先是调查情况的汇总报告，在这一部分中，我们将综合利用实地调研结果和各类地理信息数据，对浦江两岸滨水空间的发展现状予以说明。紧随其后，我们将结合一些国内外相关案

---

① D. Whittlesey, “Sequent Occupance,” *Annals of the Association of American Geographers*, Vol. 19, No. 3, March 1929, pp.162–165.

② 参见Henri Lefebvre: *The Production of Space*, trans. Donald Nicholson-Smith, Malden, Mass.: Wiley-Blackwell, 1992, p.129.

例，指出浦江两岸滨水空间目前存在的主要问题在于功能的单一，而这又同文化内容开发的欠缺离不开干系，并结合中国实际与文化传统，对西方“公共空间”加以理论反思，提出“文化叙事性”的概念。最后，我们就从上述概念出发，提出立足上海实际，形成一种新的、适应于当前实际情况的，具有鲜明文化色彩的滨水空间形态，以此提出对上海未来包括苏州河在内的滨水空间加以提升的建议。最后，我们回到文化和共享的角度，对调研中呈现出的滨江空间发展状态和未来愿景作出总结。

一、滨江空间现状实地调查*

课题组成员实地走访了各个滨江空间区块，对滨江设施建设的景观、绿化、设施及人群使用情况作了现场调研。在定性分析部分，我们从现场调研出发，对滨江空间的发展现状予以直观描述。

（一）浦东滨江

浦东滨江全线贯通度高，因为同属浦东新区，各区域能紧密结合。但由此带来的问题，在于其地理位置定位不明确，即哪里才算是开始游览“浦东滨江”？多数移动应用程序（APP）都将滨江大道和滨江公园作为浦东滨江的主要搜索结果。“虽然知道有这个地方，但不知道怎么去”，成为游人的困惑。也因此，从浦东南路的滨江大道出发，沿着黄浦江向陆家嘴方向行去时，虽有对岸虹口滨江的高楼灯光璀璨，黄浦江上波光粼粼，塑造出节日般的氛围，但离浦东滨江公园越远，游客就越加稀少。此外，一路步行过程中发现依然有断点存在，缺乏恰当的绕行指引标志。

浦东滨江用红色和灰色的塑胶道区分跑步和骑行，此外还有用草坪分隔开来的水泥散步道。根据设计方案，浦东滨江的骑行道（来回双向）和跑步道

---

* 本节内容主要由狄霞晨采写。

图1　浦东滨江，课题组成员摄于2018年9月16日

图2　骑行与跑步道分离无法取得预期效果

图3　新建成的滨江驿站

各占1.5米宽度，毗邻建设，不设分隔设施。而据实际观测，游客并不按照指示通行，甚至根本没有注意到有这种划分。傍晚来浦东滨江的游客大多以散步为主，偶尔也会有跑步者，很少有骑行者，三条道的区分意义不大。

江边还设有供游客休息的驿站，内有书籍、桌椅，可供游人翻阅。上海旅游局在驿站内设有专架，提供各种旅游地图取阅。此外还设有贩卖饮料的自动售货机和洗手间，设施相对干净。驿站无工作人员，偶有个别游客进来观望，显得没有人气。

（二）徐汇滨江

课题组成员走访徐汇滨江时，正值人工智能大会刚刚闭幕，场馆已关闭，但仍有不少游客饶有兴致地经过，参展的谷歌公司设置了一些3—4个简易活动场馆作为线下体验设施，吸引不少游人排队体验。

徐汇滨江岸边相对宽敞，公共空间视野开阔。保留了大量工业遗存，巨大的龙门吊被漆成橙色、绿色，岸边分布着过去的铁锚、船桩、铁路、老厂房等等，渲染了徐汇滨江的历史气息，吸引爱好者驻足拍照。

徐汇滨江允许遛狗，因此成为了许多爱狗人士的天堂。与之相比，黄浦滨江、虹口滨江都不允许遛狗，设置了许多禁令标识。

图4　徐汇滨江，课题组成员摄于2018年10月1日

图5　多种多样的禁令标志。图片来源：《城市中国》杂志公众号，丁馨怡、宋敖、佟鑫、王卉、张炜等摄

滨江绿地的草坪上，有游人在此聚会、野餐，也有人带来帐篷野营，其中还不乏外国人。有一块适合滑板的场地，有些私人摊贩在旁提供滑板租赁，吸引儿童玩耍。此外，还设有一个小型的篮球场和运动品商店。徐汇滨江设有志愿者工作点和游客服务中心，可免费领取徐汇滨江的明信片。

龙美术馆（西岸馆）也设在徐汇滨江。其艺术品商店里陈列有当代艺术衍生品，但大部分游人也只是在免费区域参观，并不购买或购票入场参观。不过，附近的咖啡馆人满为患。徐汇滨江还有音乐现场表演（live）设施。

（三）黄浦滨江

黄浦滨江靠近南园段属原卢湾区，自1958年起就已建有公园，但在本轮贯通工程中属于较晚完工者，其贯通过程中主要问题在于环卫码头及与较早建成的徐汇滨江的衔接上。目前，黄浦南园与南园滨江绿地相贯通，南园与

图6　黄浦滨江（南园），课题组成员摄于2018年9月22日

图7　上海当代艺术博物馆周边的世博建筑沿用

图8　黄浦滨江周边的咖啡馆

滨江绿地之间有天桥相连接，是黄浦滨江的亮点之一。南园中的设施（如自动贩卖机、厕所、健身游乐设施等）与黄浦滨江绿地共用。卢浦大桥构成黄浦滨江此段的标志性景观。此外，南园设有咖啡馆提供咖啡和西点小食，适合观景，填补了滨江地区缺少消费性休憩场所的空白。

黄浦的滨江步道分为上下两层，但都较为狭窄。上下两层步道有功能上的区别，但游客对此同样不清楚。黄浦滨江一些设施沿用自2010年上海世博会，也存在标志不够明确，部分设施老化、脱落，显示出日常维护的欠缺。例如，穿过卢浦大桥之后，有一老化失修的社区篮球场，未见有人使用；周边可移动公厕缺乏清洁维护，造成异味。此外，个别路段照明条件昏暗，有闲散人员聚集。

（四）虹口滨江

虹口滨江与周边的商业综合体距离较近。从“一滴水”商业综合体出发往高阳路方向沿江步行，路边可以看到一家日本料理餐厅（渡边），在“大众点

图9　停泊在虹口滨江的“苏州号”，课题组成员摄于2018年10月28日

评网”上是“虹口区日本菜环境榜第1名”，人均消费较高。另外还有一些车厢形状的临时性建筑，是一些茶饮点，但大部分都处于关闭状态。

江边停泊了许多大型邮轮，几乎无法看到黄浦江。北外滩本是黄浦江转弯处的最佳取景点，但因被大型邮轮遮挡，无法欣赏江景，令人遗憾。不过在北外滩的桥上，风景别致，不少新人以此为背景，拍摄婚纱照。

在邮轮码头与滨江步道之间，用玻璃墙隔开，设有“上海码头历史文化长廊”，对“里虹桥码头”“1926年的外滩”“上海的江海关”等做了介绍，并且设有二维码，游客可以通过扫描二维码获取中英文详细介绍。设有爱因斯坦来上海与一名清代儿童对视的公共雕塑作品。江边还有“魔都矩阵”极限挑战设施，于今年11月11日对公众开放。

虹口滨江的步道空间相对狭小，黄浦江与两边的商务楼距离较近。周边的商务楼中，设有地下商场，但大部分游人并不知情。周边有一家“泛合金融

图10　码头文化露天博物馆，图片来源：虹口文明网[①]

---

① http://wm.shhk.gov.cn/hongkou/node3/n5/u1ai1191.html

咖啡”，场地宽阔，但主要为该楼宇内公司的工作人员和访客服务，与外来游人游览空间形成较大的差异分隔。北外滩的邮轮功能和滨江空间的景观功能产生了一定矛盾，而北外滩的商业综合体中应设有一些入口，让公众可以在滨江游览之余进入商场消费。

（五）杨浦滨江

杨浦滨江在百度地图及大众点评上所标的位置均有误，理想的步行起点在杨树浦路宁国路附近的宁国路渡口，附近有厕所、自动售货机等公共服务设施。由于轮渡的日益减少，对于一些市民而言反而产生了新鲜感，吸引他们前来参观。轮渡宁国路渡口的上方，就是高耸的杨浦大桥，亦即45公里滨江空间浦西部分的北起点。轮渡口以小栈道桥通往杨浦滨江的核心游览区域。

杨浦滨江独具特色之处在于保存了许多来自杨浦发电厂、杨浦自来水厂的工业遗存，并将各种带有历史印记的老表盘、老把手安装在长椅上，垃圾筒及路灯也都做成老水管的样子。江边种有月季，有龙门吊、铆钉、轨道等，遗憾的是，未见相关介绍。在一块较为开放的空间中，设有许多长椅，长椅上刻有山打木行的历史介绍。从介绍文字来看，山打木行应该就位于杨浦滨江区域内，并留存办公楼一栋。旁边有一些用圆木的陈列，与山打木行的

图11　杨浦滨江，课题组成员摄于2018年11月3日

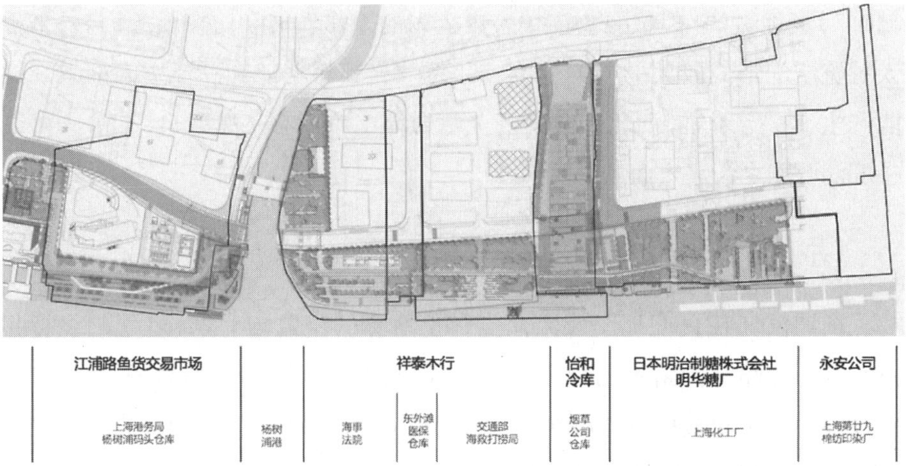

图12　杨浦滨江周边历史工业资源，图片来源：大观（egda）设计团队[①]

历史相映衬，显示出杨浦滨江保存工业遗产时的独具匠心。但是，现有的文字说明不够，可以把杨浦发电厂、杨浦自来水厂等相关老厂房的历史融入杨浦滨江之中。山打木行的老建筑也可修缮后部分对公众开放。

滨江区域内设有直饮水点数处、移动厕所等便民设施，还有驿站一座，其中提供无线网络，图书、直饮水、急救箱以及血压计等。但驿站空间较小，且较为昏暗。

杨浦滨江植被修复较好，植有狗尾巴草、芦苇，还有一大片粉黛草。周边还有许多楼宇正在建造，从外观来看以商业空间为主。滨江空间较为广阔，适合步行及跑步。实际使用人群以散步者为主，也有部分跑步者。杨浦滨江的指示牌中明确禁止车辆入内，不允许骑行。

二、滨江空间现状的定量分析

在定量分析部分，我们结合运用卫星图像（数据截止日期为2018年2月

① https://www.wxwenku.com/d/108440525

8日）和高德地图的位置服务数据（数据截止日期为2018年9月21日，位置服务信息包括文化、体育、购物、生活服务、餐饮、旅游景点共5大类的点位信息19.4万条）和人工GPS标注，运用Python语言和多种地理信息处理程序包，编写脚本进行定量统计和分析。运用MapBox制图。

（一）滨江步道可达性

步行可达性方面，滨江步道与黄浦江的平均距离浦东、浦西差距不大，浦东为49米，浦西为44米。但是在滨江步道与居民聚集区边界的平均距离方面，浦东为715米，浦西为322米，显示出较大差异。

公共交通可达性方面，共有32个地铁站靠近滨江步道（距离在1 000米以内），最近的是龙耀路地铁站（13米）。上述32个地铁站到滨江步道最近处的直线距离数量分布如下：

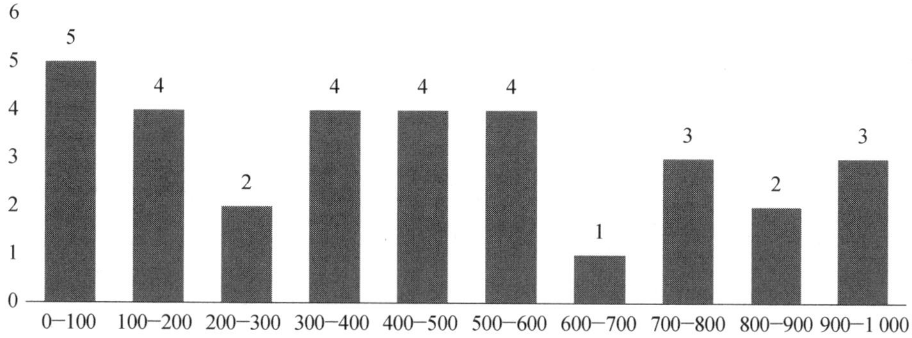

图13　滨江步道与邻近地铁站直线距离分布

（二）购物中心分布

距离滨江步道1 000米以内的综合购物中心共有87家，平均距离为474米。其中距离最近的为益丰·外滩源32米。滨江区域两岸均存在较多的购物中心设施，但是相关设施的辐射区域、人口密度和服务对象存在一定差异：西岸的购物中心大多位于商业密集地带，流动人口密度较大，综合性购物商场较多，销售商品涵盖低、中、高多个消费层次。东岸购物中心大多依托于居民区建立，居住人口密集程度较高、流动人口相对较少，购物商场多以服务于居民生活为主。各距离区间购物中心数量分布情况如下：

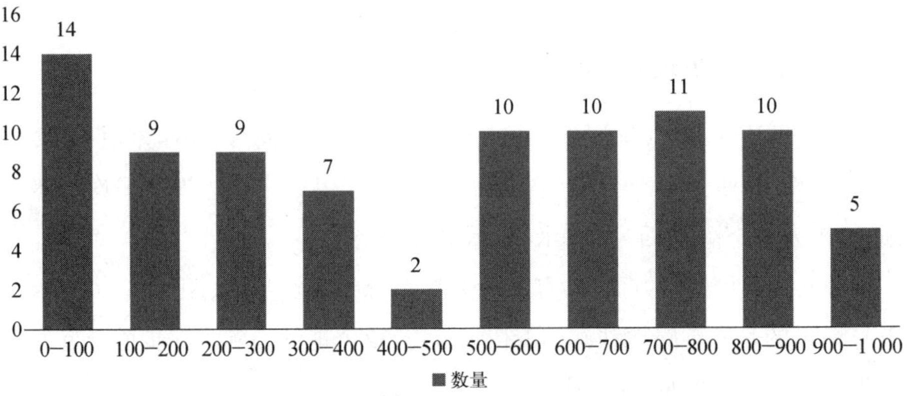

图14　滨江步道与邻近购物中心直线距离分布

(三) 商业设施总体业态分布

如图，包括商场中的店铺在内，除去餐饮业，滨江周边设施主要以服装店、专营店和大型市场为主。商业设施与滨江步道的平均距离基本大于滨江步道到居民聚集区边界的距离，表明这些商业设施更多服务于周边居民和滨江之外地区活动的人群。

(四) 休闲餐饮服务设施分布

“民以食为天”，餐饮服务的密集程度在相当程度上和人流量的大小正相关。图中可以看出，各类餐饮服务距离滨江步道的平均距离普遍在300米以上，这一方面既表明从滨江空间出发就餐的不便，另一方面也可以说它是滨江空间人流量较少的表征。在具体的餐饮服务分类上，我们发现，甜品店、冷饮店、咖啡厅及其他休闲餐饮场所分布均较少，中餐厅以中式快餐（生煎、面食）为主，本地特色、品质质量、休闲元素均不突出。除了外国餐厅占比略大

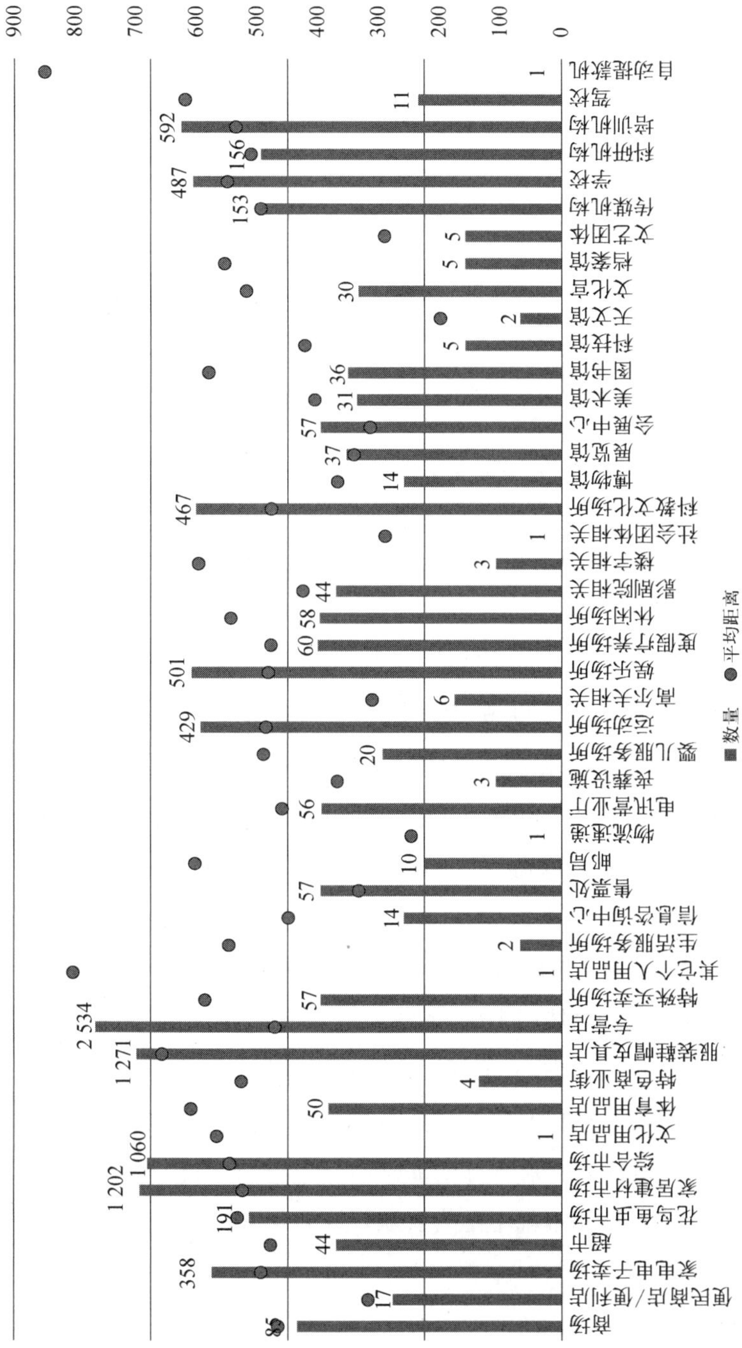

图15　滨江步道周边商业设施分类情况

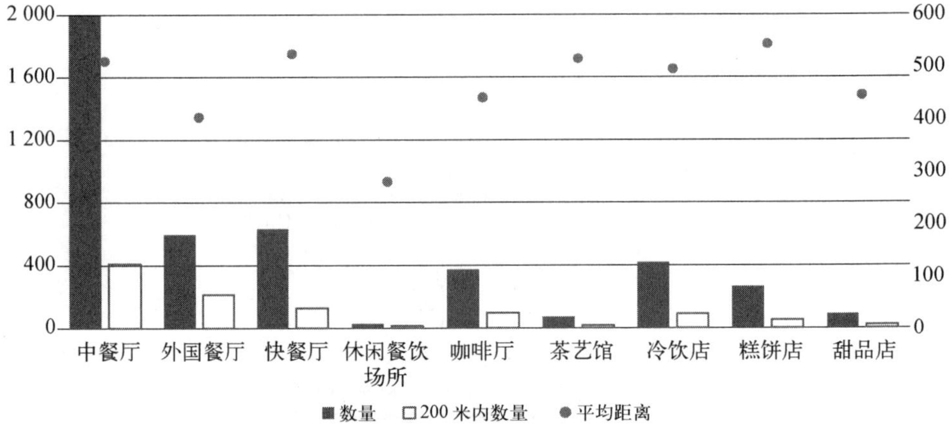

图16 滨江步道邻近餐饮服务设施分布

于全市平均之外，总体和平均情况持平，咖啡厅占比甚至低于平均水平。

（五）文化消费场所和文化设施分布

我们特别考察了艺术场馆、展示馆和艺术产业、书店等文化消费场所和文化设施的分布情况。据统计，自2010年以来，徐汇滨江共举办了80余场艺术展览和活动，是同时间段内当前滨江空间周边最多的，表明该地块已经积累了较好的文化活动基础。[①]不难看到，在滨江区域主要是徐汇滨江周边1 000米范围内的2家美术馆、3家画廊占据主导地位，而浦东的中华艺术宫、民生现代艺术馆有较强的吸引力。但是，当我们将滨江区域的艺术空间放置到上海市艺术场馆的总体版图中，不难发现，相较于产业集中的M50园区，或是相较于人民广场文化中心，滨江周边艺术场馆和相关产业活跃度并不高。

据统计，文化设施方面，滨江周边有14家博物馆、31家美术馆。但占绝大多数的，实际上是各类业余体育培训机构、亲子教育机构和文化传播公司的活动场所。这些场所基本都不是为公众开放的非营利性机构。

① 数据来源：artlinkart.com。

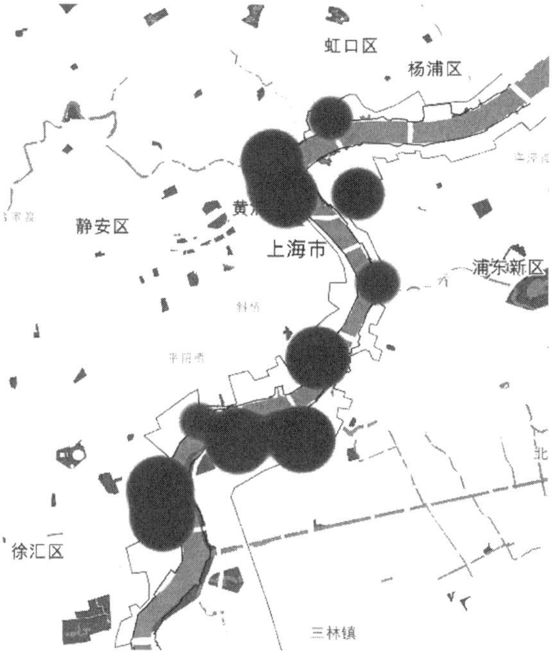

图17　滨江步道周边艺术馆活动数量分布

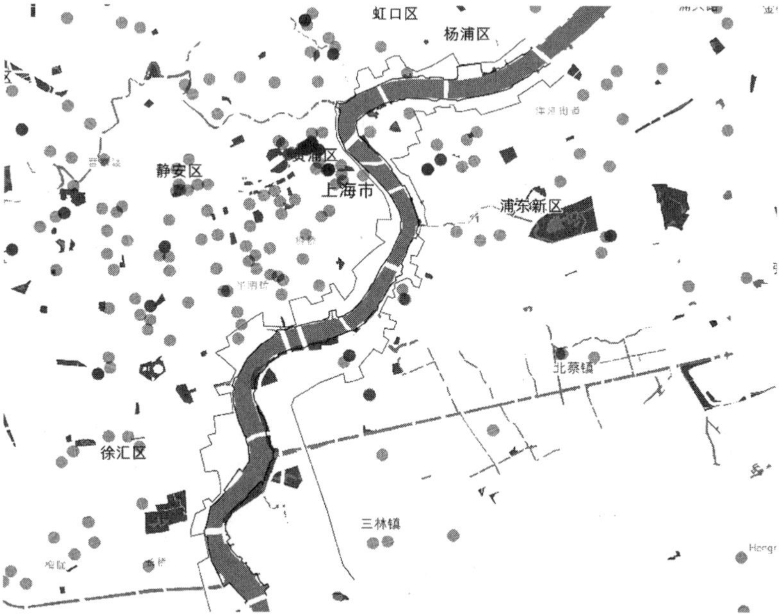

图18　书店分布情况

在上面的书店分布点图中，也容易看到，滨江周边区域内书店的分布也仍很不够。除了个别如建投书局这样名义上的书店，滨江空间的文化消费气息和场所都还有所不足。同咖啡馆在滨江区域的缺席相对应，文化消费与其他各类消费相复合的业态尚未形成，典型的“书店+咖啡厅”模式几乎没有在滨江区域出现。

不过我们也看到，诸如当代艺术博物馆等公益性公共文化服务场所，在同建筑物内另设了盈利性质的咖啡馆和高档餐饮消费场所。“艺术馆+高档餐饮”是在人民广场地区施行已久的复合消费模式。例如，原上海美术馆即采用此种模式；上海当代艺术馆（MoCA）也以此种方式运营。这种模式是否能够对滨水空间的文化植入起到积极的带动作用，抑或仍是“文化搭台、经济唱戏”的旧思路，有待具体的观察。

三、滨水空间的世界经验与品质提升

包亚明在《现代性与都市文化理论》将都市的公共空间定义为“都市人共同生活、互相交往和活动的共享空间，是界定在与市民公共生活息息相关的场所。不论户内户外，产权公有或私有，只要是对市民开放的空间，有小型的结社或大型的群众公共活动，均属公共空间范围。”[①] 这一定义中给出了城市公共空间的两个基本条件：（1）向市民开放；(2）有各类公共活动。目前，随着滨江空间的贯通，向市民开放的条件在总体上已经达成。因而现阶段考察滨水空间，主要就不再是关注它的空间“外壳”，而是它的内容。但在实地走访中我们发现，在滨江区域较为开阔的区域内，市民能够实际采取的活动是十分有限的，基本局限在步行、跑步等单一的、线性的移动性活动。与这些市民的常见活动相应，滨江空间目前普遍存在“道路化”的倾向，即它主要是作为一个过境通行的设施获得认识和接受的，很少有人认识到它自身能够起

① 包亚明：《现代性与都市文化理论》，上海社会科学院出版社，2008年，第220页。

到包容和承载活动。

纵观世界各地区著名的水岸空间，可以发现，滨江空间中目前暴露出的一些问题，是和对“景观”的片面理解分不开的。自20世纪90年代起，以巴塞罗那为代表的一些城市，借助奥运等大型事件，更新工业遗存，引入艺术文化和商业资源，较早完成公共休闲空间的建设，有效促进了城市经济的发展。若以此为第一阶段，那么2000年开始以阿姆斯特丹、柏林为代表的一些城市做法则可称为第二个阶段，也就是通过鼓励民间手工业者和艺术家进入毗邻河岸的空地，借民间的力量、以公共艺术活动带动公共空间的生成。进入2010年代以来，以纽约、伦敦为代表的老牌全球城市以文化创意经济为新的产业基础，以全开放式公园的格局重新设计了水岸区域的功能。其中尤以纽约布鲁克林大桥公园为典型。它过去是散杂货运输和存储的工业综合体，在政府和社区的共同努力下，开辟原先的1号码头作为公共亲水空间，也开创了“空间共享”这一理念的先河。①

我们发现，世界上主要的滨江空间往往都主打本地特色和风土人情，而其基础则是水域两岸自然展开的，富有“烟火味”的日常生活。在去芜存菁把握滨水空间激活的世界经验基础上，不难看出，世界级水岸空间往往只有立足于本地区的实际情况，调动激发在地人群的参与，才有可能建设起为民所用、为民所乐、为民所爱的滨水空间。Potteiger等人将这种以人和活动（事件）发生为基本条件的空间设计组织形式总结为“景观叙事”，用以包含一系列的景观设计实践。②以此观之，目前世界上许多区域公共空间的规划和管理也都可以归纳在“叙事”这一理念名号下，寻求促进、激发各类活动和事件在公共区域的发生，将空间嵌入到人们的生活经验和地方记忆中，提升市民的获得感和游客的满意度。

---

① 朱怡晨、李振宇：《“共享”作为城市滨水区再生的驱动：以美国费城、布鲁克林、华盛顿海军码头更新为例》，《时代建筑》，2017年第4期。

② 参见M. Potteiger, J. Purinton: *Landscape narratives: Design practices for telling stories*. Hoboken, NJ: John Wiley & Sons, 1998.

基于上述考虑，我们可以说，文化叙事性首先具有一个内容的层面。它体现在“看得到的景观”和“看不到的文化”相结合，发挥各类空间（历史建筑、新建地标、空间广场、道路等）的媒介作用，将社会记忆和历史文脉展开在人们面前，也同时形成人们可以参与其间、甚至予以塑形的事件现场。它在具体实现上可以分为叙事要素和情节组织两个部分。其中，叙事要素要求综合利用滨江空间沿岸各区具有各自的独特历史风貌和生态资源。一方面，它包括宏观的历史视野，要求立足本地特性，充分挖掘自身优势资源，以空间为载体挖掘多种形式讲好自身的历史故事，并以多种形式通达公众。另一方面，叙事要素还包括微观的日常生活，细琐到市民的文化活动，甚至社交网络上的“晒图”。日常生活是公共空间中最主要的、最贴近并亲和公众切身感受的文化产品。这些叙事要素内生于大众的需求，与之产生共振，从而为空间聚集了人气，注入了人们的思想感情，让空间真正发挥人文关怀的作用。

从全球经验和上海发展情况来看，引入文化叙事性这一促发各类活动和事件发生的理念，可以使滨江空间在单一线性城市活动外发展出更多可能性，真正体现其作为公共空间的价值，促进浦江两岸各区滨江空间整体协同发展。从宏观的历史尺度，我们有例如代表中国纺织工业起点的杨浦、集聚海派文化和先进文化特色的虹口、已成为上海名片的外滩和陆家嘴等；而在微观的尺度，滨江空间目前就缺乏相关的事件。这是滨江空间在未来一段时间内主要的提升空间所在。2018年在徐汇滨江召开的人工智能大会在一定程度上让人们广泛知晓了滨江空间承载活动的潜能。但是，仅仅依靠这样的低频率事件，或是上海马拉松赛等大型年度性活动，对长达45公里的滨江岸线空间而言是远远不够的。

而即便是有了宏观和微观两种叙事要素，也并非大功告成，还需要将它们都有机组织起来，也就是形成文化叙事的情节组织；空间建设中最重要的组成部分，实际是人文，并且归根结底在于人，在于进入空间、与空间互动的人。这就将我们引向了文化叙事性的主体。这些“主体”，既包括“享受”公共空间的市民游客，也包括生活和工作在它周边的社群、机构雇员，乃至是在整个城市中生活的人们。滨水空间中休息、游戏、商业服务等公用设施的设置，亲水平台的设计，归根结底并不是出于形式上的要求，而是要与人们的行为需求相适应。“仅可观赏却不能参与的‘橱窗效应’往往使人难以驻足、停留。”① 建设和改造空间是为了吸引人，为人的到来与停留创造条件和契机。这一转换就如同“空间的社会性”到“社会的空间性”的命题翻转，旨在突出人的主体建构性作用。文化叙事性认为，空间是每一个参与者共同建造的，是在硬件条件基础上进行的一种社会组织的空间化过程。

我们认为，由于社会结构和文化差异，“叙事”对事件和活动的强调可以发生一定的改变，其所依赖的空间形态也可以对应有所调整。取而代之，我们提出“文化叙事性”的概念。它继承前述公共空间两条基本定义，特别是“叙事”所代表的对活动和事件在公共区域的发生的强调，但在具体操作路径上有所不同。中国历史上，宽阔的空间场域大都作为皇权乃至自然神权的标志，是统治阶层进行祭祀、政治集会、阅兵的地点。《考工记》载：“匠人营国，方九里，旁三门。国中九经九纬，经涂九轨，左祖右社，面朝后市，市朝一夫。”这样的格局中，城市市民公共活动的中心注定是和政治中心分离的，其拥挤繁忙也和政治中心拥有的宽阔空间形成对比。现代意义上市民的“公共性”，在中国古典城市构造中发生的主要场域，存在于街道、集市，存在于“阡陌纵横”之中。这使中国人对公共空间的理解，并不像西方人那样自然而然就是“广场”。相反，广场以其富于外来文化色彩的“纪念碑性”，对日常性产生了极大的压制，阻止了微观、日常活动的发生。

注意到，今年以来相继发布的《黄浦江、苏州河沿岸地区建设规划》《黄浦江两岸地区公共空间建设三年行动计划（2018—2020年）》提出黄浦江将更具引领性的复合功能，根据全球城市核心功能发展需求、沿江各区段资源与发展态势，引导滨江公共空间建设向腹地和两侧延伸，以逐步形成更系统、更完整、更丰富的黄浦江滨江空间和生态体系，将滨江空间的纵深融合发展

① 郭旭、郭恩章、陈旸：《论休闲经济与城市休闲空间的发展》，《城市规划》，2008年第12期。

推上前台。我们认为，让公共空间向“阡陌纵横”中延伸，是符合现阶段实际情况，发展滨江空间乃至城市公共空间的有效途径，也是化解当前滨江空间较为片面的、不充分的景观性，和功能性之间矛盾的可行方式。

从目前的情况来看，滨江空间的主要证候仍在于活力不足，而其中所暴露出的主要矛盾，仍然是有效的公共空间供给不足，而市民游客对此的需求强烈。我们就从空间文化叙事性的角度，对黄浦江两岸滨水空间的未来发展和提升，提出如下建议。

四、相关建议

从上海的本地经验和前述世界级滨江空间的理念出发，我们认为，黄浦江两岸滨水空间在未来一段时期内的进一步发展，可以从如下三个方面着手：

（一）扩大公共空间供给，加强滨江与腹地的联系

滨江空间功能的单一和人气集聚效应的不足是互为因果的。目前多数地方滨江空间和居民区、游客住宿点等人群集中的区域之间，通常为大型商业设施所隔开。据测算，滨江空间距居民区的最近距离大致为300—700米，对一般居民游客而言则更远。然而，滨江空间也不可能无限制扩张，这一格局现阶段也难以立即破解。对此，通过功能复合化的方式提升已有空间的利用效能，联通公共空间与周边商业、机构院所等现有设施，可在较少硬件投入的基础上提升滨江空间的功能价值，实现滨江空间向纵深腹地的辐射作用。为缓解这一局面，目前已逐步建立与滨江空间相配套的引导标识。但要真正让滨江发挥作用，还需打破功能单一与人气不足的恶性循环，而这就要求进一步加强滨江与腹地的关联程度。

在规划上，上海已采取了一些措施，以释放更多的公共设施和公共空间为前提，鼓励物业权利人按规划进行更新改造。可以进一步调动市场机制，

发挥商业、交通等滨江空间周边设施吸引、引导人群的作用，进一步促进更多空间向公众开放，提升滨江空间的包容度和可达性，以人群的聚集和功能的复合化发展形成良性循环。最终达成临江商业综合体、居民区和滨江空间的统筹和协调发展，使滨江真正融入市民的日常活动。

我们认为，在现有的腹地绕行的平面式方式之外，可以适当开放临江建筑的地下空间（如虹口），以立体的通行方式缩减滨江周边设施和黄浦江的视觉和认知距离。这可以在无形中拓宽滨江空间的广度，既可直接提升人群观感，也有利于滨江空间的影响向纵深拓展。再例如，一些办公楼宇的大堂等，可以发展成为展示场所；一些靠近滨江的建筑，可以植入相关服务设施，如餐饮、文化活动场所等营业性场所，以及便民服务、应急医疗等多类型、高质量的公共服务，以此改变运用方式单一的现状。还可以协调相关职能部门、企事业单位，加大历史建筑、遗迹、重要事件发生地向公众的开放程度，满足市民游客借滨江空间这一平台深入了解上海的需要。

扩大供给的另一方面在于增加空间的包容性。可以通过有针对性地增设、完善无障碍设施及配套服务，拓宽滨江空间的参与群体。尊重当前以行人为主的滨江空间移动模式，去除不必要和不切实际的区隔，将非机动车和行人有效隔离，保证行人安全通过；适当增加蜿蜒逶迤的步道引导路线，增加沿江移动路线的人群容量，最终以完善综合规划和细节管理，让滨江空间成为对更多人友好的包容性空间。

（二）宏观微观内容并举，提升滨江空间文化内涵

文化内容供给可从上述的宏观与微观两方面加以分解。宏观的方面，各区可以立足自身文化资源积淀，加强滨江空间的历史内容呈现。一些区域已经利用围栏等进行平面宣传，在个别区段也已引入二维码、微信等方式开展引介活动。在此基础上，可通过多种多样的形式（包括设计竞赛等），引导游人进入到滨江空间的周边支系；展示公共艺术作品、销售文化衍生品，增强区域历史文脉在滨江空间的“在场感”和“存在感”，提升游人的“认同感”。每

个区的滨江都应有自己的特色定位，如徐汇滨江可以突出艺术展陈和交易，虹口滨江可以突出海派文化元素等。引导内容从历史的知识性介绍进入到审美的艺术性体验层面深化，从单纯的建筑等物质方面延伸到非物质的风俗、特色服务业方面发展。可以在滨江空间中设置合适区域，引介上海的“非遗”、民俗特色、特征餐品、民宿民居等；可以发挥好新建设的滨江休憩驿站的作用，引入文化创意产业、茶吧、咖啡吧，丰富图书借阅种类，用“带得走的文化”为滨江空间注入人情味，使滨江空间成为游览者休憩、观景，听雨赏花的非结构性体验场所。

在此基础上，进一步设计合适的游览路线，将游人从滨江向城市纵深引导，在已有的历史建筑介绍铭牌、二维码、移动应用程序等介绍方式基础上，利用好现有的免费无线网络等信息基础设施，增加滨江导览等在线服务的入口，提升公众知晓度。滨江空间的公共性不仅适用于游客，也适用于市民；不仅适应于外来者认识上海的需要，也激发市民的本地认同。我们建议，可以从市级层面统筹规划、统一协调，调动周围设施业主、机构的参与，利用好贯通滨江空间的基础设施建设成果，将已建成区段的滨江空间设施效能发挥到最大。

微观层面的文化内容，主要集中在它的日常方面。这部分的内容应当注重培植扶持。我们认为，可以引导社区、居民团体、周边机构等在滨江空间有序开展各类活动。可以参照文化场馆的“文化云”模式，面向公众开放公共空间的有限度无偿使用，形成滨江文化生活走廊；引入周边场馆、学校和机构，组织开展有关活动。推动滨江空间利用的日常化，让人们对滨江空间产生良性的“依赖感”。还可以通过引入常驻展览、活动，吸引常驻企业、群众性组织，以激发市场主体能动性，创设和吸引一些重点扶持的产业及科研教育机构来此设店、设点，提高空间利用率和文化价值。适时展开与上海人才政策相配套的短期和长期驻留计划，增强滨江空间的智力能级。

我们认为，滨江空间要产生出它的“公共性”，即真正服务于市民游客，还需要加大空间的内容供给和系统组织，而公共艺术则可以成为现时的一大抓手，而一座城市的真正兴盛也离不开文化艺术的在场状态。在滨江空间定期开展一些小型的、具有随机性的活动（如音乐快闪），设置公共雕塑等方式，为滨江空间注入艺术气息，亦不失为增加滨江文化内涵的有益举措。

（三）统筹规划协调资源，打造滨江文化有机叙事

目前，随着一批"驿站"的投入使用，和周边商业服务设施的逐步建立、美术馆沿江铺开的局面，帮助黄浦江沿岸同商业功能和文化教育功能开始建立联系；步道和自行车道的设立也使滨水空间具有了一定的交通功能。从热力图上可以看到，虽然黄浦江滨水空间周边的公共展览场馆、机构还不像市中心构成集聚，但这些建筑单体体量较大，成为镶嵌在黄浦江两岸的一颗颗珍珠，在硬件设施方面为黄浦江滨江文化要素的引入创造了条件。其中，上海市和徐汇区采取了一批有效措施，支持民间投资创办美术馆。这其中，较早在徐汇西岸滨江地区建成的龙美术馆和余德耀美术馆是其中的佼佼者。对此，上海市旅游局已经针对滨江空间特色设计了一些简易导览路线，形成了一些可能的"叙事线索"。将来，或可分人群制定诸如跑步导览图、骑行导览图等更方便实用的导览路线。

但在这些具体而微的改进之外，我们可以设想一座沿岸线伸展的"黄浦江博物馆"，它不仅包括历史风貌保护建筑，也包括浦江两岸流动的活态景观，是对黄浦江的历史文化资源的综合利用和统合沉浸体验。以黄浦江为天然的线索，赋予"母亲河"温度与情怀。作为一座介于"无形"（无实际"馆藏"）而又"有形"（在城市的尺度上展开）的"博物馆"，它可以和手机APP等各种媒介协调，让人们通过多种渠道与黄浦江两岸的"景观"产生关联，从而也让人们不再仅仅是"观景"，而是积极地参与其中。

在更加宏观的尺度上，上海或可借鉴香港"幻彩咏香江"和过去外滩灯光秀的成功经验，运用新技术手段，以滨江空间为画布和舞台，组织策划多媒体互动节目。在此过程中，建立足以调动浦江两岸滨江空间及高楼建筑的灯光、LED屏、音响等各种资源的统筹机制，并在节假日定期进行多媒体演绎。

以此为契机，既可为游人提供穿行其间移步换景的参与式体验，更可促成资源整合，促进滨江空间的整体协调发展，使滨江空间的“浦江故事”蔚为体系，增加游人的“代入感”，也以更具系统性和整体性的组织方式，让滨江空间成为上海文化的新品牌。

五、结语：打造多级共享的新型滨水空间

一般而言，景观要素可以分为自然景观和文化景观，文化景观中包含了历史文化景观、艺术景观等等。已有的关于浦江两岸滨水空间的研究，主要关注三个部分：自然景观、历史景观和艺术景观。其中，自然景观包括河道和两岸原生态（或出于恢复生态状况而重新种植的）的绿植；历史景观包括诸如历史建筑、工业遗存等，原先发挥特定功能，现在则作为城市历史的象征保留下来的部分；艺术景观中，包括园林艺术景观（出于建设滨水空间的目的，有意识地人为制造的山丘、亭台、绿雕等）等。但除此之外，我们在调查中明确感受到，还存在一种“活的景观”（lived spectacular），即休闲、运动、游乐的人群本身所构成的一种景观，它以真实而鲜活的个体行为反映了城市的精神面貌。显然，滨江公共空间中功能上的单一和利用程度上的不足，已经影响了这一“活的景观”。而要提升这一城市精神文化的外在表现，仅仅像其他类型的景观那样进行物质建设是远远不够的。“活的景观”只有在空间文化叙事性的效应之中才能真正萌生出来，在自发且自觉的状态下才能获得健康的生命力。

我们认为，假使滨江空间能够建立起良好的文化叙事性，则可进而产生出三种不同尺度的分享。第一种尺度是局域共享，它强调的是包容（inclusive）和可达（accessible），即各年龄层次的人和残障人士都可方便地享用这一滨水空间。此时涉及的景观是物理的，是在地之人皆可享用的资源。对应于“上海2035”规划中对滨江水空间的要求：“黄浦江两岸地区重点发展创意设计、博物博览、传媒等功能，成为世界级滨水文化功能带”，虽然是将滨

江水空间放置在上海的地域尺度下作出的定位，但主要还是就其局域上的形态、功能所作的规定，没有体现出对滨江水空间的辐射和整体带动作用的明确认识，因而可以说目前的建设和规划仍侧重于局域尺度上的“共享”。

而为使空间具有尽可能高的包容性，它应当具有较低的结构性。事实上，如果我们把各种隔断视为空间结构化的方式，那么“贯通”实际上就是一场去结构化的“解构”行为，以貌似无序的方式为多重目标受众提供“共享”的机会，从规制的角度来说，它需要“有所不为”，以疏导多于阻遏。局域共享中起主导作用的是一种在地的直接接触，它在根本上固然离不开“资源利用”这样一种直接的人对自然的加工和对自然所提供之物的消费；但即便是在这一层面上，也同样可以引导出文化的意义。例如，合理安排的慢交通系统，能够为自行车和行人创设和谐共处的通道，推广健康的生活方式；在通道上运动或休闲着的人本身就构成一道景观，它赋予原本匀质的空间以多重的节奏感。滨水空间现有的通道功能可以继续保留，融合到整个城市交通网络共享慢行系统中，成为它的一个区段，使之既发挥交通功能，也具有景观价值。而且，这种“有所为，有所不为”同样也体现在滨江空间自然资源的修复中。滨水空间对于人们的吸引力更多来自于水，后期建筑的人工景观。在直观感受上，黄浦江两岸景观呈现出良好的“生态性”，例如浦东滨江世博公园到后滩公园的滨江空间中，“密集的植物让人如临森林”；杨浦滨水段，“种在在水泥硬质堤岸上的网红植物粉黛乱子草也让滨江景观显得活泼。”[①]

第二种尺度是地域共享，它借助滨水空间的改造之机，改善市民生活环境，带动生活品质提升，促进城市产业结构调整，从而带动城市更新。“上海2035”对此的表述是：“强化公共空间的贯通性，以慢行道、滨水空间、街巷与公共通道等为主，联系公共设施与文化遗产，构建公共空间网络”；“强化沿黄浦江和延安路—世纪大道的功能轴线，提升上海作为全球城市的功能能级。

① https://mp.weixin.qq.com/s?__biz=MzA4NDA3NzgzOA==&mid=2681731609&idx=1&sn=ed3acb947d63fc2023bc4940d7fc0431&scene=19

积极推进城市有机更新，在增加公共绿地、增加公共空间的基础上，突出提升公共服务水平、地区就业水平和城市空间品质。”而这种提升和改变必然随着旧的建筑、设施发生功能上的改变。消费特别是文化消费的拉动作用，可以产生乘数效应，增加工作机会，是滨水空间更新所能带来的具有辐射效应的优势。此一尺度上的共享同时也是一部分景观产生的过程，但它的影响开始超出滨江的地理范围。在这一意义上，滨水空间也不仅仅是“联系”或“构建公共空间网络”的交通通道作用，而且是城市产业结构的晴雨表和风向标。

第三种尺度即广域共享，以滨水空间的景观吸引来自地区外的人前来游览，而它也成为城市的一个窗口，此时的景观已成为整个城市的象征。在相当意义上，上海的景观分享恰恰是从第三种尺度开始的。从外滩的“万国建筑博览群”到浦东的东方明珠等标志性建筑，几乎自开埠之时起，浦江两岸就以当时极其有限的滨水空间而起到了城市名片的作用。另一方面，当前大部分关于浦江两岸滨水空间的讨论，又都局限在局域共享的层次，注重具体点位的设计和空间品质提升。可见，虽然共享的尺度有所大小，但它不是依照顺序从小到大或从大到小连续地发展的。

浦江滨水空间可以再发挥“名片效应”的滨水空间，在成为在地居民便捷可达的共享之地的同时，还能够对整个城市的内涵价值起到推动的作用。“城市名片”是对这种意向的撷取和凝练，使之静态化和理想化为城市自身的标志物。当城市之外的人们涌向城市时，他们所消费的实际是借用它的形象而指代的城市整体，已远非景观要素本身了。尽管如此，这里仍有一种共享，即人们从滨水空间重新切入回返到城市的日常生活之中，共享了城市公共空间构筑的成果和在此之上城市生活的经验，从而达成多级共享、互为统一的新型滨水空间格局。

（朱恬骅　狄霞晨）

参考文献

[1] 肖笃宁、钟林生：《景观分类与评价的生态原则》，《应用生态学报》，1998年第2期。

[2] D. Whittlesey, "Sequent Occupance," *Annals of the Association of American Geographers*, Vol. 19, No. 3, March 1929, pp.162–165.
[3] Henri Lefebvre: *The Production of Space*, trans. Donald Nicholson-Smith, Malden, Mass.: Wiley-Blackwell, 1992.
[4] 包亚明:《现代性与都市文化理论》,上海社会科学院出版社,2008年。
[5] 朱怡晨、李振宇:《"共享"作为城市滨水区再生的驱动：以美国费城、布鲁克林、华盛顿海军码头更新为例》,《时代建筑》,2017年第4期。
[6] M. Potteiger, J. Purinton: *Landscape narratives: Design practices for telling stories*. Hoboken, NJ: John Wiley & Sons, 1998.
[7] 郭旭、郭恩章、陈旸:《论休闲经济与城市休闲空间的发展》,《城市规划》,2008年第12期。

致谢： AECOM（上海）城市设计师严菁悦女士、荷兰瓦格宁根大学的江立晟先生为本调研的进行提供了帮助，特此致谢。

影像与环境活力：图像识别中的滨水空间活力调研

一、引　言

2015年5月，《上海市城市更新实施办法》出台，对城市更新政策做出了规定，标志着上海进入以存量开发为主的“内涵增长”时代，将围绕着“土地利用”“功能活力”“空间品质”“文化传承”“城市安全”等几个核心理念推进城市更新实施。2018年5月，市规划国土资源管理局发布了城市更新四大行动计划，包括“共享社区计划、创新园区计划、魅力风貌计划、休闲网络计划”，其中，休闲网络计划之一即为黄浦江两岸慢行休闲系统。通过更新的城市发展方式提升黄浦江两岸滨水公共空间品质、改善城市功能、激发城市公共空间活力的内涵式发展模式逐步成为主流。

在城市形象日益趋同化的今天，若要在竞争中脱颖而出，城市必须具备鲜明的个性形象。国际大都市的滨江地区，往往是展示城市形象的重要窗口。关注滨江公共空间更新发展，提升城市公共空间品质，将黄浦江两岸打造成为上海城市一道最亮丽风景线，延续历史传统文脉的同时，展示其独特的现代魅力，这对塑造上海国际大都市形象具有深远的影响，也符合上海2035总体规划提出的要迈向卓越的全球城市这一城市发展目标。

随着大数据时代的来临，运用大数据进行城市研究已经成为趋势。图像数据较于以往的大数据，可以更为真实地反映人们的主观感受，借助图像评估城市公共空间活力可以成为新的研究方法。黄浦江两岸贯通作为上海最重要的城市更新项目之一，改造后的滨水公共空间如何被市民使用？不同区段是否存在活力差异？产生差异的影响因素有哪些？如何进行下一步完善和提升？因此通过图像识别评估城市公共空间活力进而回答这些问题是本研究的主要内容。

二、研究数据和方法

（一）研究数据的采集

1. 区段划分

从杨浦大桥至徐浦大桥45公里，将黄浦江东西岸各分成8个研究区段，从北至南东岸沿线分为浦东新民洋段、小陆家嘴段、东昌段、南码头段、世博会段、耀华段、前滩段、三林段，西岸沿线分为杨浦滨江段、虹口国客中心段、外滩段、十六铺段、南外滩段、世博会文博区段、徐汇滨江北段、徐汇滨江南段。

2. POI选取

依据百度地图和《黄浦江两岸公共空间贯通地图》全景热点找到滨江两岸可能的微博签到地点，忽略照片数量过少的签到点，最终确定西岸微博签到地点总计44个，东岸微博签到地点总计41个，共计签到点85个（图1）。

3. 数据来源

本研究基于微博用户上传图像数据，依据签到位置点采集照片，照片采集过程中忽略一些无意义的照片类型，如自拍图，生活细节图，对焦过于模糊以及多次重复的照片。照片采集时间从两岸贯通2018年1月1日起至8月31日，共采集图像数据16 167张，其中西岸采集数据10 297张，东岸采集数据5 870张。

（二）评估方法的构建

1. 空间要素识别

将采集到的全部图像内容进行识别，并进行公共空间要素的细分。

2. GIS可视化

基于8个区段85个POI位置信息，导入GIS并进行空间分布可视化。

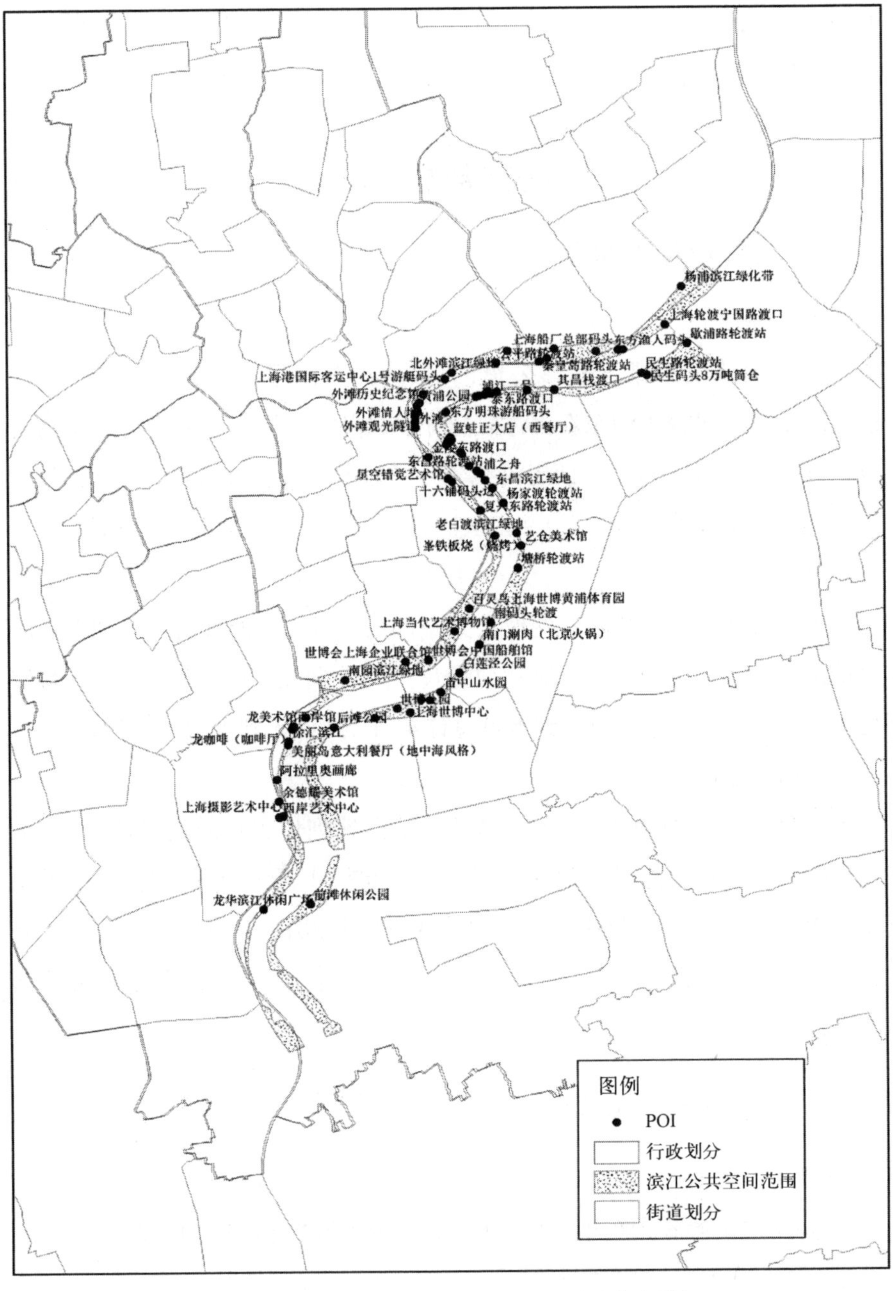

图1　85个微博签到地点POI分布图（笔者自绘）

3. 差异化分析

从空间品质、设施配置、慢行系统、体育活动、文化活动、人群分布等外在表征，总结滨江两岸8个区段的活力差异性分布规律，并分析背后的原因。

三、浦江两岸滨水差异化分析

（一）滨水公共空间整体差异化分析

研究共统计了浦江两岸16个区段，85个签到地点的上传照片量，总体来说，滨江两岸公共空间活力差异较为明显，徐汇滨江北段以及世博会段活力指数最高，其次是外滩段、小陆家嘴段和东昌段，而活力指数最低的是徐汇滨江南段、耀华段以及三林段，即西岸和东岸的最南端。从POI分布上来看，活力指数最高的地点是龙美术馆西岸馆、余德耀美术馆以及梅赛德斯—奔驰文化中心，其次是世博公园、艺仓美术馆和上海当代艺术博物馆，而峯铁板烧、美丽岛意大利餐厅、Vapiano新意尚等几个滨江餐饮空间活力指数最低（图2）。

从中可以看出市民对于滨江文化活动的体验性消费比较热衷，艺术展馆和文化活动中心最受欢迎，而滨江餐饮消费空间存在数量不多，分布较为分散，目标群体定位较高等问题，这在一定程度上影响了市民对其消费的热度。

（二）环境活力差异化分析

1. 滨江设施层面

关于两岸滨江设施的情况，本次研究主要统计了滨江路灯和滨江座椅两个相对较为重要的滨江设施。滨江路灯的布置决定了滨江夜晚照明的好坏，直接影响市民夜晚的滨江活动体验。从不同区段来看，杨浦滨江段路灯设施照片量最高，为107张，远远高于次之的小陆家嘴段50张和东昌段49张，其中东方渔人码头最高，前滩休闲公园和艺仓美术馆次之（图3）。

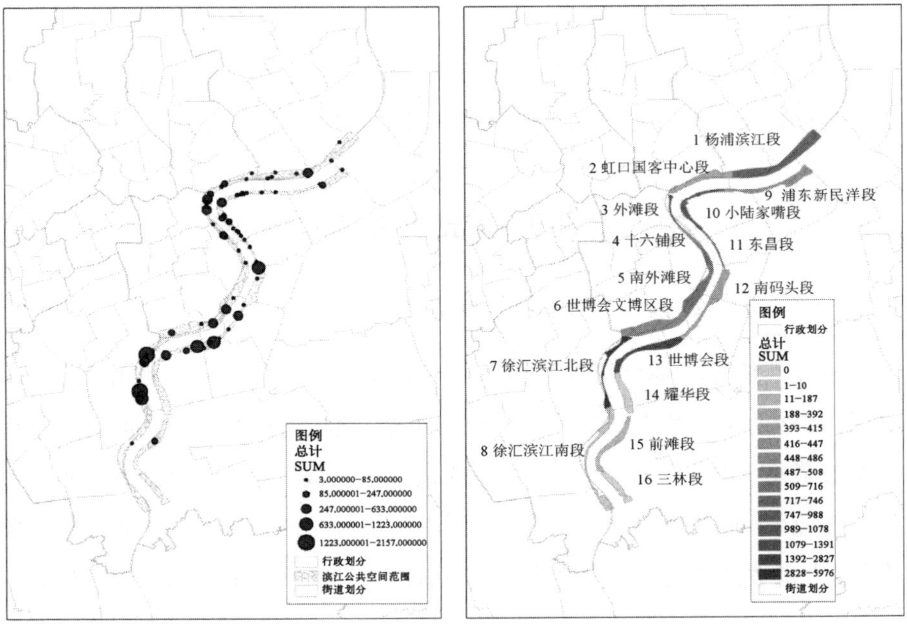

图2　滨江两岸公共空间活力分布图（笔者自绘，左为POI分布，右为分段分布）

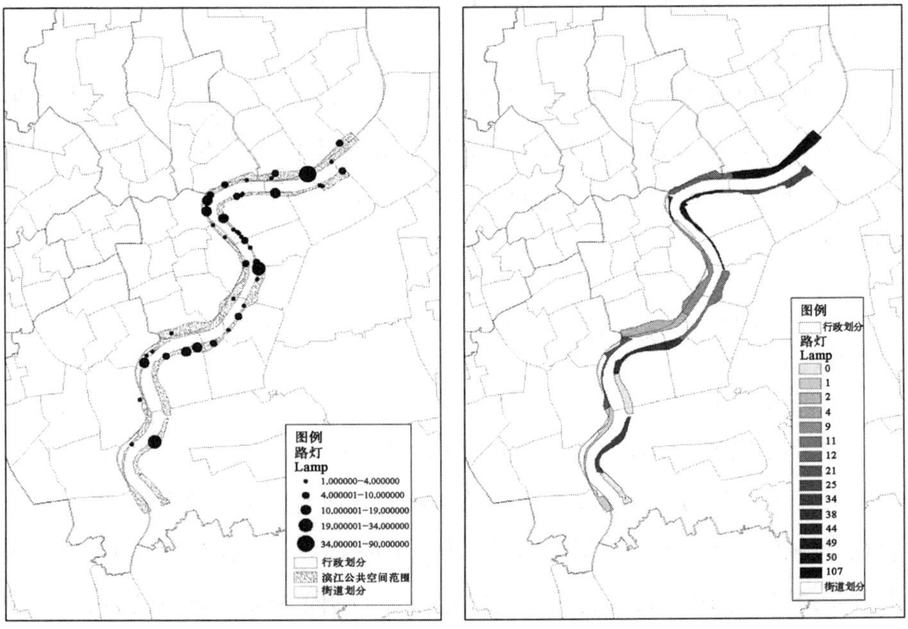

图3　滨江路灯设施照片量分布图（笔者自绘，左为POI分布，右为分段分布）

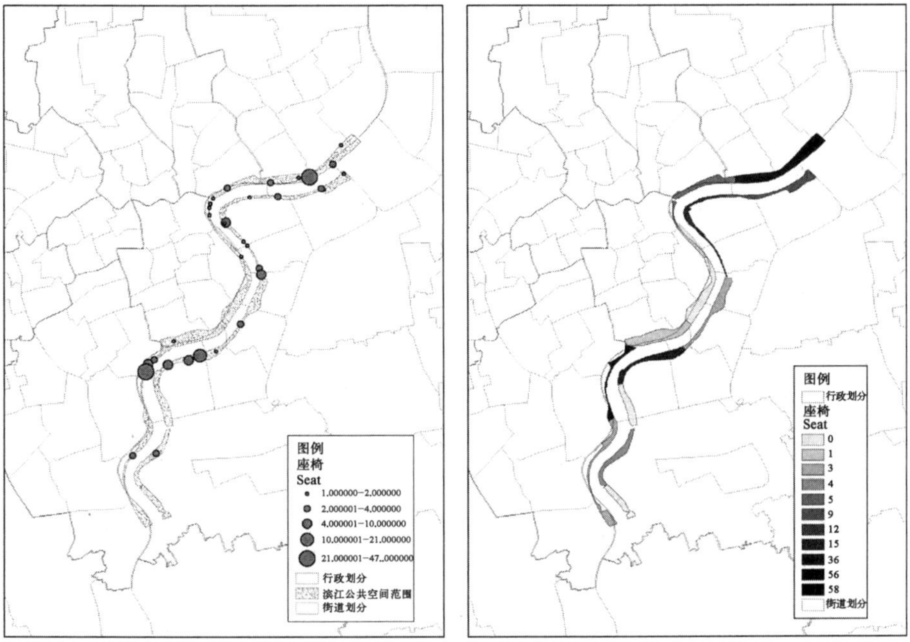

图4　滨江座椅设施照片量分布图（笔者自绘，左为POI分布，右为分段分布）

而滨江座椅的数量和质量直接影响市民的驻留时间，对滨江公共空间活力也存在一定影响。从不同区段角度分析，徐汇滨江北段、杨浦滨江段和世博会段的滨江座椅设施照片量最多，其中东方渔人码头和徐汇滨江最高，其次为世博公园（图4）。杨浦滨江段最受欢迎的部分莫过于章明设计师主持的杨浦滨江南段，其对于场所精神的延续和滨江特色设计细节，如水管灯、纺车廊架、小品座椅等深受市民欢迎。

从总体来看，滨江设施仍然不太完善的区域，西岸有十六铺段、世博会文博区段、徐汇滨江南端，东岸有耀华段和三林段。

2. 滨江慢行层面

滨江三线贯通是黄浦江两岸贯通最重要的内容之一，主要指滨江步道、跑道和自行车道。基于微博用户上传照片内容识别后统计，滨江步道照片量最高的区段是徐汇滨江北段，其次是杨浦滨江段和世博会段；其中，西岸的东

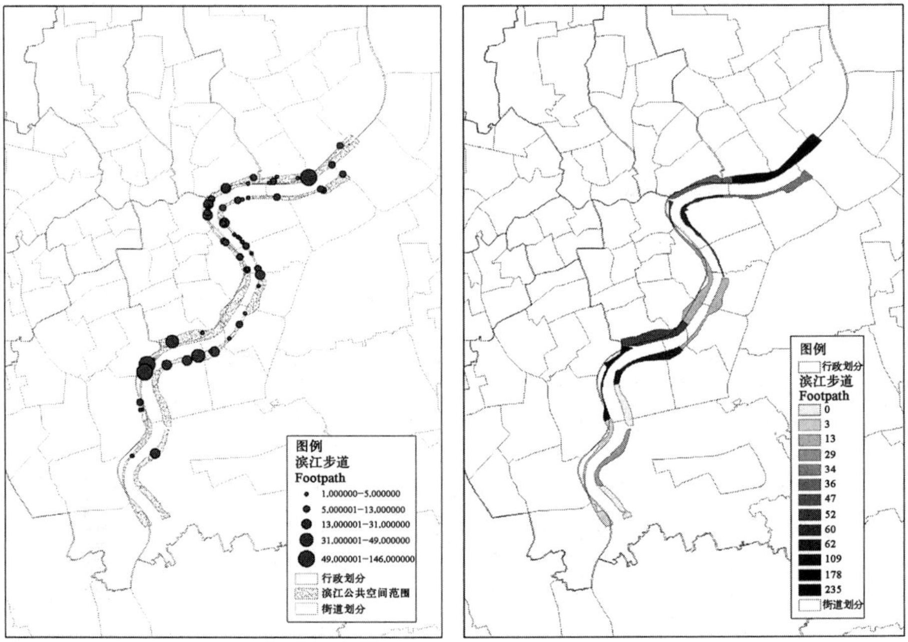

图5　滨江步道照片量分布图（笔者自绘，左为POI分布，右为分段分布）

方渔人码头照片量最高，龙美术馆西岸馆附近和徐汇滨江次之（图5）。

从滨江跑道照片量统计来看，最高的区段是世博会段，其次是徐汇滨江北段和浦东新民洋段；其中徐汇滨江最高，世博公园和北外滩滨江绿地次之（图6）。

滨江自行车道照片量最高的区段为世博会段，其次是浦东新民洋段；其中，世博公园最高，后滩公园和前滩公园次之（图7）。

总体来看，三线贯通情况不太完善的区段有南外滩段、徐汇滨江南段、耀华段和三林段，即主要集中在两岸待开发的南端区段；整体上，两岸相比较而言，东岸的贯通程度更高，尤其是跑道和自行车道的贯通。从骑行的角度来说，浦西滨江还谈不上“全程贯通”，除了连续性不强，还有大量的禁止标语标牌，如共享单车禁行，一定程度上也影响了市民对于滨江骑行的热度。

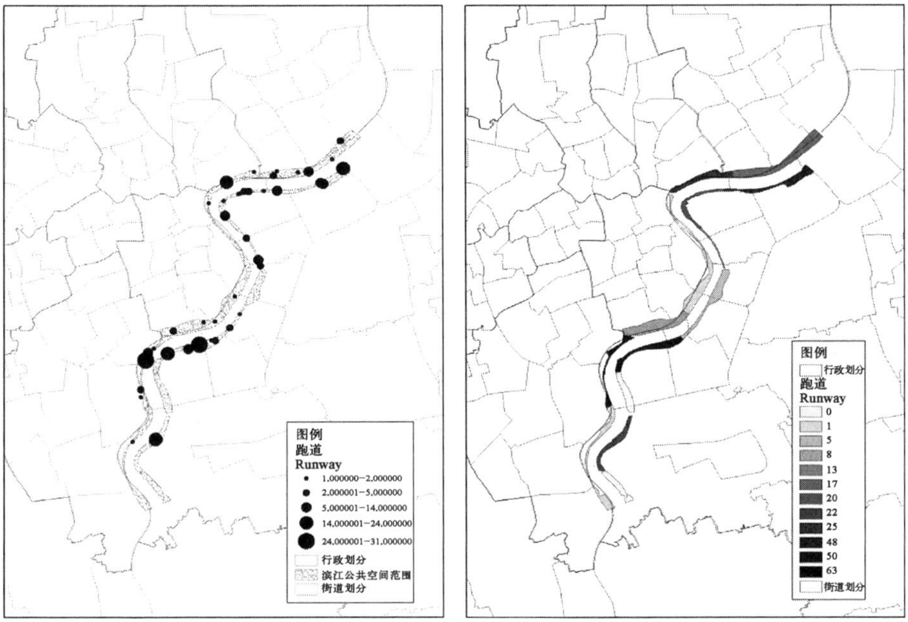

图6　滨江跑道照片量分布图（笔者自绘，左为POI分布，右为分段分布）

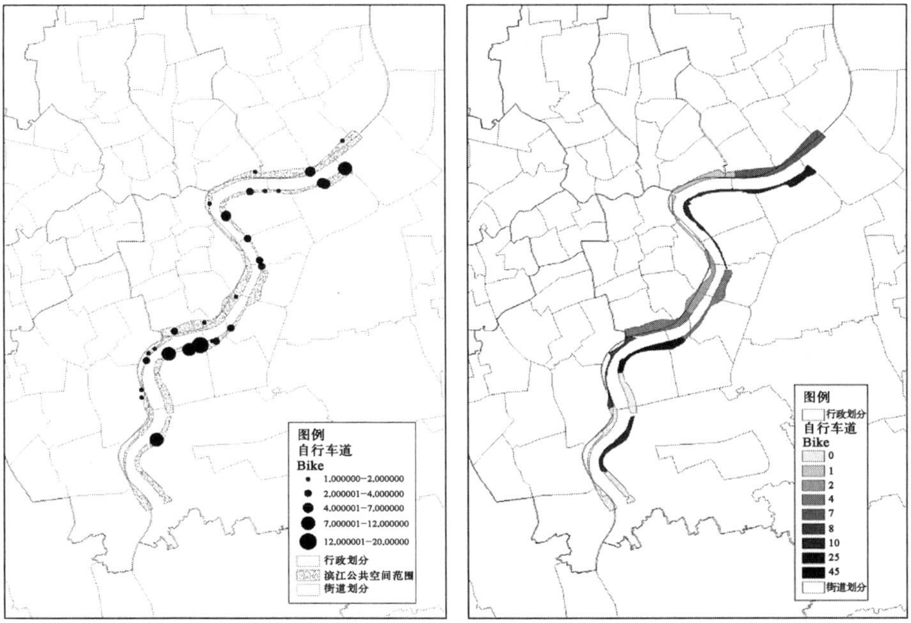

图7　滨江自行车道照片量分布图（笔者自绘，左为POI分布，右为分段分布）

（三）社会活力差异化分析

1. 滨江体育活动

研究中体育活动主要包含滨江体育锻炼（包含运动打卡照片）以及滨江体育赛事等。从不同区段整体上来看，世博会段和徐汇滨江北段最高，其中龙美术馆西岸馆附近最高，世博公园和徐汇滨江次之；十六铺段、徐汇滨江南段、耀华段和三林段最低（图8）。照片中包含不少运动打卡照片，可以看出市民对于滨江锻炼还是比较有热情的，健康的生活理念越来越受到市民重视。

2. 滨江文化活动

研究中文化活动主要包含滨江文化展馆活动、演唱会活动以及其他文化活动等，整体来看，主要集中在徐汇滨江北段和世博会段，其次是东昌段和南外滩段，即两岸的中段部分文化活动居多，其中以龙美术馆西岸馆和余德耀

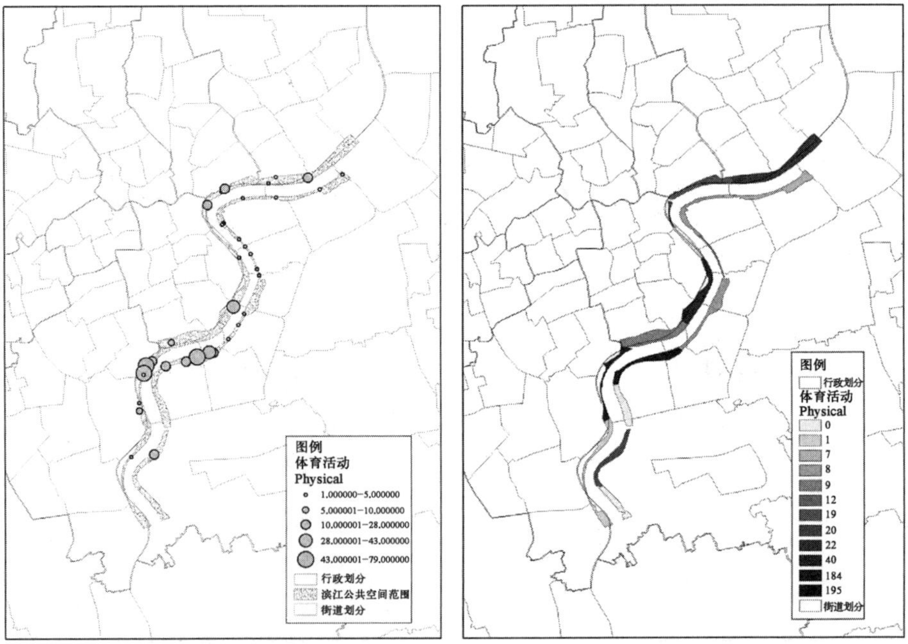

图8　滨江体育活动照片量分布图（笔者自绘，左为POI分布，右为分段分布）

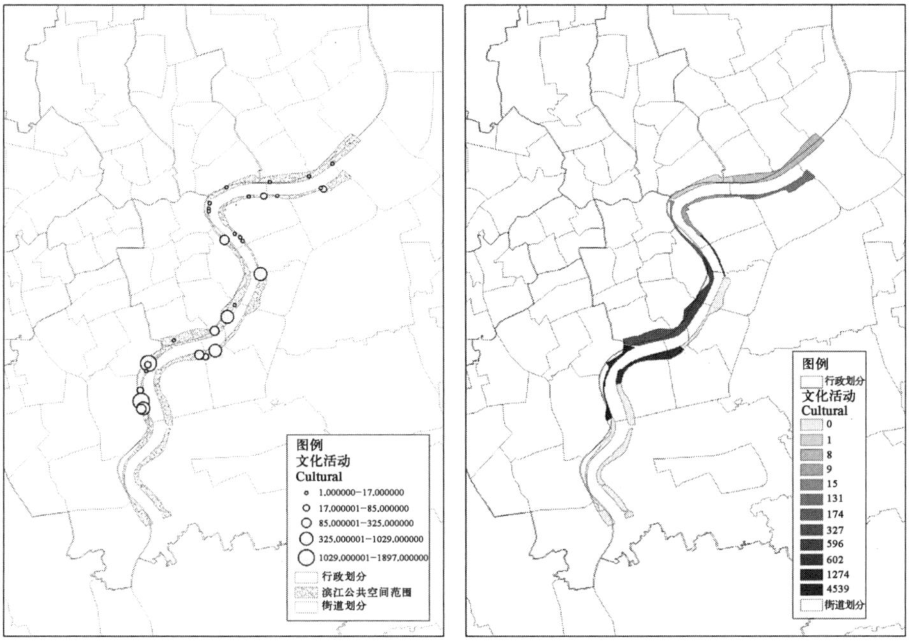

图9　滨江文化活动照片量分布图（笔者自绘，左为POI分布，右为分段分布）

美术馆照片量最多（图9）。

3. 滨江人群密度

滨江人群分布密度主要是依据照片中识别的人的数量，但是由于本次准备时间比较紧张，而照片机器识别需要时间较长，因此本次滨江人群密度分布的分析暂时依据用户量进行统计，即到访人群数量（用户量统计为总到访量，并不仅限于2018年1月1日至8月31日）。从不同分段来看，外滩段到访人数最高，其次是世博会段；其中外滩到访人数最高，其次是梅赛德斯-奔驰文化中心，世博公园和上海当代艺术博物馆。外滩的人群密度最高，主要是源于外滩很大程度上是服务于游客，游客打卡行为比较多，而其他滨江活力指标并不高，因此外滩并不是市民日常活动的区段。梅赛德斯—奔驰文化中心主要是明星演唱会的聚集地，签到人群主要是明星粉丝，因此市民最愿意进行日常活动的区域是世博公园及其附近，滨江体育活动数量较高，且滨江

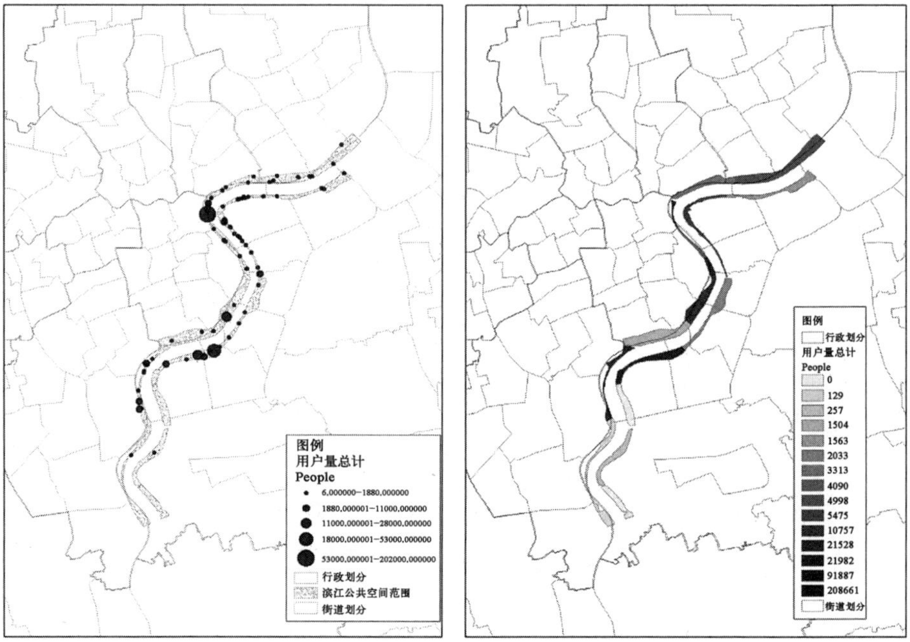

图10　用户量分布图(笔者自绘,左为POI分布,右为分段分布)

步道、跑道、自行车道,以及滨江座椅关注度都比较高,路灯设施待继续完善。

四、研 究 结 论

综上,研究规律和结论主要包括以下几点:

总体来看,徐汇滨江北段以及世博会段活力指数最高,市民对于滨江文化活动的体验性消费比较热衷,艺术展馆和文化活动中心最受欢迎,其次是滨江公园类公共空间,而滨江餐饮消费空间存在数量不多,分布分散,消费均价高等问题,影响了市民对其消费的热度;

从滨江设施来看,总体上杨浦滨江段胜于其他区段,其中以东方渔人码头热度最高,这与章明设计师主持的杨浦滨江南段贯通设计是分不开的,这也说明滨江设施的细节设计尤为重要;

从滨江慢行系统来看，徐汇滨江北段步行热度最高，世博会段跑步和骑行热度最高，而三线贯通不完善的区段主要位于两岸南端，同时东岸整体上相较于西岸在跑道和自行车道贯通程度上更高；

从体育活动和文化活动来看，徐汇滨江北段和世博会段热度最高，两岸的中段部分文化活动居多，其中以龙美术馆西岸馆和余德耀美术馆照片量最多；

从滨江人群密度来看，外滩由于游客打卡行为比较多，因此人群分布密度最高，而梅赛德斯—奔驰文化中心是明星粉丝签到打卡的热衷地点，世博公园及其附近是市民最原因进行日常滨江活动的场所。

五、对策与建议

针对以上结论，本文提出以下建议：第一，滨江两岸南端区段的贯通和滨江设施的配置应该受到重视，后续开发应寻求新的消费热点；第二，滨江目前餐饮消费热度不高，且消费定位略高，缺少更多的市民日常使用的餐饮空间，应该针对市民需求予以补充和完善；第三，西岸的骑行道贯通在下一步设计中应该予以重视。目前，贯通区域正处于新一轮《黄浦江两岸地区公共空间建设三年行动计划（2018—2020年）》阶段，因此本研究希望能对其贯通完善给予建议，同时本研究将把研究数据时间线延长，持续追踪数据至2019年末，相信滨江公共空间建设在新一轮行动计划后将愈加完善。

（王伟强　马晓娇）

参考文献

[1] 曹越皓，龙瀛，杨培峰.基于网络照片数据的城市意象研究——以中国24个主要城市为例[J].规划师.2017(02)
[2] 牛强，鄢金明，夏源.城市设计定量分析方法研究概述[J].国际城市规划.2017(06)
[3] 龙瀛，周垠.图片城市主义：人本尺度城市形态研究的新思路[J].规划师.2017(02)

[4] 王山河,陈烈.西方城市营销理论研究进展[J].经济地理.2008(01)
[5] 王进富,张道宏,成爱武.国外城市营销理论研究综述[J].城市问题.2006(09)
[6] 刘浏.城市影像研究：从“大数据”走向“学习时代”[A].规划60年：成就与挑战——2016中国城市规划年会论文集(04城市规划新技术应用)[C].2016
[7] 刘浏.城市影像研究与空间认知[A].持续发展理性规划——2017中国城市规划年会论文集(05城市规划新技术应用)[C].2017
[8] 王鲁帅,缪岑岑.基于手机信令数据的城市滨水区时空活力模式研究——以上海黄浦江中段为例[A].中国城市规划学会、沈阳市人民政府.规划60年：成就与挑战——2016中国城市规划年会论文集(04城市规划新技术应用)[C].
[9] 刘浏.城市规划实践中的大数据思维[A].新常态：传承与变革——2015中国城市规划年会论文集(04城市规划新技术应用)[C].2015
[10] 基于手机信令数据的上海中心城区城市空间活力特征评价及内在机制研究[D].王玉琢.东南大学.2017

娱乐消费与网络社会

戏剧的突围：尚演谷与静安戏剧谷核心演艺街区调研

由英国Punchdrunk与上海文广演艺集团（SMG Live）联合制作，百威、韩东荣誉呈现的浸入式戏剧《不眠之夜》，自2016年12月14日在北京西路1013号麦金侬酒店开演后，一直维持高热度高人气和高口碑，并且表现出了超强的作品续航力。这种新奇有趣又绝无重复的剧场体验，主动思考的乐趣，成为《不眠之夜》有别于其他现场表演独特的魅力，吸引到诸多反复刷剧观看的群众。同时，尚演谷结合并不断拓展多种产业样态，发展至今，已经形成了独立的产业链，除演出票房外，还有每年持续递增的附加收入，并带动了街区文化消费的整体升级。

尚演谷的发展代表着新的戏剧文化消费与产业发展模式的崛起：剧院作为戏剧文化消费区块的中心环节，带动其他服务和商品等关联消费的同步发展。围绕着“沉浸式剧场”打造静安现代戏剧谷核心演艺街区，带动整个城市的文化创意产业发展和城市文化消费的转型升级，在内容生产、技术发展、产业体系构建和空间消费功能拓展等方面的进一步强化。以《不眠之夜》为范例，对国际剧目的引入和本地化生长提供经验借鉴。在上海“打造亚洲演艺之都”的战略引领下，可以利用现有空间，与资源、劳动力成本、科技等相对优势结合的“链节”，并转化为城市竞争优势。

一、尚演谷的空间布局与其运营管理模式

上海文广演艺集团以静安区的一座5层旧大楼作为浸入式戏剧《不眠之夜》上海版的演出场所。通过空间改造，将其转变为2倍于纽约版《不眠之夜》演出空间的场地，并以20世纪30年代的上海风情为主要环境风格。同时，不断推出纽约版所不及的Airbnb“奇屋一夜”活动、802房间体验活动等。《不眠之夜》起初在波士顿版本只有表演部分，没有商业合作和其他模式，到了纽约版，增加了酒吧和餐厅的部分。而到了上海版，不仅保留了酒吧和餐厅，多出了一家戏剧主题酒店、The Drama酒店，另外还和韩束、百威、雅马哈等品牌达成了千万元级别的商业赞助合作。通过商铺出租、自营餐饮和商业合作的收入，实现了尚演谷产业链的形成，并使其有更强的自我成长性。

（一）“麦金侬酒店”的空间改造

位于静安区北京西路1013号的麦金侬酒店，是一栋为《不眠之夜》上海版特别打造的戏剧空间大楼，创造性地结合了老上海1930年代风情和苏格兰经典装饰格调。建筑五层楼面中，有90个大小房间可供探索，其中有容纳数百人的巨大开放式空间，也有一些很狭小甚至幽闭的小房间，3 000多个抽屉中都藏有与剧情相关的道具。楼内场景布置在西方设计中融入了中国传统元素，西式医院门外有一片幽绿竹林，麦克白夫妇的卧室里装饰着大幅白蛇传中国水墨画，商业街标着30年代上海愚园路旧名“涌泉路”。为能在长期演出中保证每位观众持续获得高质量体验，《不眠之夜》上海版演员和运营团

队付出巨大努力，在每个道具细节上都反复推敲，从手写纸质信件到商业街上传统铺设的青砖地板无不见心思细密，“就连餐厅里的面包都是每天可以吃的”，一年中制作组总计消耗超过1 000条法棍面包，为演员和观众互动准备的吊坠4 000个。

为了充分发掘“麦金侬酒店”的空间功能，尚演谷开始进行更多元的尝试。2017年十月，麦金侬酒店首次开放为期一周的大型午夜派对“夜会”，将戏剧空间改造成为可表演的多功能派对场地。此举拓展浸入式剧场本身的可塑性，满足时尚都市白领多样文化需求，为上海夜生活又增添精彩亮点。

此外，2018年策划方进一步推出“802房间”。802房间是根据原著《麦克白》，结合导演和演员对内容的个人解读，创作出的《不眠之夜》剧情拓展空间，能够帮助入访者对剧情形成更好的理解。入访者有8小时的体验时间，在这8小时中，入访者可以自由探索一切想要探索的内容——拿起好奇的物

图1　尚演谷802房间内景照[①]

① 图片来源：尚演谷提供剧照

图2 尚演谷802房间内景照①

件、探索神秘的角落等。所有的细节都被摆放在一些不经意的小地方，能够经过探索将细节拼出一个完整的故事。

（二）尚演谷的空间布局和功能定位

以《不眠之夜》的IP为核心生产力，尚演谷逐步开拓主题酒店、餐饮、购物等多种相关业态，成为了一个大型文化商业综合体。如今，尚演谷内商业业态繁荣健康，Airbnb、野兽派等品牌与戏剧IP形成联合创意，以戏剧带动创意文化周边消费的业态模式大获成功。具体的业态布局包括：

1. 尚演谷南楼——亚朵戏剧主题精品酒店

亚朵（上海）酒店管理集团旗下品牌，全国首个以莎士比亚戏剧主题贯穿的精品酒店，复古的设计风格，戏剧化的细节装饰，吸引了大量年轻和商务旅客的入住，衍生的戏剧风格也为专程来沪观看《不眠之夜》的观众提供了一站式的“浸入式”体验。

2. 尚演谷北楼7A——有营空间

有营坐落于尚演谷7楼A单元是一个以有营HOUSE的空间为核心，结合

① 图片来源：尚演谷提供剧照

脱口秀综艺，知识分享，网络直播，小型现场乐队表演等文艺演出，IP孵化的文创品牌。引入了“扑哧开放麦”的品牌资源，众多时尚脱口秀大咖，李诞，史航等吸引了大量以90后为主体的年轻人，为尚演谷带来更多年轻的活力和朝气。

3. 尚演谷北楼7B——Above the Globe（莎士比亚戏剧主题酒廊）

由沪上知名调酒师Eddy杨创立的品牌，以鸡尾酒作为主打产品的一家戏剧主题酒廊，欧洲中世纪的设计风格和细节装饰，让这家戏剧主题酒廊极具怀旧情怀，无论是观演后上楼来小酌一杯，抑或是休闲小聚，都能享受到精致的饮品和周到的服务。

4. 尚演谷北楼2楼——曼德雷酒吧

曼德雷酒吧作为尚演谷自营的业态之一承载了丰富的功能，它不但是《不眠之夜》演出的一部分，同时也是一家可供大众娱乐休闲的Live House，酒吧常驻上海滩知名的蓝调及爵士乐队“棉花俱乐部”。已逐渐成为《不眠之夜》观众及热爱现场音乐的年轻人的首选休闲娱乐场所。

5. 与Airbnb合作设立“奇屋一夜”

2018年10月26日至10月31日，借由万圣节之际，Airbnb与尚演谷合作，在麦金侬酒店的顶层打造了“来自1930年的黑屋鸦青”房间，向6位访客提供一晚住宿。黑屋内灯光闪烁昏暗，布满了奇怪的植物和房东从时节各地收集的古怪标本。房客除住宿之外，最重要的可以通过房间内的各个布置细节，探究房东所提供的故事。“鸦青”原本就是文广在这里自营的天台咖啡馆，但为了让这一空间更具体验内涵，SMG投资近百万，用了3个月的时间打造而成。这个合作过程中，Airbnb除了承担6个晚上的“房费和戏票”，更多提供的是如何当一个房东的指导。

从尚演谷的空间布局中可以反映出目前除《不眠之夜》的戏剧表演之外，尚演谷的附加业态以酒店和餐饮为主，而由于《不眠之夜》的版权问题，因此主题酒店和酒吧的内容布置上无法体现《不眠之夜》的内容，而是利用莎士比亚的其他作品内容作为环境设置的主要依据，这样既避免了版权冲突，也可以配合《不眠之夜》打造尚演谷的整体戏剧文化氛围。除戏剧文化之外，又继续引入其他新的现场表演样式，如Live House、脱口秀等，使得尚演谷集结了各种先锋表演，对都市潮人和青年白领的吸引力也逐步提升，成为引领上海的时尚地标之一。

(三) 地方化的《不眠之夜》——沪、美两版的对比分析

在上海版的《不眠之夜》前还有波士顿版和纽约版等。其中，波士顿版是《不眠之夜》相对初期的形态，基本以剧目本身的观赏为主，鲜有更多的商业合作项目和全产业链的打造。而纽约版的《不眠之夜》则是逐步作品享誉国际的重要发展阶段。

纽约版的《不眠之夜》选址在切尔西区的the McKittrick Hotel，场地共五层，由三个彼此连接的废弃仓库改造而成，虚拟30年代风格的宾馆。整个空间在9 300平方米左右，Punchdrunk将其改造成了约100各房间和场景，包括精神病院、花园和沾有血迹的卧室等。除戏剧表演空间外，McKittrick酒店还有Manderley酒吧、Heath餐厅、Gallow Green顶楼酒吧等。McKittrick Hotel和EMURSIVE公司会举办许多不同的活动，包括超级影院（SuperCinema）；化装舞会；一年一度的万圣节派对；元旦、情人节等节日活动等。2016年11月，酒店与苏格兰国家剧团合作，引进了David Greig的音乐剧《普鲁登西亚哈特的奇怪解脱》(The Strange Undoing of Prudencia Hart)，在Heath餐厅上演，为期10周。后又延长到2017年4月23日。同时还有礼品商店，场地也可公开租借，用于举办私人活动。

因此，纽约版和上海版的整体空间布局和产业布局存在较大差异，纽约版仍然相对集中于剧目本身的创作和票房，附加样态基本为餐饮，而上海版在全产业链的打造方面较纽约版有较大提升，尤其是这一商业模式是之前所未尝试过的，旨在打造一个文化区域、生活方式的盈利模式，使得尚演谷可以不仅仅依靠票房实现盈利，而在受众群体和盈利空间方面有了无限可能。

此外，作为一部国外引进剧目，主创团队为了能够让中国观众更有亲切

感和代入感，在表演环境的布置上融合了许多中国元素和上海元素，细节安排上也更逼真更细致。例如，在美国做的时候就是在水泥地面上面压出“小镇大街”的花纹。但在上海，“小镇大街”要体现出老上海石库门的风貌，地面做了传统工艺的青石板路。因此，在剧目的制作品质上，上海版也较之前的波士顿版和纽约版有了更大的突破。

二、观众结构与尚演谷营利组成分析

（一）上海市民进剧院总体意愿分析

根据近期进行的一项上海市民文化消费调查问卷显示，在1 007份有效调查样本中，市民经常去的文化场所主要是公园、电影院、文化广场、书店、体育馆和图书馆等。剧院并不在市民经常去和首选去的文化场所排名前列。（可见图1）其中，“经常”去剧院的占总调查人数的6.7%，“偶尔”去剧院的占29.6%，“从不”去剧院的占63.7%。同时，若按性别、年龄、收入和学历水平等要素将调查对象进行细分，可以发现女性观看演出的意愿要高于男性，老年、中年和青年群体观看演出的意愿随年龄递减而递增。同时，收入越高的群体观看演出的意愿越强，学历水平越高的群体观看演出的意愿也总体更强。

两组数据表示上海市民的观剧意愿还存在较大提升空间，同时不同人群观看演出的需求也彼此不同。这一方面同市民的整体艺术欣赏力有关，歌剧、音乐剧和音乐会等演出形式的观众群体往往集中在某些群体内，更多的普通市民表示较难理解演出内容。另一方面，也同供给端整体的演出数量有限、演出票价过高、演出信息传播不力等因素相关。对不同人群应当就演出内容与形式的设定进行一定程度的针对性设计，如在上述文化消费调查中有近七成的调查对象认为“个人文化消费风格与其社会经济地位是一致的”。而尚演谷的目标观众基本设定为都市白领，他们总体年龄较低，收入水平较高，同时多数接受过高等教育，因此，这样的目标群体他们更愿意接受尚演谷新型的浸入式表演方式，尤其在互联网技术快速发展的当下，他们的信息获

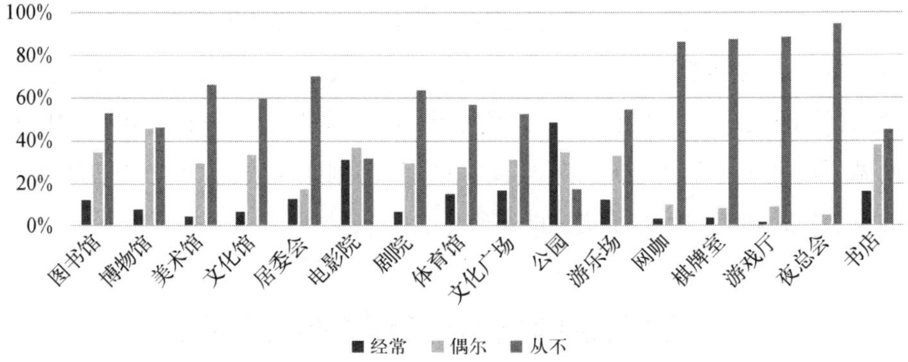

图3 市民对文化场所的选择偏好[①]

取方式及由此带动的内容理解力和品质判断力都在整体人群中位列前位，并且他们的消费能力更强，消费带动力也更强。消费群体的准确界定是尚演谷持续火爆的重要因素之一。

（二）尚演谷消费群体的结构分析

上海版《不眠之夜》演出三年以来，累计观演人次约19.8万人次，其中2017年全年就超过10万人次。从年龄结构来看，尚演谷目前的消费群体年龄的集中度非常高，主要集中在22—35周岁年龄段，50周岁以上和21周岁以下人群的参与率非常低[②]。观众的职业主要是金融、互联网、学生、教育、文化传媒等。观众的年收入主要集中在12—30万和12万以下。同时，女性观众占到观众整体的八成左右。这一方面表明尚演谷所提供的文化消费样态非常符合当前青年群体的消费偏好，尤其是都市青年白领，在目标群体的把握上尚演谷是准确而成功的。与观众年收入并没有形成明显的正相关关系，但与公众的受教育水平和文化素养却息息相关。另一方面，作为静安现代戏剧谷的重要组成部分，尚演谷服务群体的局限势必会影响尚演谷进一步发展成

① 数据来源：上海社科院文学研究所《上海市居民文化消费状况调查报告》

② 数据来源：尚演谷内部抽样调查分析报告

为都市潮流的文化娱乐和生活休闲聚集地，并覆盖全人群消费结构。但尚演谷消费人群年龄结构的集中是《不眠之夜》剧目本身的特质所决定的，首先，《不眠之夜》是国外引进剧目，演出语言为英语，内容改编自《麦克白》，对于普通中国观众而言，并不是他们容易了解的内容。根据对几位首次观剧的观众的访谈，他们认为如若缺乏观剧前对内容的提前了解，几乎很难在首次观剧时就能看懂剧目内容。其次，观剧形式是多线并行，需要跟演员楼上楼下跑，同时在房间中，由于观众较多，后排的观众观剧效果便受影响，相对不适合青少年观众和中老年观众。那么，尚演谷若想要全人群覆盖，必须在《不眠之夜》演出的基础上，提供更多元化、更适合不同人群的文化消费样式，这也应当是尚演谷进行二期建设的重点之一。

从观剧意愿来看，尚演谷内部的一样抽样调查显示，目前六成多的观众看过一次《不眠之夜》，两成多的观众看过2—5次，一成不到的观众看过5—20次，还有不少观众看过20次以上。最多的观众看了260次。此外有近八成的观众考虑在未来的1—9个月中再次观剧[①] 这组数据反映出《不眠之夜》不同于其他传统剧目，它本身有很强的延续性和成长性。由于浸入式的表演样式，使得观众无法在1次内完全观赏完剧目的每一个细节。令人耳目一新的表演方式、精致的环境内容设置和未完整的观剧体验，是触发观众持续观剧的根本动力。而如何利用观众持续观剧为观众提供更多元的艺术体验，并且带动产业链的延伸和营利的增长，是目前亟待解决的问题。

从剧目信息获取渠道来看，观众主要是通过朋友介绍、微信朋友圈、微博和新媒体公众号等渠道获知的。因此，由于广告投入不多，观众的观剧体验并由此形成的推介是《不眠之夜》逐渐扩大公众知晓率的关键所在。从观众选择观剧的原因来看，绝大多数的观众是被《不眠之夜》的艺术品质所吸引，其次是朋友强力推荐，以及剧目火爆和追赶潮流。同时，100%的售票率进一步证明出剧目本身的高品质之外，公众推介的影响力不容小觑，尤其在自媒

① 数据来源：尚演谷内部抽样调查分析报告

体时代，个体的观剧感受能够充分传播至社会的更广阔范围。这为其他剧目的宣传策略提供的新的思路，即在广告投放不多的情况下，如何利用公众的个体传播达到更有效的剧目宣传效果。

从观众观剧的抵达时间来看，近七成的观众会提前30分钟以上到达演出现场。[①]目前，尚演谷的观剧等候区是一个酒吧，可以供观众小憩。但事实上，策展团队应当更充分地利用这30—60分钟的等候时间，推出各类戏剧微体验产品，可以是影像观摩，可以是购物，可以是剧目内容的体验活动等。这样便将《不眠之夜》的观剧过程划分为前中后三阶段，分别进行内容策划，以此形成《不眠之夜》观剧的递进式和持续性文化体验。

（三）尚演谷收入结构分析

尚演谷自开幕以来，《不眠之夜》累计演出568场，累计票房收入近1.5亿元。并且创下了1分钟售出216张票，1小时售出1 847张票，夏季场次6小时售罄12 600张票的票房销售峰值纪录，开演30天内，百度搜索量飙升至15 591，环比上升141%。获得了观众的热烈追捧和极高的行业口碑，已然成为上海演艺业的现象级文化产品。[②]

从2017年尚演谷的收入比重来看，票房收入占到八成，在余下的二成收入中，依照比重高低，由高到低分别为自营业态（包括各类商务合作）、租金、酒吧和文化衍生品等。就票房外的附加收入而言，2018年预期将较2017年增长9%左右，其中自营业态的收入在增长的同时在总收入中的比重将有所下降，而租金和酒吧的收入占比将上升，衍生品收入有所上升但在总收入中的比重将基本保持不变。收入结构体现出尚演谷的产业链特征主要包括：

其一，演出产业链不断拓展，文化+商业的共生模式初具规模，演出附加值逐年增加。这三年的发展使得上海版《不眠之夜》全产业链的框架已基本构

① 数据来源：尚演谷内部抽样调查分析报告

② 数据来源：尚演谷内部抽样调查分析报告

建，形成尚演谷独立且具影响力IP。《不眠之夜》围绕作品本身，打造文化产业综合体尚演谷，结合主题酒店、餐饮、购物等多种商业业态。Airbnb、野兽派等品牌与戏剧IP形成联合创意，另外还和韩束、百威等品牌达成商业赞助合作。

其二，演艺板块收益与商业板块受益比重基本与空间使用比重接近。由此可以看出，演出空间和附加产业空间的单位产出基本持平。这意味着在《不眠之夜》剧目本身火爆的同时，尚演谷附加产业也体现了较强的市场活力，这对于尚演谷形成自我成长力是非常有利的，也意味着附加产业的拓展将会是尚演谷二期发展的重点。

其三，文化衍生品的开发需要强化。针对观剧观众的访谈，不少观众表示目前尚演谷所推出的文化衍生品种类不够丰富，尤其是创意性不够高，观众的购买欲并不强烈。观众期待能够有更多有关剧目角色相关的特色文化创意产品出现。

三、尚演谷二期更新及对区域文化消费升级的影响

尚演谷是江宁路文化街区中先锋戏剧样式的代表，在开幕至今的3年里，表现出了强大的街区文化氛围正向带动作用。目前，尚演谷面临二期建设，静安现代戏剧谷也正经历打造南京西路后街的快速推进阶段，如何更好地利用尚演谷演艺产业的溢出效应，实现街区文化体验和文化消费的升级，并成为其他街区的可借鉴经验，是当前亟待破解的问题。

（一）尚演谷二期建设的主要目标和发展重点

目前，尚演谷一期利用《不眠之夜》的IP效应，实现了尚演谷的全产业链式发展，并带动江宁路文化街区戏剧文化氛围逐步形成，带动街区文化消费升级。2015年，静安区政府就和SMG签订了《共建静安区江宁路文化街战略合作协议》。如今“江宁路文化一条街”的整体规划效应初现，尚演谷与美琪

大戏院、艺海剧场相互呼应，成为文化核心带。高文化价值带动周边商业地产高额升值，文化与商业地产获得了双赢局面。此外，尚演谷也成为了静安区打造“南京西路后街”的新型实践样式。《不眠之夜》提升了整个静安区南京西路商圈的文化定位，让体验式演艺融合于商圈发展，启发地块的文化商业结合模式探索。

但是，整个尚演谷一期在建筑面积上略有不足，所以在一定程度上限制了商业配套和多元化业态的进一步发展。因此，尚演谷二期的主要发展目标包括：通过二期的拓展有效地联通美琪大戏院，致力于服务静安文化发展大战略和打造江宁路文化一条街。同时，通过建筑空间的拓展，使不同样式的演艺内容的注入更为灵活化，周边商业配套的附加更丰富化，在整体业态的搭配和发展上更趋于平衡和健康。

尚演谷二期建设遇到的主要问题包括：

1. 利益分配与规划升级的主导权

尚演谷正面临二期规划改造，其中利益分配问题是核心矛盾之一。目前利益攸关方主要包括负责尚演谷日常运营的上海尚演文化投资管理有限公司，该公司由上海文化广播影视集团有限公司发起，上海东方明珠房地产有限公司、上海静安投资有限公司共同出资成立；尚演谷部分房产所有方上海电力局；上海版《不眠之夜》的版权所有方英国Punchdrunk公司和SMG；区域规划主导方静安区政府等。彼此之间的利益分配仍然存在不平衡性，发展诉求存在不一致性，在一定程度上阻碍了尚演谷的进一步扩容、产业链的延伸，以及与街区不同剧场和商店的互动性，缺乏明确的规划升级引导。

2. 文化业态发展不平衡，需通过区域布局调整强化产业集聚效应

尚演谷每年的票房收益在两千万元左右，还有大量其他的商业收入，能够不依靠政府补贴而维持剧场运作，但戏剧谷其他剧场没有形成这样成熟的盈利模式。从戏剧产业集聚度来看，目前静安戏剧谷的核心剧场为10余家。但是，纽约“内百老汇”有42家剧场，“外百老汇”有41家，“外外百老汇”有563家。伦敦西区的核心剧场约有49家。可见，静安戏剧谷的戏剧产业聚集

度还有很大的成长空间。同时，静安戏剧谷的大部分剧场仍然以传统戏剧表演为主，创意型和实验性剧场占比非常低，同时文商结合的探索也极为有限，使得尚演谷成为区域内独树一帜的先锋剧场，导致尚演谷产业溢出效应无法得到周边剧场的有效承接。

3. 在目前的商业模式下，产业链有待向更广阔领域继续延伸

目前，尚演谷的产业链中涵盖了酒店、餐饮和购物等环节，但尚演谷作为一种新的生活方式，其文化与商业价值值得进一步发掘。从文化价值来看，尚演谷集结了内容生产、舞美设计、剧目与场馆运作、宣传推广、观众研究、文化体验等多种样式，但在戏剧人才孵化、文化项目投资与开发、艺术教育、文化创意产品研发等方面仍然不足。从商业价值来看，尚演谷应当借由静安戏剧谷的特色产业区优势，更大程度地带动附加消费。如百老汇1美元的票房收入贡献了3美元的附加消费和4.3美元的经济价值；伦敦西区1英镑的票房收入也带动了2英镑的附加消费，贡献了4英镑的经济价值。因此，街区配套的文化体验产品和服务应当加强。

4. 尚演谷所在建筑有两个大型变电站设备，阻碍了空间布局的调整

无论是静安区文化局，规土局，还是这栋建筑的业主方电力公司，都非常愿意将建筑租借于尚演谷。但主要的问题症结在于，这栋建筑内还有两个大型的变电站设备，这两个变电设备是供应梅龙镇、恒隆、中信泰富几个超大型的商场使用。从电力供应上，经过电力公司的测算和评估，这两个变电站的迁移不会影响周边的电力使用荷载。只是变电站属于国家资产，未到使用报废年限，所以必须要有合适的地方安置。

（二）基于“尚演谷经验”几点启示

1. 尚演谷产业溢出效应与“南京西路后街”的构建

尚演谷之于静安现代戏剧谷。静安现代戏剧谷是2009年正式启动的上海重大文化产业项目，经过近十年的发展，戏剧谷面临着产业业态升级、产品内容升级、产业合作升级和公众参与升级等新的挑战。尚演谷作为一种新型

的演艺业态，通过演艺基础设施建设、IP产业链衍生、消费人群培养、内容形式创新、管理统筹与招商引资等工作，形成了良好的市场收益，也带动了周边街区的功能转变。这种“文商结合”的模式使得戏剧不仅仅是一场演出，而成为有延续性的文化体验。在静安区的新一轮规划中，现代戏剧谷将形成更有效的空间圈层，即以江宁路沿线的美琪大戏院、艺海剧院为主线，向西南与上海戏剧学院、商城剧院、静安800秀等剧院形成互动。尚演谷位于主线江宁路与北京西路交接处，紧邻南京西路“戏剧大道”，背靠美琪大戏院，地理位置优越。在戏剧谷的空间圈层中定位与角色作用是其融合街区和城市发展，发挥更好社会效益和正向文化拉动作用的基准。

尚演谷之于南京西路后街。“后街经济”的打造是国际著名城市的普遍做法，例如伦敦牛津街、东京银座、巴黎香榭丽舍达到和纽约第五大道等，而南京西路是高端商务商业集聚带，具有构筑国际商圈生态的基础。因此，2018年4月12日，上海静安区政府发布《静安区南京西路后街经济战略规

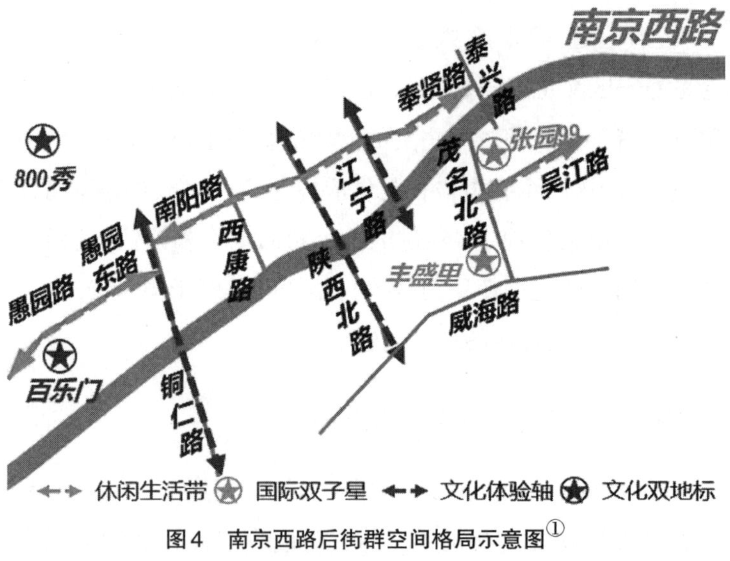

图4　南京西路后街群空间格局示意图[①]

① 图片来源：《国际咨询业巨头解谜上海“后街经济”著名的南京西路有一张精彩“关系网”》[EB/OL]，东方网：http://city.eastday.com/gk/20180412/u1ai11358190.html，2018-04-12。

划》，明确提出后街主体格局将围绕“三带三轴两街”铺开，其中江宁路将作为“三个文化体验轴”之一，承担现代文化戏剧的体验功能。尚演谷作为江宁路文化先锋的代表，应当充分发掘自身的创造力和时尚引领力，积极融合戏剧、文化休闲、艺术培训完善体系，与静安现代戏剧谷的其他剧场形成联盟关系，实现“多元戏剧IP”。

2. 国际性与地方性的耦合——重新审视国际内容的引入

《不眠之夜》作为一部“舶来”作品，在上海商业运作的大获成功以及业界公众的广泛认可，都为我们今后再次引入或向国际输出作品提供了重要的借鉴作用。尚演谷为我们揭示了国际引入的作品能够很好地实现在地性地文化传播力，使之与地方性价值融合。可以看出广泛的空间尺度下的资本积累过程对于地方的联系作用，同时也认识到在资本的作用下，地方性的建构是建立在与外界的广泛联系之上的，更多体现了地方的政治、经济与文化机构对于全球化的资本力量的调和作用。国际性与地方性的相遇，并不是相互博弈的对立面，而应当成为彼此促进和彼此激发的互动过程，即马西所说的“全球的地方感”，这是一个开放的、动态的，以及具有丰富内部差异与社会关系的实体。

3. 以文化创意产业带动城市空间重塑

文化产业、创意产业发展为城市空间重塑带来了新的可能性。在经历过以大规模改造和整体性重塑为主要特征的“形体决定论”[①]对城市空间更新的负面影响之后，近些年来，城市空间重塑更加倾向于寻求区域功能革新与文化和创意产业的结合。结合美国学者迈克尔·波特提出的“钻石模型”理论来看，区域性的产业集聚有利于提升地方经济竞争力。[②]文化产业和创意产业集聚性发展在推动城市经济结构转型的同时，也在客观上带动了城市文化景观的重塑。尚演谷便是利用“麦金侬酒店”和《不眠之夜》的产业链发展，在悄然改变街区的空间布局和文化氛围。

---

① 阳建强：《现代城市更新运动趋向》，《城市规划》1995年第4期，第27—29页。

② ［美］迈克尔·波特：《国家竞争优势》，李明轩、邱如美译，北京：华夏出版社2002年版，第162—164页。

以内容为发动机，驱动全产业链的打造推广。尚演谷的成功缘起于《不眠之夜》剧目的IP效应，以及上海版策划团队对内容的精心编排。公众接受剧目内容正是公众能够参与街区文化体验的触发点，进而带动现有空间，与资源、劳动力成本、科技等相对优势结合的“链节”，尤其是利用高科技与互联网技术，使之成为内容升级重要突破方式。

通过区域布局调整，强化产业集聚效应对街区特色文化的推动。静安现代戏剧谷应当完善演艺基础设施，同时奉贤、虹口、杨浦和宝山等区在规划投资新的大型演艺空间时，也应当加强产业集聚度，并且各集聚区应当形成各自有特色的领域侧重，而同一集聚区内的场馆间应当也有功能分配，形成核心区和外围文化区等。此外，应当搭建产业溢出效应延伸路径，逐步扩大单一主体向多元主体联动的文化消费带动作用，就尚演谷而言不应该在新型演出方式方面单打独斗，而应当激发更多的大型和中小微型演艺场馆，形成演出文化的串联，让观剧成为公众的一种时尚生活方式。

“文商旅结合”，强化街区戏剧文化氛围。2017年，上海入境游客突破873万人次，其中713万人次在上海过夜，其中有不少观众打飞的来看《不眠之夜》。应当充分利用这种趋势，促进文化场馆纳入上海旅游线路，推出线上线下的文化体验微旅行，将上海文化场馆进行串联，并在机场、车站、码头等交通枢纽投放更多的上海文化资讯，做到异乡客的落地感知。此外，积极推进“艺术进商圈”，如在大型商业综合体中开设主题餐厅、主题体验馆、进行片段式互动演出、设立相关文化衍生品专柜、举办社会教育活动等。

通过跨界融合建成文化体验社区，强调公众参与体验。此外，在尚演谷周边要进一步打造文化体验社区，丰富现有的酒店餐饮等配套设施类型，并且建立更多元的文化体验场馆，如戏剧主题展览、戏剧体验坊、主题密室、书店、画室等，鼓励不同类型的观众都能积极参与其中。同时进行街区风貌改造，利用街区建筑外墙装饰风格调整、路灯和街头雕塑调整，以及鼓励街头艺人和行为艺术表演者在周边街区表演，打造戏剧主题街区，营造浓郁的戏剧文化氛围。

（张昱）

银幕的诱惑：上海居民电影消费调查

《上海居民电影消费调查》调查对象为在上海工作、生活、学习半年以上的常住居民，该问卷2018年5月31日由调研者通过微信发放，截至10月8日共回收有效答卷529份。问卷共51道题，答题者花费时间5—20分钟不等。问卷第1—9题是有关样本性别、年龄、居住区域、受教育程度、职业、工作单位性质、个人月收入、婚姻状况、已婚者是否有小孩（及数量）等人口统计学信息。调查结果显示，529份样本中，女性为323份（61.06%），男性为206（38.94%）；年龄集中在18—45岁之间（占比76.75%），46岁以上占比22.49%；样本在上海16个行政区都有所分布，但以浦东新区（19.66%）为最多，静安区（12.48%）、徐汇区（10.4%）、闵行区（10.21%）次之，青浦区、奉贤区、金山区、崇明区分别只有5、4、4、1人回答。本问卷试图通过样本居住地行政区划与各项问题交叉分析，体现上海各区居民的电影消费差异及对本区电影消费环境的满意度，但分析结果发现各区差异未达到“具有显著意义”。92.26%的样本为大专以上学历，其中“本科”学历251人（占比47.45%）、硕士学历107人（20.23%）、博士学历66人（12.48%）。职业方面，专业技术人员（教师、医生、工程技术人员、作家等专业人员）为102人，占比最高（19.28%）；学生为90人（占比第二，17.01%）；职员（从事一般性事务工作的人员）为85人（占比第三，16.07%）；各级政府部门、企事业单位、党政机关和公众团体的管理人员为83人（占比第四，15.69%）；公职人员（含公务员，和除教师外的事业单位人员）为52人，（占比第五，9.83%）。工作单位性质方面，行政/事业单位最多，193人，近一半（占比47.07%）。“月收入水平”最为集中的选项是“8 001—12 000元”，137人，占样本总数1/3（33.41%）；其次为“5 001—8 000元”（116

人，28.29%）。“婚姻状况”中，已婚者为294人，占比55.58%；单身235人，占比44.42%。已婚者中，“有一个孩子”为206人，占比70.07%；“没有孩子”为54人，占比18.37%；“有两个（以上）孩子”为34人，占比11.56%。

根据上述统计信息，本次调查答卷情况主要体现了年龄在18—45岁之间、女性比例超过60%、居住地为上海中心城区、拥有大专以上学历、月收入水平在5 000—12 000元之间的观众的电影消费习惯及对上海电影消费环境的意见。在此基础之上，通过统计、归类、交叉分析等手段，调研者试着对上海居民电影消费现状及偏好展开进一步的归纳、分析与总结，并提出对策建议。

一、是否喜欢看电影、看电影的主要目的及对内容与出品国家的偏好情况

（一）对看电影的喜好程度

529位答题者中，选择“喜欢看电影”408人，高达77.13%，即样本中近8成是喜欢看电影的。交叉分析显示，性别因素对“是否喜欢看电影”的影响不大；年龄、职业、学历、婚姻及子女情况显示对“看电影”的喜好程度跟可供样本自由支配的时间有关，即可供自由支配的时间越多，样本选择“喜欢”看电影的比例越高；收入因素显示随收入提升而带来的娱乐方式多样化在一定程度上对样本对“看电影”的喜好程度产生负相关影响。

（二）看电影的主要目的

对“看电影的最主要的目的”（多选题）这一问题，选择“艺术欣赏/个人爱好”的有373人，占比70.51%；选择“缓解压力/娱乐”为312人，占比58.98%；选择“约会或陪同亲友”135人，占比25.52%，即高达7成的人选择“艺术欣赏/个人爱好”作为自己看电影的主要目的，排在第二位的“缓解压力/娱乐”也有近6成样本选择，而排在第三位的“约会或陪同亲友”仅有

25%的样本选择，说明“看电影”在样本心目中主要是作为艺术欣赏或娱乐工具，其社会交往功能的重要性在样本心目中远逊于前两者，意味着未来电影消费的个体因素将不断得到凸显，而影院则需要综合考虑消费者的不同需求，增强自身吸引力。

交叉分析显示，性别对“看电影的最主要目的”的影响不大，女性比男性更多地将“看电影”作为一项社会交往活动；选择看电影的主要目的为“缓解压力/娱乐”的比例大体呈随年纪递增而递减的趋势；“18—28岁”及“36—45岁”年龄段选择“约会或陪同亲友”的比例最高，显示了“谈恋爱”及“养育子女”对样本看电影动机的影响；样本学历越高，选择看电影的主要目的为“艺术欣赏/个人爱好”的比例越高，但“博士”学历样本不符合此规律；就“职业”来说，学生群体选择“缓解压力/娱乐”的比例最高，可以认为是商业电影的主要消费群体；“离退休人员”选择此项的比例最低，说明要吸引老年观众，需要生产更多具有社会人文内涵及思想价值的电影；月收入越高，选择看电影的主要目的为“艺术欣赏/个人爱好”的比例越低，符合艺术欣赏及文化消费分为高端市场与低端市场、而“看电影”属于“大众消费”、因此较少被高收入群体作为文化欣赏的主要渠道的认知。数据显示，高收入群体虽然不将“看电影”作为个人艺术欣赏及娱乐减压的主要工具，但将其作为家庭活动及社会交往的一项内容的比例仍较高。子女数量对样本将看电影作为“艺术欣赏/个人爱好”的动机具有负面影响。

（三）选择观看一部电影的主要因素

对“影响您选择观看一部电影最主要的因素”（多选题）这一问题，选择“故事情节”的人数为429人，占比81.1%；选择“看过的人推荐”245人，占比46.31%；选择“视觉效果”193人，占比36.48%；选择“大导演”163人，占比30.81%；选择“大明星”115人，占比21.74%；选择“宣传造势及话题热点”91人，占比17.2%。调查结果表明，在决定观看某部电影时，影片“故事情节”的吸引力要远远大于视觉效果与宣传造势，提醒从业者要更为重视编剧与讲故事的力量，而不是一味追求画面效果；好莱坞系列大片续集吸引力逐渐降低，故事情节重复是重要原因之一；影片的“宣传造势”可以影响一部分观众及提高知名度，但真正要吸引大部分观众走进影院观看，还需要有一个能够打动人心的好故事；就对观众的号召力来说，导演的影响力超过明星，符合“导演是决定一部电影质量最重要的因素”这一普遍被接受的认知。有近一半的样本（46.31%）认为“看过的人推荐”是影响自己选择观看一部电影最主要的因素，符合“电影映后口碑对票房表现有重大影响”这一经过实践检验的行业规律。

交叉分析显示，女性观众比男性观众更容易受到电影口碑影响，男性观众比女性观众更为重视影片的视觉效果；年轻一代电影观众（18—35岁）对“故事情节”具有很高关注度；老年观众较少受影片舆论宣传影响；受“视觉效果”吸引比例，呈现随学历递增而缓慢递减的趋势；“看过的人推荐”的影响力随学历递增而缓慢递增：学历越高，对故事情节、视觉效果等商业元素的在意程度越低，对“熟人推荐”的在意程度越高，也即高学历观众对熟人推荐的信任程度要高于商业推广手段及商业元素的信任程度；职业因素显示工作环境的独立性（私营企业主、自由职业者）及脱离工作环境（离退休人员）降低了样本受他人影响的机会及倾向；月收入最高的样本（“20 000元以上”）选择“看过的人推荐”比例远低于其他收入样本——这也许暗示了新片上映并不是该群体的日常交流话题；子女数量越多的样本，越较少受媒体舆论宣传影响。

（四）喜欢观看的影片类型

选择“剧情文艺片”的比例最高（321人，60.68%），余下依次为“喜剧片”（276人，52.17%）、“科幻片”（239人，45.18%）、“纪录片”（197人，37.24%）、“战争片”（180人，34.03%）、“恐怖悬疑片”（164人，31%）、“传记片”（158人，29.87%）、“青春爱情片”（155人，29.3%）、“武侠动作片”（134人，25.33%）、“魔幻片”（131人，24.76%）、动漫片（123人，23.25%）、“音乐歌舞片”（116人，

21.93%)，以及“不太清楚所喜欢的影片为哪种类型”(29人，5.48%)。分别有六成及五成以上样本喜欢观看的影片类型为剧情文艺片与喜剧片，这与我国目前票房市场情况(尤其是国产片的票房市场)基本吻合；选择“音乐歌舞片”的比例最低，与我国缺少音乐片的传统相吻合——但21.93%的选择比例，说明这一类型仍有其自身市场。调查结果表明，每一种电影类型都有其自身观众，有的类型比较大众化，有的类型相对小众化，但都有市场潜力可挖，提醒我国电影产业目前应该做好分众市场。

交叉分析显示，女性喜欢观看比例超过男性的三种类型影片为剧情文艺片、青春爱情片和音乐歌舞片，男性喜欢观看比例超过女性、并且选择比例相差较大的有科幻片、战争片、恐怖悬疑片和武侠动作片四种类型；剧情文艺片与喜剧片是普遍受到各年龄段观众欢迎的片种；传记片、战争片、纪录片在年纪较大的观众中较受欢迎；青春爱情片、音乐歌舞片、武侠动作片、科幻片、魔幻片、动漫片、恐怖悬疑片在年轻观众中较受欢迎。学历与收入因素对“喜欢观看的影片类型”的影响不明显；“没有孩子”的样本对恐怖悬疑片、科幻片与魔幻片的选择比例要高于“有孩子”的样本——无论后者是有一个还是两个以上孩子；再一次证明了有子女的家庭对样本的电影消费频率与内容偏好都有一定影响。

（五）偏爱的电影出品地

样本偏爱的电影出品地以“美国”为首(78.64%的样本选择此项)，“欧洲”次之(58.41%)，“国产”片排名第三(50.85%)，“日韩”与“港台地区”受喜爱程度相差不大(35.16%、34.22%)。调查结果表明，美国与欧洲电影在样本中受欢迎程度超过国产、日韩与港台地区，这与近年来我国国产电影票房持续超过进口影片的事实并不相符，对此可以有以下几种解释：一、人们对美国与欧洲电影整体偏好程度较高，是就其历史成就及整体发展水平而言，并不代表其当下公映的电影符合我国观众观影需要；二、我国对进口影片的数量限制为国产电影提供了票房保护；三、影院观影行为往往受热点话题及口碑影响，国产电影在形成热点话题及口碑营销上较为有利，因此在票房表现上胜过进口影片——两个具有说服力的例子是2017年的《战狼2》与2018年的《我不是药神》。

交叉分析显示，就性别比较差异来说，男性更为偏爱美国、国产、港台地区的电影作品，女性更为偏爱欧洲和日韩出品的电影；"年龄"影响体现为样本对国产电影的喜好程度随年龄增长而递增；国产电影受高学历样本欢迎程度较低；学生群体对美国电影偏爱比例最高，对国产电影、欧洲电影偏爱度次之，对日韩电影及港台地区电影偏爱度较低；在中等以上收入群体（月收入5 000元以上）中，国产电影受喜爱程度不仅远低于美国影片，也低于欧洲影片，说明除了每年出现1—2部票房"爆款"，国产电影整体创作水平仍需提升，才能获得观众的真正认可。

二、日常生活中看电影的频率、渠道及影院观影情况

（一）每周观看电影数量

"每周观看电影数量（包括电影院、电视、视频网站等各种观影渠道）"选择比例最高的选项为"1部以下"（229人，43.29%），其次为"1—2部"（214人，40.45%）、"3—5部"（63人，11.91%）、"5部以上"（23人，4.35%）。调查结果表明，渠道不限的话，样本中超过56%的人每周至少观看1部电影，说明看电影确实已经成为大众一项重要日常观赏行为。鉴于调研者本身从事电影研究工作，微信朋友圈中电影行业相关人士较多，本项调查结果所得数据预计高出全市平均水平。

交叉分析显示：男性重度观影者（每周看电影数量选择"3—5部"和"5部以上"的样本）比例要高于女性；年纪因素对每周观看电影数量呈两头大、中间小的影响效应，"36—60岁"年龄段样本每周看电影数量少于更年轻及更年长的样本，这一点可以从处于36—60岁之间的中青年观众承受着更多的生

活与事业压力这一点来进行解释；学历对每周观看电影数量呈负相关影响，学历越高，轻度观影者所占比例越高，重度观影者所占比例越低；“职员”中重度观影者所占比例最高，符合普通职员工作压力较小、有更多闲暇时间用于观看电影的假设；月收入与每周观看电影数量呈负相关关系，即月收入越高，每周观影数量越少；“单身”样本每周观看电影数量高于“已婚”样本；“有两个（以上）孩子”样本重度观影者比例最低，再一次证明了子女数量对样本观影兴趣及时间的负面影响。

（二）日常生活中看电影的主要渠道

选择比例最高的为“电影院”（248人），占比46.88%；其次为“视频网站（电脑端）”和“视频网站（手机端）”，分别为106人（20.04%）和63人（11.91%）；“网络电视（IPTV等）”53人，占比10.02%；“传统电视节目（电影频道等）”31人，占比5.86%；仅6人选择DVD，占比1.13%；22人选择“其他”，占比4.16%，样本对“其他”选项的具体说明主要为下载、网盘资源、小米盒子等。调查结果表明，“去电影院看电影”是选择比例最高的日常电影消费形式，与近年来我国影院建设红火、电影票房逐年增长的宏观形势相吻合，也说明影院市场仍具有相当的生命力与竞争力；视频网站“电脑端”和“手机端”的选择比例仅次于“电影院”，说明作为流媒体的视频网站的市场占有率已经超过传统网络电视、电影频道等的市场占有率；IPTV等网络电视的使用比例低于视频网站“手机端”的使用比例，说明移动观影模式正在迅速改变传统坐在电视机前或电脑前的观影方式；仅有6人选择DVD作为日常观影方式，说明这一观看模式已经基本处于淘汰过程中。

交叉分析显示，性别因素对日常生活中看电影的渠道影响不大；除“60岁以上”样本选择比例最高的为“传统电视节目”（36.67%）外，其余四个年龄段选择比例最高的皆为“电影院”，选择比例呈两头高、中间低趋势——“29—35岁”“36—45岁”选择“电影院”的比例低于“18—28岁”“46—60岁”

样本，可从处于事业打拼期、去电影院的时间较少来进行解释；“视频网站（电脑端）”作为主要观影渠道的选择比例呈随年龄递增而递减的趋势；“29—35岁”“36—45岁”年龄段对“视频网站（手机端）”的选择比例几乎是其他年龄段的两倍，原因可能与这两个年龄段选择“电影院”的比例较低的原因相同，即这些人正处于职场打拼及家庭负担较重的时期，缺少专门坐下来看电影的时间，因此较多通过“手机视频”这一移动、流媒体的方式来观看电影；学生群体对视频网站电脑端（40%选择比例）和手机端（7.78%）的选择比例相差较悬殊，原因大概可以用学生群体待在校园里的时间比较多、而其他职业群体上下班通勤、在路上的时间较多来进行解释——这显示了手机、平板等移动视频观看模式对“在路上”一族的吸引力；日常观影主要渠道选择“电影院”的比例大体呈随收入增加而递减的趋势，但差别不大，原因可能跟收入越高的样本，越缺少去电影院的时间或不会把看电影作为主要文化娱乐消费有关。

（三）通过视频网站看电影的频率

选择比例最高的为“每周平均只有一天或少于一天”（167人，31.57%）；选择“基本上很少看”的为150人，占比28.36%；选择“每周至少会有两天观看”的为126人，占比23.82%；“基本上每天都看”的为50人，占比9.45%；“不在视频网站上看电影”的为36人，占比6.81%。调查结果显示，虽然高达93%以上的样本都表示曾经通过视频网站看电影，但28%以上的样本表示“基本上很少看”，近1/3的样本表示观看频率并不高——每周只有一天或少于一天观看；“基本上每天都看”的样本不到样本总数的1/10——说明视频网站虽然作为看电影的渠道被广泛接受，但使用频率仍有较大发掘空间。

交叉分析显示，性别因素对通过视频网站看电影频率的影响不大；选择“基本上很少看”的比例大体随年龄递增而递增，说明年龄越大，对视频网站的使用率越低；视频网站“高频观影者”（选择“基本上每天都看”和“每周至少会有两天观看”的样本数量之和）所占比例随学历升高而下降，体现了高学历样本闲暇时间较少的现实状况；家庭主妇对视频网站的使用最为频繁与普遍，8个样本中无一人选择“基本上很少看”与“不在视频网站上看电影”这两项；公职人员、私营企业主和职员选择率最高的两项皆为“每周至少会有两天观看”和“基本上很少看”，显示了对上述职业来说，“职业”本身并不能决定样本的媒体使用情况，起决定作用的是样本的职场状态及兴趣爱好；专业技术人员与商务人员选择率最高的选项皆为“基本上很少看”，在一定程度上显示了这两种职业的工作压力或繁忙程度要高于其他职业；与其他收入样本比较，月收入2万元以上的样本“高频观影者”比例急剧减少，选择“基本上很少看”的比例大大升高，说明月收入对视频网站观影频率在一定程度上体现为负相关影响；“有两个（以上）孩子”样本选择“基本上很少看”比例远高于“有一个孩子”和“没有孩子”样本，说明子女数量对样本用于文化休闲的时间有一定负面影响。

（四）通过网络电视（IPTV）看电影的频率

选择比例最高的为“基本上很少看”（39.32%，208人）——该比例远远超过上一题中选择“基本上很少通过视频网站看电影”的比例（28.36%）；选择居于第二位的选项“不在网络电视（IPTV）上看电影”的人数（26.09%，138人）也远高于在上一题中选择“不在视频网站上看电影”的人数（36人）；选择“基本上每天都看”的有30人，低于上一题中选择“每天都看视频网站”的50人。调查结果表明，网络电视作为观影渠道之一，目前其市场占有率已远低于视频网站。

（五）是否会将好看的或自己喜欢的电影从网络上下载下来

60.49%的样本（320人）选择“会”，余下不到40%选择“不会”（209人，39.51%）。调查结果表明，超过一半的人对喜欢的电影仍有下载保存的习惯，这可能与视频网站片源不够丰富、运营不稳定或需要收费有关；本问卷未进一步调查样本偏好下载电影的原因。

（六）视频网站付费会员情况

样本“是”视频网站付费会员（45.75%，242人）的比例低于“不是”（54.25%，287人）的比例，表明视频网站付费消费尚未成为主流消费方式。

交叉分析显示，性别差异及婚姻状况对是否是视频网站付费会员影响不大；与“年龄”呈负相关趋势（46岁以上付费会员比例与之前年龄段相比减少一半），与“学历”呈正相关趋势——虽然博士学历样本付费会员比例与硕士相比有所下降；与“月收入”呈正相关趋势——月收入2万元以上样本付费会员比例是“3 001—5 000元”收入样本的2倍以上。“职业”因素显示不同职业可供使用的闲暇时间、收入、对“文化资本”的需求程度等各种因素对“是否是视频网站付费会员”皆会产生一定影响；对电影的喜爱程度与是否是视频网站付费会员之间有明显关联性；“看电影的主要目的”为“缓解压力/娱乐”的样本是视频网站付费会员的比例（50%）要略高于“艺术欣赏/个人爱好”（44.5%）、“约会或陪亲友”（46.67%）及“其他”（45.45%）的样本，说明视频网站所具有的海量资源及方便快捷的属性是追求放松与娱乐者的首选，虽然差异并不显著；样本每周看电影的数量越高，成为视频网站付费会员的比例越高——但在“高频度观影者”中，尚有大量样本尚未成为视频网站付费会员，说明视频网站付费市场仍有大量潜力可挖。是否会从网络下载电影与是否是视频网站付费会员之间的关联性不大；是否是视频网站付费会员与“去电影院看电影的频率”及“每月电影开支情况”呈正相关关系。

（七）不是视频网站付费会员的原因

“不是”视频网站付费会员的287位样本，在“原因”选项中选择“没时间”的占26.48%（76人），选择“经济原因，视频网站每月的会员费是一笔额外开支”的占21.6%（62人），选择“节目内容原因，视频网站提供的节目不够精彩，不值得付费”的占21.25%（61人）——对经济与内容原因的选择比例几乎相同；选择“不喜欢在电脑及网络上看电影”的占17.42%（50人）。调查结果显示，时间、金钱、内容及观影习惯都是阻碍人们成为视频网站付费会员的重要因素；对视频网站来说，降低会员费并提升内容以满足不同群体的需要，是其拓展市场的主要手段。

交叉分析显示，男性选择“经济原因”的比例高于女性，女性选择“时间原因”和“不喜欢在电脑及网络上看电影”的比例略高于男性；在电脑上看电影作为新兴观影方式，在年纪较大的样本中的接受度没有在年轻人中的接受度高；对46岁以上样本来说，视频网站需要加大宣传力度并简化成为会员及付费的手续。

（八）最近两年平均去电影院看电影的次数

选择比例最高的为“两到三周一次”（116人，占比21.93%）；其余依次为“一个月一次”（104人，占比19.66%）、“一年1—3次”（88人，占比16.64%）、“两个月一次”（62人，11.72%）、“一周一次”（54人，10.21%）、“三个月一次”（44人，8.32%）、“一周两次以上”（30人，5.67%）、“一年少于1次”（17人，3.21%）、“不去电影院看电影”（14人，2.65%）。综合来看，样本中57.47%的人至少每个月去电影院看电影一次。按照2017年上海常住人口2 418.33万人[①]、影院观影人次8 305.97万人次[②]的官方统计数据计算，2017年上海常住人口人均影院观影3.43次，平均每个季度人均观影不到1次——本问卷调查得出的数据偏高，与调查者本身从事电影研究工作，朋友圈的朋友较多工作在电影评论、电影研究及文化领域有关。

交叉分析显示，性别对“最近两年平均去电影院看电影次数”的影响不大，女性影院观影行为较男性为均衡，其高频度观影者与低频度观影者所占比例皆低于男性；18—35岁样本看电影次数以“两到三周一次”居多，36—60岁样本以“一年1—3次”居多——显示青年样本最多人选择的影院观影

① 东方财富网：http://finance.eastmoney.com/news/1354,20180122824479429.html

② 上海市人民政府官网：http://www.shanghai.gov.cn/nw2/nw2314/nw2315/nw31406/u21aw1281987.html

频率是中年样本最多人选择的观影频率的6倍以上，对这一结果，可以用中年人生活、工作压力增大、看电影时间成本升高，因此影院观影频率降低来进行解释；60岁以上老年样本影院观影次数高于中年组但低于青年组，反映了老年人退休后有较多闲暇时间、但电影消费口味不像青年人那样随意的现实，同时暗示了市场上适合老年人观赏的电影也许有供应不足的问题；月收入较高的群体去电影院看电影的次数较多，但月收入超过8 000元的样本，选择比例最高的“去电影院看电影的次数”呈负增长趋势，由之前的“一个月一次”变为“一年1—3次”——至“20 000元以上”收入样本又恢复为“一个月一次”，对此的可能解释是月收入在8 000—20 000元之间的样本所面临的工作与时间压力最大，从而普遍降低了这一收入区间样本去电影院看电影的次数；单身者去电影院看电影的频率要高于已婚者。

（九）每月用于看电影的开支

除去回答“不去电影院看电影”的14人，余下样本515人对“每月用于看电影的开支”这一问题，选择比例最高的为“50—100元之间”(40.19%，207人)——按上海电影票的平均票价42.16元(2017年数据)① 计算，意味着这些人平均每月看电影在1—2部之间；35.15%的人(181人)每月用于看电影的开支在50元以下；16.89%的人(87人)每月用于看电影的开支在100—200元之间；7.77%的人(40人)每月用于看电影的开支在200元以上。根据电影开支与电影票价计算出来的每月看电影数量，略高于样本对“最近两年平均去电影院的次数”这一问题的回答——以“平均每月去电影院看电影一次或一次以上”这一统计数据为例，通过电影开支计算得出的样本数量为334人，根据“最近两年平均去电影院的次数”选项统计结果为304人，调研者认为存在这一差异是可接受的，原因有二：一是不同电影的电影票价有差异，人们对自

① 上海市人民政府官网：http://www.shanghai.gov.cn/nw2/nw2314/nw2315/nw31406/u21aw1281987.html

身电影开支的记忆也未必十分准确；二是有的样本对“看电影的开支”的理解可能将视频网站会员费包括在内，这是调研者对问题设计不够严谨所致。

交叉分析显示，男女性别差异及婚姻状况对电影开支未造成显著影响；年纪越大，电影开支低消费（调研者将“月电影开支高于100元”设定为“高消费”）所占比例越高；个人月收入状况对每月用于电影开支呈正向影响；子女情况对“个人每月用于电影开支”呈负相关影响，随孩子数量递增而递减；“看电影的主要目的”对电影消费支出影响不大——说明电影产业可以通过满足人们对看电影的不同期待，扩大自身市场收益；是否是视频网站付费会员体现了样本对看电影的兴趣，该兴趣会外溢到“去电影院看电影”等消费活动中去，但相关性并不显著——在电影开支高消费群体中，有相当比例的样本不是视频网站付费会员。

三、获取新片上映信息的渠道、购票渠道、影院产品消费、偏好及满意度等

（一）获取新片上映信息的渠道

在515位样本中，选择主要通过“网络”获取新片上映信息的占2/3以上（67.77%），其次为“微信朋友圈”（48.54%），近一半；其余选项依次为“朋友推荐”（42.91%）、“售票网站”（24.08%）、“影院推广”（23.5%）、“电视”（16.31%）、“户外广告”（14.95%）和“报刊”（4.85%）。“报刊”的选择比例远远低于其他信息渠道，说明纸质媒体作为信息传播媒介影响力衰落已经不可阻挡。

交叉分析显示，对新片上映信息渠道，女性选择“朋友圈信息”“朋友推荐”“户外广告”的比例要高于男性，其余选项性别差异不大；对“网络”作为信息渠道的使用程度存在着代际差异；“微信朋友圈信息”是“60岁以上”样本选择比例最高的信息渠道，显示了“微信”作为社交媒体对一部分老年人的生活产生了巨大的影响与改变；“46—60岁”样本选择“微信朋友圈信息”

比例低于其他年龄段，可能的解释是该年龄段年纪渐长但仍处于工作环境之中，不像更年轻及更年长的样本那样愿意在朋友圈发布“新片上映”等娱乐信息；选择“售票网站”作为新片上映信息来源的比例基本呈随年龄递增而递减的趋势，说明老年样本对售票平台的使用率仍较低；各年龄段样本对“影院推广”的选择比例基本上都高于“户外广告”，说明“影院推广”这种在固定时间、场所、针对特定对象所展开的宣传，其效果要好于“户外广告”这种面向大众、容易被人们因行色匆匆而忽视的宣传形式；对60岁以下人群来说，“电视”和“报纸”作为信息渠道的影响力急剧减弱。

（二）购票方式

接近九成的样本选择“网上购票”(88.93%，458人)，选择“现场购票”的比例仅为11.07%(57人)。交叉分析显示，现场购票比例随年龄增高而递增，60岁以上样本一半选择现场购票，“46—60岁”样本28.09%选择现场购票。

（三）看电影的时间段

通常去看电影的时间，选择“17 : 00—21 : 00之间”的比例最高(38.25%，197人)，符合电影院的客流规律，说明有较多人习惯下班及晚饭后去看电影；选择“不固定”的比例为32.82%(169人)，说明近1/3的观众看电影时间有较强的机动性，具体受影院排片还是其他个人因素影响，待考。其余时间段选择比例依次为：“13 : 00—17 : 00之间”(20.58%，106人)、“21 : 00—24 : 00”(4.66%，24人)、“13 : 00以前”(3.69%，19人)。考虑到此题为单选题，说明任何时间段都会有人选择去看电影，只不过是人数多与少的问题。

交叉分析显示，性别对“看电影时间段”的影响不显著，有更多女性选择在下午观看电影；“13 : 00以前”和“13 : 00—17 : 00”时间段选择比例基本上随年龄增长而渐增；大部分老年观众倾向于避开“17 : 00—21 : 00之间”的观影高峰；结婚与否对看电影的时间段影响不大；近1/3有孩子的样本倾向于选择白天(17 : 00以前)观看电影，而没有孩子的样本只有不到13%选择白天观看电影；“看电影的主要目的”与观影时间选择无关联关系，主要目的为“约会/陪亲友”的样本具有将观影时间与用餐时间相搭配的倾向。

（四）去电影院看电影的主要原因

选择比例最高的选项为“娱乐，放松自己”（347人，67.38%），其余依次是“受新上映的影片吸引”（262人，50.87%）、“追求大银幕的影音效果”（252人，48.93%）、“陪同家人看”（141人，27.38%）、“与恋人约会时的活动内容”（73人，14.17%）、“受影院展映、点映等特别放映活动吸引”（69人，13.4%）、“其他”（12人，2.33%）。调查结果表明，对大多数人来说，到电影院看电影是受“看电影”这一行为本身的价值驱动——包括电影的娱乐价值、新作品的吸引力、大银幕的影音享受等——“看电影”的群体价值如作为家庭活动及约会内容等排在其后，说明电影产业要提高自身吸引力，满足人们对文化娱乐的需求及影音效果的高标准要求仍然是主要手段；有13.4%的样本将参加展映、点映等文化活动作为去电影院的主要目的，说明影院定期举办文化活动会对特定观众产生一定吸引力。

（五）选择某一电影院的最主要因素

选择比例最高的选项是“影院距离及交通便捷性”（323人，62.72%），其余选项依次为：“影院内部硬件设施（20.19%）”、“影院价格及促销活动”（包括会员优惠、看电影送饮料等促销活动，8.54%）、“影院周边配套设施”（餐饮、娱乐等，6.99%）、“其他”（1.55%），说明距离及交通便捷性仍然是大多数人在选择影院看电影时最主要考虑的因素。

交叉分析显示，女性选择“影院距离及交通便捷性”的比例高于男性，男性选择“影院内部硬件设施”及“影院周边配套设施”的比例高于女性；年长的观众（60岁以上）对影院硬件设施在意比例较低，对价格因素在意比例较高，可以针对老年观众开展特殊时段优惠观影活动；有孩子的样本对影院距离及交通便捷性更为在意，“有两个（及以上）孩子”样本对“影院价格”的在意比例较高，说明有针对性地推出“家庭套票”等优惠措施将会是吸引全家观影的一个有效手段。

（六）是否会单纯为了看电影而外出

选择“我常常为了看电影而外出到电影院去”的比例高达64.08%，说明看电影已经成为大家一种主动进行且单独成立的文化娱乐活动；余下的样本（35.92%）选择“我很少仅仅为了看电影而外出到电影院去”，说明对这部分人来说，看电影可能是其外出休闲活动的一部分，但不是其唯一动机。

交叉分析显示，“性别”因素对此题影响不大；就年龄来说，选择“我常常为了看电影而外出到电影院去”的比例随年龄递增而递减——但年长者会为看电影而外出的比例仍然在一半以上；学历因素中，排除“初中及以下”样本，博士学历样本为了看电影而外出的意愿最低；就职业因素来说，“学生”群体为看电影而外出的比例最高；“月收入水平”对外出看电影热衷程度的影响趋势不明显，说明收入水平只是影响观影意愿与频率的因素之一，而不是主要或决定性因素；单身者为了看电影而外出的比例要高于已婚者；“有两个（以上）孩子”样本为看电影而外出的意愿最低；对电影的喜爱程度越高，单纯为了看电影而外出的比例越高；看电影的主要目的为“艺术欣赏/个人爱好”及“缓解压力/娱乐”的样本，为看电影而外出的频率要高于“约会或陪同亲友”的样本；“影院距离”“去电影院的交通方式”及“心目中的合理票价”对“是否常常为了看电影而到电影院去”的影响不大，说明样本去电影院看电影的行为基本上只受个体意愿及影院放映内容这两个因素互相作用的影响。

（七）离居住地最近的电影院的距离

选择比例最高的前两个选项为“距离居住地步行15分钟以内”（48.74%）、“居住地步行15分钟以上但乘坐公共交通15分钟可以抵达”（43.3%），两项合起来的比例超过92%，说明上海电影院分布较合理，对大多数人来说乘坐公共交通15分钟以内可以抵达。4.66%的人选择“距离居住地较远且没有方便的公共交通可以抵达”，3.3%的人选择“不知道”。

与居住地行政区划进行交叉分析显示，除青浦区、奉贤区、金山区、崇明区分别只有5、4、4、1位样本、不具有统计学价值之外，其余各区影院分布便利程度差不多。

（八）到电影院看电影的交通工具

选择“搭乘地铁、公交车等公共交通”的样本比例最高，接近一半（48.35%），其次为“步行”（33.01%）、“自己开车”（15.15%）、“不会仅仅为了看电影而去电影院”（3.5%）。

交叉分析显示，“有两个（以上）孩子”样本选择“自己开车”及“步行”的比例最高（两项选择比例皆为38.24%），选择“搭乘地铁、公交车等公共交通”的比例（20.59%）最低，远低于“没有孩子”（46.3%）和“有一个孩子”（39.81%）的样本——多子女家庭对公共交通工具的较低使用率，说明随着放开“二胎”，出行问题可能会导致越来越多家庭购买小汽车，从而增加城市交通压力。

（九）通常一起去看电影的人

选择比例最高的为“和家人一起去”（37.86%），其余选项依次排序为：“和朋友/同学/同事一起去”（25.63%）、“自己一个人去”（22.52%）、“和恋人一起去”（13.01%）、“其他”（0.97%）。“其他”选项有5位样本是因为自己一个人去看电影以及和家人、朋友一起去看的频率差不多，无法做出单项选择。调查结果表明，看电影作为休闲娱乐活动，主要是和家人、朋友、同学、同事等结伴而行的行为；有超过1/5的样本选择“自己一个人去”，说明有相当一部分人已经将去电影院看电影作为个体娱乐行为——这一趋势应该与自家庭录影带发明以来，人们开始逐渐养成独自观影的习惯有关。选择“和恋人一起去”的比例最低（13.01%），与样本中未婚人士所占比例（235人，44.42%）较低有关。

（十）电影档期的影响力

选择比例最高的选项为“看电影基本不受档期影响”（422人，81.94%）——超过8成样本选择此项，说明电影界曾有的“档期”观念需要更新，以减少大片、好片在“热门”档期扎堆、自相残杀的负面现象。档期影响力按选择比例排序依次为：春节档（20.97%）、暑期档（17.67%）、国庆档（9.51%）、元旦档（7.38%）、圣诞档（4.66%）、情人节档（4.08%）。调查结果表明，样本看电影受档期影响程度小于预期；目前影响力较大的档期是春节、暑假、国庆及元旦；圣诞节和情人节档期影响力最弱。

交叉分析显示，男性观影比女性更容易受档期影响；“18—28岁”年龄段受档期影响最明显。

（十一）是否去电影院之前已决定看哪部电影

选择“去电影院之前已决定看哪部电影”的样本占绝大多数，比例高达96.89%（499人），说明电影的前期宣传（包括公映日期、放映后的口碑、评论等意见领袖影响因素）对观众观影选择及消费行为具有重大影响，是决定一部电影票房能否取得成功的关键。

交叉分析显示，性别、年龄差异对样本是否在去电影院之前就已经决定看哪一部电影的影响不明显。在答案选择“否”的样本（16人，3.11%）中，“一年中去电影院观看电影少于一次”的比例最高，近24%，说明对很少去电影院看电影的人来说，去电影院看电影是一种一时兴起、随机选择的行为，因此售票窗口附近及影院周围的宣传活动，要注意吸引这部分低频观影者的注意力。

（十二）看电影之前是否会先搜索、阅读别人对影片的评价

选择“是”的比例为51.46%，选择“不一定”的比例为40.39%，选择“否”的为8.16%——说明有超过一半的样本养成了看电影之前借鉴他人评价的习

惯，另有4成样本不固定，只有不到10%的人完全不这样做——影片放映后的口碑及网友、影评人发表在网络上的评论对票房的影响力不容小觑。（注：此题目设计有缺陷，“看电影之前”这一比较含糊的表述容易使样本将“去电影院看电影之前”及“在视频网站上看电影”等行为都包括在内；不过设计此题的目的是考察样本在决定看某部电影时的信息参照情况，因此该调查结果仍具有参照意义。）

交叉分析显示，女性比男性更倾向于在决定看某部电影之前参考他人评价；年轻一代更倾向于通过搜索他人评价来决定是否观看一部电影；样本学历越高，看电影之前不参照他人评价的人数越多，具体是因为时间压力还是因学历增高而文化品味独立性增强，待考；同时，“博士”学历样本对该题选择“是”的比例与其他学历样本差不多，说明无论什么学历，都有相当比例的观众养成了观影前参考他人评价的习惯；月收入越高的样本，越较少阅读他人评价作为观影参考；看电影的主要目的为“艺术欣赏/个人爱好”的观众更倾向于事先搜索、阅读他人的评价——体现了电影作为“艺术欣赏”对象所具有的寻求交流与共鸣的特质，因此具有较强思想内容与艺术追求的影片，在宣传发行上应重视发挥意见领袖或个性化解读的力量；在“观看一部电影的最主要因素”选项中选择“故事情节”“看过的人推荐”“大导演”的样本更倾向于事先阅读他人评价，高于选择“大明星”“视觉效果”“宣传造势及话题热点”的样本，这与故事情节及导演通常代表着电影较深层次的价值观、人们倾向于通过阅读他人意见以寻找共鸣这种心理需求有关；而明星与视觉效果主要体现为表层娱乐价值；选择“宣传造势及话题热点”的样本，事先阅读他人评价的比例不高，因为宣传造势及话题热点本身就提供了对这部分观众具有决定性影响的价值。

（十三）观影前是否会考察电影宣传片

对于“在决定看某部电影之前，您是否会先考察一下该片的宣传片”这一问题，选择“不一定”的比例最高（260人，50.49%），选择“是”和“否”的比例分别为33.59%和15.92%。调查结果表明，有超过1/3的观众在看电影之前会先考察该片的宣传片，说明宣传片的质量与吸引力对这部分观众有着重大影响，值得制片公司及宣发团队认真对待。

交叉分析显示，性别、年龄因素对观影前是否会考察宣传片的影响不大，60岁以上观众（基本上属于退休年龄）因闲暇时间较多，会较多选择考察宣传片；样本学历及月收入越高，将宣传片作为观影参照的人数越少；去电影院看电影的主要原因选择“与恋人约会时的活动内容”及“受影院展映、点映等特别放映活动吸引”的样本，提前考察宣传片的比例较低——这一结果符合样本群行为习惯：前者作为约会时的内容，基本上是一种随机或按部就班的消费行为，影片质量不是其主要关注点；后者将看电影作为一种文化活动，通常对将要观看的影片已有文化上的了解与判断。

（十四）在电影院购买爆米花、饮品等的频率

选择“很少买”的样本比例为53.2%，其次为“从不购买”（21.36%）、“几乎每次看电影都要买”（16.89%）、“很难说”（8.54%）。调查结果表明，上海只有不到20%的观众养成了看电影时吃爆米花的习惯。

交叉分析显示，女性比男性热衷于消费影院食品；年龄影响体现为：18—45岁之间，选择“几乎每次看电影都要买”的比例呈随年龄增长而增长的趋势，但年龄超过45岁以后，该比例则呈负增长趋势；老年观众购买影院食品的比例较低。月收入的影响体现为：排除“3 000元及以下”样本，选择“从不购买”的比例呈随收入递增而递减，说明影院食品消费与收入有正相关关联；子女数量是推动影院食品消费的一个重要因素。

（十五）不在电影院购买爆米花、饮品等零食的主要原因

去掉上一题中选择“几乎每次都买”的87位样本，余下样本428人对此题目选项排序如下：1/3以上的样本不喜欢在看电影时吃东西（38.32%），其次是价格原因——影院食品价格过高（25.7%），再次是营养与热量原因

（22.2%），“没有自己喜欢的零食”也占相当比例（11.21%）。

交叉分析显示，女性看电影时购买零食的意愿高于男性，但也比男性更在意营养与热量问题；年纪较轻的观众对看电影时吃东西的接受度更高，但统计结果也显示，无论哪个年龄段，都有超过一半的人并不反对在看电影时吃东西——影响他们不购买影院食品的因素是价格、营养、热量及口味等原因。影院可以通过改善上述问题，推动整体比例超出60%的观众开始消费影院食品，如推出优惠政策、加强营养、降低热量、增加口味及品种选择等；选择“价格原因”的样本随年龄增长而比例下降，显示随年龄增长所带来的收入增长，使得样本对价格敏感度降低；选择“营养与热量原因”的比例，18—45岁样本高于46岁以上样本，说明年轻一代电影观众更为关注影院食品的营养与热量问题。

（十六）电影票价的合理范围

近70%的样本对合理票价的选择为“21—40元”（358人，69.51%），其次为“因影片而异”（106人，20.58%），选择“41—80元”（94人，18.25%）和“10—20元”（92人，17.86%）的比例差不多，仅有6人选择“81元以上”（1.17%）。调查结果显示，近70%的样本选择“21—40元”为合理影价，与目前电商平台的票价水平大体相当，说明大部分观众认为目前的电影票价是合理及能承受得起的。

交叉分析显示，性别与婚姻状况对心目中的票价合理范围影响不大，女性对电影消费有着比男性更高的心理价格弹性；年纪越轻、对电影票价的接受度越高；收入对“心目中的合理票价”的影响呈正相关关系，即收入越高，越能接受定价较高的合理票价；子女数量是影响家庭文化支出价格敏感度的一个较重要因素。

（十七）对电影周边产品的消费意愿

64.27%的样本（331人）选择“不会”消费电影周边产品，选择“会”的样本为184人（35.73%），说明六成以上的观众尚未养成消费电影衍生品的习惯。

交叉分析显示，男女差异对购买电影周边产品的意愿影响不大；选择“会”消费电影衍生品的比例随年龄递增而递减；收入对购买电影周边产品的意愿只有轻微正向影响；“有两个（以上孩子）”样本消费电影周边产品的意愿高于“有一个孩子”和“没有”孩子的样本——这也许与电影周边产品为多子女家庭提供了便捷的玩具选择并且可以推动孩子们基于电影展开游戏与交流有关。

（十八）上海影院存在的问题

对12个选项选择比例从高至低依次为：“票价过高”（223人，43.3%）、“排片受热门影片影响，没有更多影片可供选择”（222人，43.11%）、“所放影片太过商业化，人文艺术水准不高”（183人，35.53%）、“影院环境缺少文化氛围与特色”（162人，31.46%）、“影院缺少特展、专题展映等策划活动”（138人，26.8%）、“引进影片基本上是好莱坞大片，多样性不够丰富”（126人，24.47%）、“影院缺少与周围社区居民的互动并提供相应优惠活动”（111人，21.55%）、“设备陈旧，放映效果不好”（87人，16.89%）、“清洁卫生差”（78人，15.15%）、“零食饮品种类单一”（77人，14.95%）、“工作人员服务态度不好”（56人，10.87%）、“影院周围缺少餐饮等休闲配套设施”（23人，4.47%）。调查结果显示，“票价过高”和“排片受热门影片影响”并列成为上海影院存在的主要问题；在排在前六位的选项中，除了第一位的“票价问题”和第四位的“影院环境缺少文化氛围与特色”，其余四项都跟影院放映内容相关，分别为排片单一、所放影片太过商业化、缺少特展等策划活动、引进影片多为好莱坞大片等；影院设备、卫生及工作人员服务态度三项，都各有10%以上的样本认为存在问题。

（十九）希望电影院具有的配套设施

按选择比例排序依次为“咖啡厅”（48.54%）、“餐厅”（40%）、“3D4D体验区”（31.26%）、“游乐休闲区”（30.49%）、“衍生品销售”（25.24%）、“其他”

（5.63%）。调查结果显示，上海观众对影院配套设施仍有很大需求，以休闲与餐饮空间为主，对与电影相关的新科技体验与衍生品消费也有需求。

交叉分析显示：作为影院配套设施，女性对咖啡厅、餐厅的需求超过男性。

四、对国产片的评价

（一）目前国产电影拍得较好的前三种类型

按选择比例排序，剧情文艺片受认可程度最高（45.83%），其次为喜剧片（41.17%）、武侠动作片（28.35%）、青春爱情片（28.16%）、纪录片（25.44%）、战争片（21.55%）、传记片（8.16%）、恐怖悬疑片（5.05%）、魔幻片（2.33%）、科幻片（2.14%）、动漫片（1.55%）、音乐歌舞片（1.17%）。值得注意的是，排在第一、二位的“剧情文艺片”和“喜剧片”的选择比例都低于一半，说明样本对上述两种类型国产片认可程度仍不够高；倒数后6种类型片的选择比例都在10%以下，说明这些类型的国产片只有少数观众认可。交叉分析显示，性别与年龄因素对样本选项未造成明显影响。

（二）国产电影相对于外国电影的主要优势

选择比例最高的选项为“内容更贴近我们的生活，文化思想上有共鸣”（315人，61.17%）——这一结果符合调研者的假设，即国产片对观众最大的吸引力是文化认同及思想上的共鸣，说明国产电影要向前发展，获得观众更多认可，需要加强对思想及文化内容的打磨；排在第二位的选项为“语言相通，不需要看字幕”（51.46%），体现了国产电影天然的语言优势；选择“明星的粉丝效应”和“导演的粉丝效应”比例分别为23.5%和14.37%。

交叉分析显示，就国产电影的吸引力来说，男性观众比女性观众更为看重内容，女性观众比男性观众更为看重明星；中青年群体对国产电影的思想文化内涵更为重视，也更能产生共鸣；年轻一代对字幕接受度要高于年长一代；明星粉丝文化呈“年轻化”特征；中国导演与外国导演相比，号召力不占有很大优势，并且导演的号召力要低于明星的号召力。

（三）国产电影存在的突出问题

按选择比例排序依次为：思想深度（53.2%）、讲故事的能力（51.26%）、演员水平（38.25%）、政府管制（审查）问题（37.67%）、整体工业水平（电影技术团队等）（27.77%）、镜头语言与艺术风格（22.52%）、走出国门问题（6.6%）、市场营销问题（4.47%）、不太清楚国产电影存在什么问题（5.24%）、其他（1.94%）。有超过一半的样本认为“思想深度”和“讲故事的能力”是国产电影存在的突出问题，这一结果符合中国电影的现实情况；“演员水平”排在“问题”第三位，说明观众对目前电影演员的表演水平与专业能力并不满意，演艺圈天价出场费、有粉丝没演技等乱象亟需得到纠正；“政府管制（审查）问题”排在第四位（超过1/3的样本选择了该选项），说明我国电影创作目前仍然给人一种“缺少创作自由”的印象，相关部门需要针对这一印象进行调研并加以改善。总体来看，国产电影在创作水平、表演水平、创作自由度、工业水平、艺术表现水平、跨文化交流能力、营销能力等方面都存在较大提升空间，调查结果符合我国电影产业现实存在的问题。

五、对电影相关文化活动的认知与参与情况

（一）是否会参加电影映后谈活动

选择“会”的样本占比最高（40%，206人），其次为“有时会有时不会”（31.07%，160人）、“不会”（28.93%，149人），有四成样本有着明确的参加映后谈的意愿。

交叉分析显示，性别因素对“是否会参加电影映后谈活动”影响不大；“60岁以上”样本因闲暇时间增多，对其参加映后谈活动意愿有着正向影响；学历、月收入对参加映后谈意愿有负相关影响；单身者参加映后座谈会的意愿

要高于“已婚者”；看电影的主要目的为“艺术欣赏/个人爱好”的样本，选择“会”的比例略高，但影响不大，说明映后谈的吸引力不仅仅在文化内容方面。

（二）是否自己买票观摩过上海国际电影节的展映影片

“没买过”的样本（290人，56.31%）超过“买过”的样本（225人，43.69%），说明买票观摩上海国际电影节展映影片仍非市民主流，电影节观映市场仍有较大拓展空间。

交叉分析显示，女性自己买票观摩过上海国际电影节展映影片的比例（43.96%）略高于男性（40.29%）；年龄、月收入作为影响因素的趋势不明显；“大专”学历样本购票观摩过的比例最高，“博士”学历样本购票观摩过的比例最低；看电影的主要目的为“艺术欣赏/个人爱好”的样本购票观摩过的比例最高（48.26%），高于“缓解压力/娱乐”（39.1%）、“约会或陪同亲友”（36.3%）及“其他”（27.27%）样本——该统计结果也说明了，无论看电影的主要目的为哪种，样本中都有不少于1/4的比例自己买票观摩过上海国际电影节的展映影片，表明电影节观影行为可以吸引观影目的并不相同的各种人群。

（三）是否知道上海艺术电影联盟及其放映活动

选择“不知道”的比例（55.15%）超过“知道”（44.85%）的比例，说明“上海艺术电影联盟”的知名度仍需加强推广。

交叉分析显示，性别与年龄差异对该问题不具有显著影响意义；看电影的主要目的为“艺术欣赏/个人爱好”的样本知道“上海艺术电影联盟”的比例高于其他样本，说明这部分样本更关注电影相关文化活动，是上海艺术电影联盟及类似活动组织者开展活动的主要吸引对象。

（四）是否自己买票观摩过上海艺术电影联盟放映的影片

在“知道”上海艺术电影联盟的231位样本中，自己买票观摩过相关影片的有135人（占比58.44%）——买票看电影的比例在一半以上，显示了就“看电影”而言,“知晓度”与“消费行为”之间的关联性。

交叉分析显示,看电影的主要目的为“艺术欣赏/个人爱好”的样本买票观摩的比例最高(31.1%),再次表明看电影的主要目的为“艺术欣赏/个人爱好”的样本,对相关文化活动的知晓度与参与度都比较高。

(五) 对我国电影审查制度的态度

对我国电影审查制度的态度,按选择比例排序为:“不赞同”(232人,45.05%)、“赞同”(82人,15.92%)、“不反对”(72人,13.98%)、“不太清楚什么是审查制度”(67人,13.01%)、“无所谓”(62人,12.04%)。选择“不清楚什么是审查制度”的比例超过“无所谓”,说明我国电影审查制度在公众心目中的形象与地位仍很模糊,结合有近一半的样本(45.05%)选择“不赞同”审查制度这一选项,说明政府及相关部门对电影审查制度的必要性、审查原则及标准等问题需要做公开透明的说明,避免公众因不明就里产生反感情绪。

(六) 对自身电影消费状况的描述

选择比例从高到低依次为:“对自己目前的电影消费情况感到满意,愿意这样保持下去”(52.04%)、“我感觉自己的电影欣赏水平还有较大提升空间”(33.59%)、“我希望电影院可以举办更多电影赏析活动,以满足我对进一步提升电影欣赏能力的需求”(32.43%)、“去电影院看电影目前基本上可以满足我对电影娱乐与消费的需求”(29.9%)、“我希望电影院可以举办各种交流活动,以满足我通过电影与他人交流、互动的需求”(22.33%)、“我希望上海的居民社区举办更多露天电影放映活动”(18.06%)。调查结果显示,一半以上的上海观众对自己目前的电影消费状况感到满意——这也意味着余下有近48%的观众对自己目前电影消费状况感到不满意;如能了解并满足这部分观众的需求,将进一步推动上海电影市场及文化消费的增长;不到1/3的样本认为“去电影院看电影”目前基本可以满足自己的观影需求,意味着有超过2/3的样本认为目前的影院观影活动尚不能满足其观影需求,具体原因值得进一步探索；上海观众对影院举办更多赏析与交流活动、在居民社区举办更多露天电影放映活动具有需求。

交叉分析显示，性别差异对各选项影响不明显，女性希望影院举办更多电影赏析活动的比例高于男性；“46—60岁”样本对自己目前电影消费情况及电影欣赏水平满意度最低；较年轻及较年长的观众希望提升自身电影欣赏水平的比例较高；60岁以上观众对参加电影赏析活动的兴趣远大于对通过电影展开其他交流活动的兴趣；年轻的观众对社区露天电影放映活动的兴趣要低于年长的观众；经济收入对样本电影消费情况及自身满意度具有正向影响；经济收入较高的群体对公共及免费文化活动的热衷程度要低于经济收入较低的群体。

（任明）

媒体的转型：
上海网络视听产业文化消费调研

根据中国互联网络信息中心（CNNIC）2018年7月发布的《中国互联网络发展状况统计报告》，截至2018年6月，中国网络视频用户规模达6.09亿，手机网络视频用户规模达到5.78亿，在网络娱乐类业务中占据榜首。其中，短视频用户规模达5.94亿，网络直播用户规模达到4.25亿。另据中国网络视听节目服务协会发布的《2017中国网络视听发展研究报告》，网络视频用户进入全民化时代，年龄在29岁以下的用户占比56%，职业为学生、个体户或自由职业者、企业或公司一般职员占网络视频用户总量近六成，月收入3 001—5 000元、5 001—8 000元和8 000元以上的用户占比均高于各对应年龄段整体网民占比。中国网络视听产业作为新世纪互联网领域的新兴业态，产业体量不断扩大，用户规模不断提升，成为引领大众消费文化结构变动的重要行业。

从全国范围来看，上海网络视听产业的发展具有较为明显的先发优势。从21世纪初开始，上海就是全国范围最重要的网络视听产业重镇之一。2003年，时为上海广电（集团）有限公司获得了全国首批、上海第一张《信息网络传播视听节目许可证》。2005年，上海电视台获得全国第一张手机电视和IPTV许可证。2010年2月，经国家广电总局批准，中国（上海）网络视听产业基地正式成立，并陆续打造"网络视听节目分发平台""上海影视产权服务平台"等6个公共服务平台，2015年11月正式投入运营。2011年末，上海市网络视听产业专项资金正式设立，每年提供1 000万元资金扶持网络视听产业发展。

推动技术创新，改善平台生态，加强线上监管，宏观的产业政策环境为上海网络视听产业的发展提供了良好的助力。2017年末，上海市人民政府印发《关于加快本市文化创意产业创新发展的若干意见》（"文创50条"）多处明确提到对网络视听产业的发展意见：第10条“实施网络文化提升计划”指出，要提升中国（上海）网络视听产业基地服务能级和集聚效应，办好中国网络视听产业论坛。由上海网络视听协会主办的中国网络视听产业论坛作为国家级年度盛会，自2009年以来已经连续举办了5届。第11条“培育网络文化龙头企业”提出，要着力扶持一批网络文学、网络视听等优势领域领军企业，解决重点企业发展中遇到的难点和突出问题。第28条“提升文化创意园区发展能级”特别提到要深化部市共建，强化中国（上海）网络视听产业基地等在内的国家级基地的引领示范作用。上海网络视听产业发展的总体趋势呈现为高速发展的繁荣态势，在规模体量上居全国第二，仅次于北京，未来有望进一步完善产业载体、创新行业服务、强化行业监管。随着大量网络视听企业全面融入中国互联网产业大格局，在已有的网络视听产业发展完整产业链的基础上以及各产业细分领域龙头企业的带领下，上海网络视听产业进入高速发展阶段。

上海网络视听产业的产品和服务供给亦具有领先优势。根据上海网络视听行业协会提供的《2015上海网络视听产业报告》，2016年上海网络视频核心企业营收即占到全国三分之一，上海网络音频企业在全国音频市场占有率保持首位，互联网电视和IPTV集成播控平台发展势头良好，公共视频运营企业积极布局成效明显，并在网生内容原创与制作方面推出过多部现象级台网影视剧作品。据统计，截止到2017年7月，上海《信息网络传播视听节目许可证》持证机构32家，《广播电视节目制作经营许可证》持证机构1 768家，IPTV城市用户数量居全国第一，视频网页端与应用端在全国用户覆盖上保持55%以上。上海网络视听产业的集聚效应和基础体量也在撬动上海文化消费结构性变迁进程中发挥了至关重要的作用。

一、文化消费的代际更新与网络视听产业的风口期

互联网技术加持下的文化产业具有传播范围广、传播速度快、受众参与

面广等的特点，伴随网上文娱产业的蓬勃发展，网络视听文化消费悄然兴起，成为大众文化消费结构的组成部分。消费行为本身是一种强有力的社会文化身份表达，必然反映了消费主体的阶层属性和偏好。网上文娱消费支出稳步增长，不仅折射出文化消费的代际更新，也昭示了网络视听产业风口期的到来。

2018年上海大学社会学院及上海大学上海社会科学调查中心的入户调查数据（以下简称入户调查）显示，年龄、性别、婚姻状况、户籍等的差异都会导致文化消费习惯的不同。而在网络视听文化消费领域，年龄尤其成为消费主体的重要分水岭。以不同年龄群体通过网络付费渠道收看影视剧作品的调查结果为例，青年人群中有27.6%选择经常观看，37.5%偶尔观看，34.9%从不观看，中年人群中有11.4%经常观看，19.3%偶尔观看，69.3%从不观看，老年人群中仅有3.3%经常观看，6.7%偶尔观看，高达90%从不观看。（如下图所示）

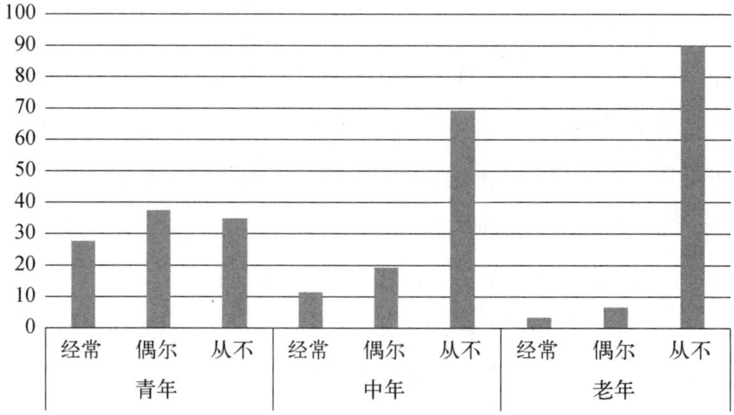

图1　年龄*网络付费观看影视作品交叉表

从文化消费的代际更替来看，年轻一代尤其是Z世代（95后和00后）是网络视听文化消费的主体。而隐于不同年龄段群体的消费习惯背后的，是消费人群的文化诉求。Z世代不仅是移动互联网的原住民，且在成长期触网时间较长，因而更愿意为虚拟内容付费，便捷的移动支付也助长了虚拟消费的势头。年轻世代的物质生活相对优越，存款习惯相对薄弱，而消费能力和意愿更为强烈。由于主体意识的增长和演进，青年人群对话语权的要求不断增强，表达自我、独立、真实、个性的价值观体系日趋丰富。对文化消费主体而言，消费商品本身或许只是一种手段，借此享受其中所呈现的新的审美氛围才是关键。青年群体在消费文化中创生了新的文化内容，这些文化内容又反过来形塑了文化消费的主体，推动了文化消费样态和模式的变革。网络视听产业的崛起，完全迎合了文化消费转型更新的时代契机。网络视频、音频、直播、短视频等产业纷纷迎来风口期，并成为文化消费的新热点。从消费金额和占比来看，网络视听文娱产业已经成为青年群体的重要文化娱乐表征。网络视听产业的蓬勃发展，与社会年轻人群的文化消费心理和习惯密不可分，网络视听产业文化品牌的构建，必须首先立足于青年人的文化内核，并在此基础上对大众文化消费的核心诉求进行提升和引领。

与网上视听文娱形成鲜明对比的是，传统文娱媒体消费指数大幅下滑。以2017年台网广告收入为例，全国电视广告收入稳中有降，总收入为1 518亿元，同比下降1.84%，是近年来电视广告收入首次出现负增长，上海东方卫视广告收入下降20%，爱奇艺广告收入增长46%。电视广播与互联网视频广告收入的转折性分化，折射出用户消费习惯的变化，同时也预示着文化消费的转型拐点已经出现，文化消费向移动互联网渠道转换的迹象趋于显著。

二、上海网络视听产业供给趋势

上海网络视听产业正处于高速增长期，全产业链齐头并进，产业结构合理，在全国保有较为领先的产业地位与市场影响力，为上海文化产业品牌的树立奠定了较为坚实的先发条件。从网络视听产业的整体发展来看，平台运营仍然是网络视听产业链条的核心，内容制作和智能硬件在产业价值链中的地位持续提升。以下从网络视频、网络音频、网络直播和网络短视频等四大基本板块，简要陈述上海网络视听产业供给侧的现状和趋势，是把握上海网络视听文化消费特点和走向的基础和前提。

按照网络视听主营业务的大致分类，上海在网络视听产业各细分领域皆有跻身全国行业头部的代表企业，综合型网络视频平台如爱奇艺、优酷土豆、Bilibili（B站），移动音频平台如喜马拉雅FM、蜻蜓FM，娱乐直播平台如全民直播、熊猫直播，短视频平台如土豆、一条，网络影视剧制作公司如万合天宜等，不仅在营收规模上具有领先优势，并且持续探索创新商业模式，力求打通上下游全产业链，成为上海网络视听产业供给的支撑性力量。

（一）网络视频

随着以VIP会员付费模式为主的商业模式已经确立，优质内容成为网络视频可持续发展的核心。在网生内容方面，爱奇艺最早探索自制内容，2016年自制《老九门》拉新效果显著，使其用户量占到市场份额的40%。各家网络视频平台争相仿效，加大自制网络影视剧和综艺投入。2015—2017年，爱奇艺的自制内容占比分别是10%、30%和38%，腾讯视频自制内容占比分别为15%、20%和33%，优酷自制内容占比分别是10%、15%和35%。各视频平台聚焦自制内容并持续加大投入，一方面是为了达成内容版权共享的目的，另一方面再次印证了对优质内容的迫切需求。2018年也成为网络视频企业重要上市窗口，2018年初，B站和爱奇艺在美股上市。上海网络视频市场经过多年的发展，在版权内容储备、自制内容水平、用户规模及粘性、品牌影响力等方面都已经拥有较强实力，用户付费两种主要营收模式并驾齐驱，使得平台拥有更加稳健增长的现金流。

综合视频市场作为头部力量在内容和服务上的优化与创新，支撑了移动视频整体用户规模的持续拉升，以爱奇艺和优酷土豆为代表的综合视频用户规模优势明显。截止到2018年9月，爱奇艺订阅会员达到了8 070万，其中98%以上为订阅付费会员，会员服务营收为29亿元。

（二）网络音频

移动音频市场正在由高速发展期向应用成熟期转化，进入存量市场，商业模式成熟，营收方式更为多元。在网络音频领域，上海拥有两家龙头企业——喜马拉雅FM和蜻蜓FM，尤其是喜马拉雅FM在全国范围内同类企业中表现强劲。喜马拉雅FM和蜻蜓FM网络音频分享平台通过对付费内容资源的打磨扩充、主播培养引入等动作，逐步形成了在音频、知识、有声书等多个领域的IP产品，成功确立品牌形象，成为国内音频领域的领先者。

值得注意的是，场景化消费已成为音频平台的重要布局对象，依托以车联网、智能家居为代表的线下智能领域，移动音频平台逐渐开始全面布局。场景化消费与碎片化时间密不可分，如何让用户在碎片化的不同场景中自主选择收听到连续内容，是移动音频平台下一阶段纳入考量的重点，而保持内容和场景的高度契合，是未来进一步推动场景消费的发展方向。以上海蜻蜓FM音频分享平台为例，七大消费场景的渗透率和偏好如下：日常消费场景，综合电商渗透率高，酒水电商偏好度高；教育学习场景，中小学类教育、儿童教育渗透率高，教育直播偏好度高；家居家饰场景中，智能家居为主要消费行业；高端消费场景，房产服务、汽车交易有强偏好；用车消费场景，公共交通渗透率高，车辆充电加油渗透率高；医疗健康场景，运动健康渗透率高，医学整形偏好度强。通过细分场景，蜻蜓FM的布局策略主要为覆盖大众人群、深耕垂直领域两项，旨在进一步发力场景化营销。

“有声书”成为继知识付费以后音频的新的竞争市场。喜马拉雅FM（综合型音频分享平台）、懒人听书（有声读物交流平台）、当当云阅读（移动读书软件）、知乎（综合型知识交流社区）等不同类型平台社区纷纷加入有声书领域。其中，喜马拉雅FM拥有市场70%畅销书的有声版权、85%网络文学的有声改编权、超过6 600部英文原版畅销有声书，以及17家版权合作方，以其合作平台数量优势、有声书规模优势、生态布局优势领跑有声书市场。蜻蜓FM拥有上万部小说和3家版权合作方，在移动音频同类企业中亦属佼佼者。

经过近几年的快速发展，移动音频市场逐渐稳定为移动电台和有声阅读两大业务模式为主的市场构成。移动电台通过早期分发渠道，演变成内容生产的中坚力量。有声阅读在知识付费的风潮与全民阅读活动的激励下，发展势头颇劲，成为继知识付费后的新一轮内容之战。此外，音频直播在2016年登场，已经成为各大移动电台的必备一环，并试图从内容和商业模式上搅动移动音频市场。喜马拉雅FM也积极跟进音频直播，目前的主营范围以高端论坛和峰会内容为主。

（三）网络直播和短视频

网络直播和短视频都是网络视讯平台的分支业务，不过在移动端，由于直播和短视频两种新业态的出现为整个视频市场带来更具活力的驱动力，引导了新一轮文化消费的爆发式增长，脱颖而出者也在资本市场寻求更好的市场前景，因此将网络直播和短视频单独划出为一类。

直播行业在2016年实现了爆发式增长，在2017年度过尝鲜期开始退烧，猎奇用户转移之后留下一批忠诚用户。随着用户人口红利的消失，直播平台的流量从单纯追求增量用户转变为升级产品功能及精细化运营。上海两家娱乐直播企业——全民直播和熊猫直播，经历了2017年的行业洗牌之后，仍然是全国娱乐直播平台的中坚力量。在早期电竞平台阶段，上海两家直播平台的主要盈利模式是和主播进行打赏分成。转向泛娱乐平台之后，直播平台的商业模式有所拓展，比如在广告收入方面，平台通过与知名游戏厂商合作方式，进行游戏联运，按照引流与游戏厂商收益分成。直播平台普遍希望通过举办、参与更多电竞赛事，以直播版权形式盈利谋求更大发展。基于明星主播培育体系的线下门票、应援、纪念品及配套设施是直播平台未来拓展商业盈利模式的新方向，推进线上线下产业的联动发展。

2014年9月，上海“一条”视频开启了短视频商业化的探索。短视频作为2017年强势风口之一，活跃用户规模显著增长，占据了用户的大量碎片化实践。2017年以来，短视频市场整体增速仍然强劲。截止到2018年3月，短视频综合平台与短视频聚合平台活跃用户规模分别达到4.615亿人与1.929亿人。不过，2018年4月，央视新闻频道便连续播出“快手”“火山小视频”等短视频产品传播涉未成年人低俗不良信息的内容，国家网信办迅速调查，并接连给两家开出巨额罚单和严厉整改要求，短视频行业在一定程度上受到了冲击和影响。上海“一条”短视频聚焦相对高端和专业性内容，力求打造中产阶级的生活方式视频，成为优质的社区类产品平台，其流量变现方式主要是电商渠道，通过销售视频推介的商品实现盈利。短视频对用户和用户实践的占领强势增长，成为各领域生态布局的重要环节之一，其为各行业带来的产业升级态势初现，并为用户的生活方式带来深刻变革。

随着直播平台逐渐上线短视频功能，短视频平台纷纷加入直播功能，直播和短视频有从对立趋于融合的态势。直播具有即时互动性、沟通性、快速消逝性、强链接性，而短视频具有内容精细化、碎片化、弱链接性，二者正好可以在性能上实现互补，解决直播留存问题以及主播多点曝光问题。如何利用短视频增加用户粘性，获取更多变现手段，将成为直播平台下一阶段的主要课题。

三、上海网络视听文化消费概况分析

前揭入户调查针对上海市居民文化消费特点设计了一系列问题，网络视听板块的调研数据显示，受访者日常接触网络视听文娱内容频次呈现出全民化的特点，受访者平时使用互联网观看影视作品、网络直播等的频数较高，上海网络视听文化消费业已成为上海市居民文化消费的重要组成部分。

表1　受访者平时使用互联网观看影视情况频次表

	频　　数	有效百分比
几乎每天	210	24.6
一周多次	219	25.6

（续表）

	频　数	有效百分比
一月几次	184	21.5
从　不	241	28.2
合　计	854	100

如上表所示，从不使用互联网观看影视内容的受访者仅占总数的28.2%，而有24.6%的受访者几乎每天通过互联网渠道观看影视内容，这与当前互联网文娱产业用户规模不断扩大的经验表征相一致。

表2　受访者平时使用互联网看网络直播情况频次表

	频　数	有效百分比
几乎每天	78	9.2
一周多次	81	9.5
一月几次	117	13.7
从　不	575	67.6
合　计	851	100

再如上表所示，使用互联网观看网络直播内容的受访者频数较之网络影视相对较少，仅有三分之一强的受访者观看过网络直播，这与网络直播在网络视讯领域相对后起的时间节点有关，也预示着网络直播内容在文化消费方面仍有巨大的拓展空间。

表3　受访者上传过以下哪些内容频次表

	频　数	有效百分比
网络视频	74	7.4
网络直播	15	1.5

（续表）

	频　　数	有效百分比
网络文学	19	1.9
以上都没有	912	90.7

另一方面，受访者中上传过网络视频内容的频数最高，网络文学和网络直播频数较低，这表明尽管网络视听领域文化消费体量不断增长，用户生产内容（User Generated Content）处于缓慢上升态势，但网络视听内容仍以专业生产内容（Professional Generated Content）为主。

与此同时，网络视听消费调查充分反映了文化消费的分众属性。以网络付费购买观看影视内容为例，在通过网络付费观看影视内容的人群中，年收入在6万元以上的人群观看比例随着年收入的增长而有显著提升，但年收入在2万元以下的人群也有不低的付费购买率，这显示出网络视听文化消费用户方面的复杂区间性，同时吸引高收入人群和极低收入人群，满足不同收入群体的分众化需求。

另一方面，从受教育程度来看，通过网络付费观看影视的人群数量随着受

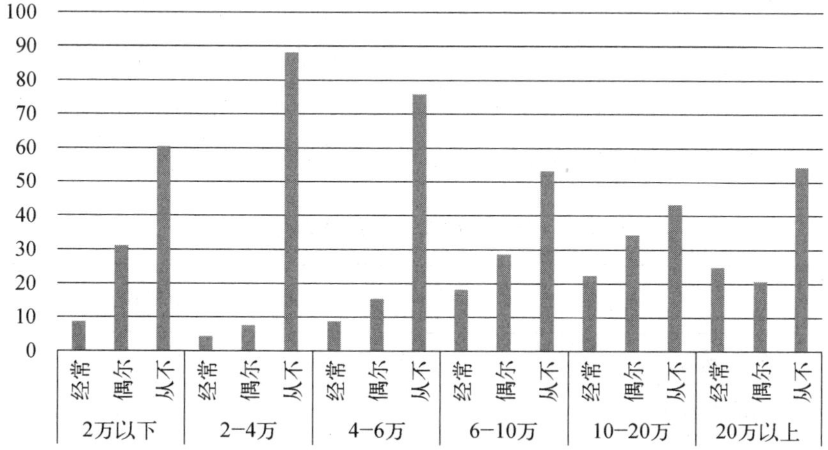

图2　年收入*通过网络付费观看影视交叉表

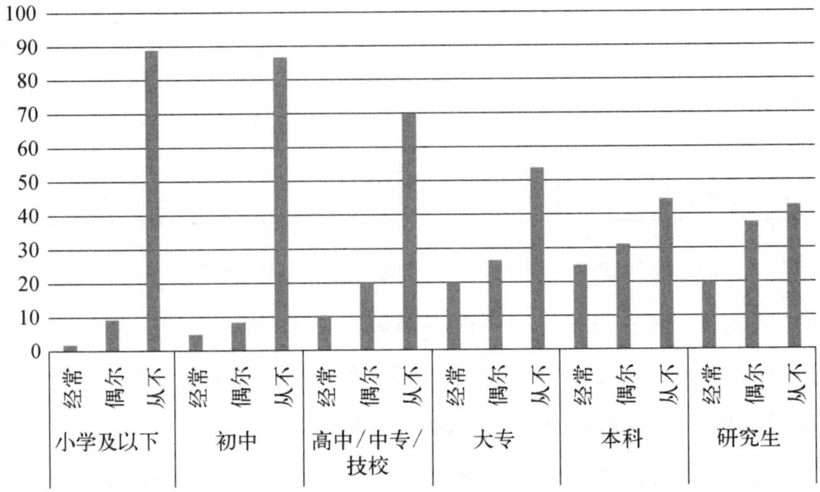

图3　受教育程度*通过网络付费观看影视交叉表

教育程度的上升而上升，但以本科为限，研究生及以上学历人群的付费率转而有所下降。这一数据表现显示，受教育程度处于社会中上游人群是网络视听文化消费的主流群体，并随着受教育程度的持续上升而产生边际递减效应。

此外，网络视听产业的不同业态在迎合受众消费需求时发挥的作用略有差异。在以听觉感官为主的网络音频领域，受访者收听的音频类别频次由高到低依次为音乐艺术类、人文知识类、生活常识类、综艺娱乐类、商业财经类、外语学习类、个人成长类。这一偏好类别的排序一方面是由于音频平台更注重音乐艺术，另一方面也是因为网络音频平台更易占据场景化、碎片化消费空间和时间，尤其是上下班通勤，饾饤知识类受欢迎程度更高。

表4　受访者收听音频的类别频次表

	频　　数	有效百分比
个人成长类	43	4.3
商业财经类	49	4.9
人文知识类	94	9.3

（续表）

	频　数	有效百分比
外语学习类	48	4.8
生活常识类	77	7.6
音乐艺术类	147	14.6
综艺娱乐类	77	7.6
以上都没有	675	67.4

而在网络视频和直播内容方面，受访者在回答更愿意为之付费的具体类别之中，综艺娱乐类占比最高，其后递降依次为知识教育类、影视衍生类、人文艺术类、游戏电竞类、户外活动类、秀场直播类。可见，在视觉感官相关的网生内容中，受众对娱乐的需求首当其冲，知识教育类相对逊色。同时，尽管游戏电竞类和秀场直播类的占比不高，目标用户的消费意愿较为强烈，其消费空间未来可期。

表5　受访者愿意为哪些网络视频、网络直播付费情况频次表

	频　数	有效百分比
游戏电竞类	47	4.7
综艺娱乐类	114	11.3
人文艺术类	77	7.7
知识教育类	110	10.9
秀场直播类	7	0.7
户外活动类	26	2.6
影视衍生类	92	9.1
以上都没有	678	67.5

表6　受访者对什么视频内容最感兴趣情况频次表（多选）

	频　　数	有效百分比
游戏电竞类	86	8.8
综艺娱乐类	290	29.6
人文艺术类	120	12.3
知识教育类	79	8.1
秀场直播类	5	0.5
户外活动类	33	3.4
影视衍生类	55	5.6
以上都没有	311	31.8
合　　计	979	100

在网络视听文化消费的接入端口方面，高达76.5%的受访者是通过智能手机收听收看，平板电脑渠道亦远远高于笔记本电脑和台式电脑。这一数据既与当前移动互联网的发展大势完全一致，也揭示了受访者在进行网络视听文化消费时对移动终端智能设备的青睐。

表7　受访者通过什么渠道收听观看视频、音频情况频次表（多选）

	频　　数	有效百分比
智能手机	700	76.5
智能电视	109	11.9
平板电脑	47	5.1
笔记本电脑	10	1.1
台式电脑	9	1
其他硬件设施	40	4.4
合　　计	915	100

总体而言，上海网络视听文化消费与网络视听产业的总体发展格局和趋势相一致，在网络影视、网络音频、网络直播和短视频等细分业态方面都呈现出全民化和移动化的特征。网络视听对消费人群的吸引在中等至中等偏高学历和收入区间内呈现出正相关性，但同时也吸引了大量低收入人群。引领网络视听文化消费的重点仍然在于优质网生内容的输出。此外，不同细分消费渠道不仅存在渠道和技术方式的差异，也存在消费场景和消费时间的差异。附录部分选取上海网络视听两家龙头企业——喜马拉雅FM音频分享平台和全民直播，就其文化消费现状和趋势进行分析。

案例一：喜马拉雅FM音频分享平台

上海证大喜马拉雅网络科技有限公司成立于2012年8月。2013年3月，喜马拉雅APP上线。截止到2017年底，喜马拉雅手机APP激活用户数已超过4.5亿，每天新增手机用户约30—50万人，活跃用户每天收听时长达128分钟，主播人数超过500万，其中20万为大V，拥有上亿条音频内容，占据国内音频行业73%的市场份额。喜马拉雅FM不仅是中国第一音频分享平台，其用户规模体量在全球同类平台亦排名首位。目前，喜马拉雅平台上有超过20万自媒体大咖、超过5 000位行业精英、超过500位明星入驻开设电台，另有超过200家媒体、800家机构、2 000家品牌、2 000所高校和1 000家广播台也入驻了喜马拉雅FM。

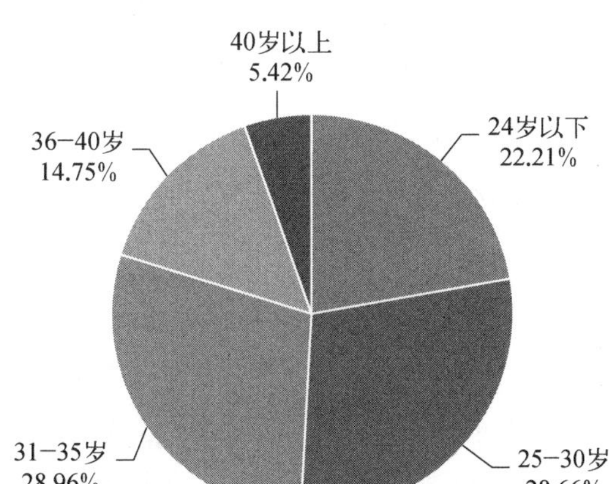

图4　2018年喜马拉雅FM各年龄段用户占比

在喜马拉雅FM的4.5亿用户中，20—30岁用户所占比例最大，达到总用户数的73%；67%的用户月收入在5 000元以上；72%的用户集中在一二线城市北上广等；喜马拉雅每天平均的放次数达到2亿；从性别

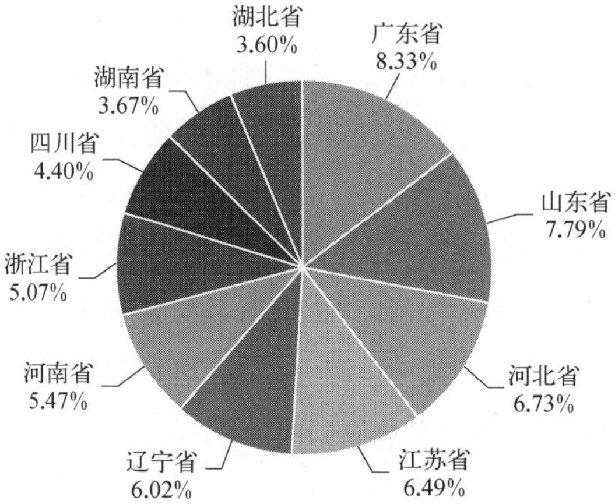

图5　2018年喜马拉雅FM全国用户占比

来看，51.77%的用户为男性，48.23%的用户为女性；从年龄占比来看，24岁以下的用户占到22.21%，25—30岁的用户占到28.66%，31—35岁的用户占到28.96%，36—40岁的用户占到14.75%，40岁以上的用户占到5.42%。

从地域分布来看，广东省用户占到8.33%，山东省用户占到7.79%，河北省用户占到6.73%，江苏省用户占到6.49%，辽宁省用户占到6.02%，河南省用户占到5.47%，浙江省用户占到5.07%，四川省用户占到4.4%，湖南省用户占到3.67%，湖北省用户占到3.6%。

喜马拉雅FM的主要用户人群画像为一线二线较发达地区的城市白领、大学生群体、出租车司机和某些特殊内容的消费群体（如东北地区偏爱相声小品、亲子类等）。从总体来看，喜马拉雅FM用户在教育学习消费场景比例较高。喜马拉雅FM用户的日均使用时长为22.92分钟，每日启动次数为4.68次，复购率为52.4%，这些数据尤其是复购率充分体现出喜马拉雅FM具有较高用户粘性。

2016年6月，喜马拉雅平台正式启动知识付费业务，上线的首个付费音频节目是马东“奇葩说”团队的《好好说话》，当天的销售额突破500万元。2016年12月3日，喜马拉雅发起了国内第一个内容消费节——“123知识狂欢节”，活动24小时内，销售额超过5 000万。2017年12月1日，第二届喜马拉雅“123知识狂欢节”活动销售总额高达1.96亿元。截至2018年，喜马拉雅FM吸引了马东、吴晓波、郭德纲、陈志武、蒙曼等3 000位知名人士在平台上开设知识付费节目，总计超过31万条付费内容，涵盖商业、外语、音乐、亲子、情感、有声书等16个类目。据易观智库统计，在知识付费领域，全网销量突破

100万的畅销案例中，喜马拉雅占到50%以上的份额。

表8　第一届喜马拉雅FM“123知识狂欢节”Top10音频节目

排行	喜马拉雅音频分享平台付费节目	消费金额
1	马东携奇葩天团亲授“好好说话”	5 550 930元
2	时间管理10堂课	2 737 746元
3	梁冬私房笔记：庄子的心灵自由之路	2 191 587元
4	孙宇晨：财富自由革命之路	1 937 066元
5	声音教练徐洁：如何联就好声音	1 897 731元
6	跟着龚琳娜学唱歌	1 866 620元
7	英语深度纠音	1 656 249元
8	每天听见吴晓波	1 298 160元
9	田艺苗：古典音乐很难吗	1 296 684元
10	180天，养成最强大脑	996 930元

按照内容消费的分类排行榜来看，第一届喜马拉雅“123知识狂欢节”每一类排名前三的音频分享节目分别如下。

个人成长类：

① 马东携奇葩天团亲授“好好说话”，555万元

② 时间管理10堂课

③ 声音教练徐洁：如何练就好声音

商业智慧类：

① 孙宇晨：财富自由革命之路，195万元

② 每天听见吴晓波

③ 混沌研习社：你的30分钟口袋商学院

人文新知类：

① 梁冬私房笔记：庄子的心灵自由之路，220万元

② 蒋勋细说红楼梦99元福利版

③ 鲍鹏山私塾课 · 论语

外语尖货类：

① 英语深度纠音，166万元

② 日语零基础至中高级（0-N2）

③ 法语零基础至中高级（0-B1）

音乐学堂类：

① 跟着龚琳娜学唱歌，187万元

② 田艺苗：古典音乐很难吗？

③ 戴玉强——戴你听歌

生活秘笈类：

① 中医世家饮食疗法，陈允斌教你吃出健康，70万元

② 祁鸣说基因：活到150岁不是梦

③ 茶痴杨多杰—解读世界上第一部茶书茶经

情感心理类：

① 陈见：如何释放性魅力，45万元

② 好男人，你也要学会撩妹

③ 生命艺术家王婷莹：迈向幸福人生的52堂必修课

亲子宝典类：

① 180天，养成最强大脑，100万元

② 婷婷诗教

③ 张怡筠亲子情商课

相声评书类：

① 郭德纲超清经典相声集，15万元

② 京剧坤生王珮瑜：京剧其实很好玩！

③ 2016苗阜王声青曲社相声全国巡演

有声书类：

① 黄磊：七堂极简物理课，15万元

② 麻衣神算子第一季

③ 法医秦明系列精品集

表9　第二届喜马拉雅FM“123知识狂欢节”Top10音频节目

排行	喜马拉雅音频分享平台付费节目
1	蔡康永的201堂情商课
2	不一样的新概念【2+3合辑】
3	郭论：郭德纲首档音频脱口秀
4	张其成讲《易经》
5	好好说话 · 康永来了
6	耶鲁大学陈志武教授的金融课
7	张萌：人生管理课
8	叶武滨时间管理10堂课
9	蒙曼品最美唐诗
10	不一样的新概念【第1辑】

第二届喜马拉雅“123知识狂欢节”每一类排名前三的音频分享节目分别如下。

个人成长类：

① 蔡康永的201堂情商课

② 好好说话 · 康永来了

③ 张萌：人生管理课

人文历史类：

① 郭论：郭德纲首档音频脱口秀

② 张其成讲《易经》

③ 蒙曼品最美唐诗

亲子儿童类：

① 陈默：如何做不焦虑的家长

②《小猪佩奇》首档亲自育儿课

③ 平说经典：中小学文学经典导读

商业财经类：

① 耶鲁大学陈志武教授的金融课

② 每天听见吴晓波·第二季

③ 清华名师肖星的财务课

外语尖货类：

① 不一样的新概念【2+3合辑】

② 不一样的新概念【第1辑】

③ 高校法语【0-B2高级班】

有声读物类：

①《无罪谋杀》VIP版（紫襟故事）

②《麻衣神算子》(紫襟故事）

③ 狠人狠事（VIP版）

情感生活类：

① 跟着龚琳娜学唱歌

② 跟着龚琳娜来练声

③ 乐嘉性格色彩婚恋宝典

传统艺术类：

① 京剧坤生王珮瑜：京剧其实很好玩

② 王玥波播讲：雍正剑侠图·第六部

③ 王玥波播讲：雍正剑侠图·第五部

案例二：全民直播

直播平台在2016年迎来风口期，近来伴随监管政策的收紧，行业热度有所下降。国家文化部在2016—2017年严查严管网络表演经营单位，直播平台首当其冲，总计关停10家网络表演平台，行政处罚48家网络表演经营单位，关闭直播间30 235间，整改直播间3 382间，处理表演者31 371人次，解约表演者547人。从全国范围内的产业发展来看，娱乐直播平台以斗鱼和虎牙为首，其他多个平台处于竞争激烈的混战模式。据《2017—2018中国在线直播行业研究报告》显示，2017年中国在线直播用户规模达到3.98亿，预计2019年用户规模将突破5亿，2017年直播行业用户规模增长率为28.4%，较之2016年60.6%的增长率有大幅下滑，预计到2019年增速将进一步放缓到10.2%。

经过行业洗牌，截至2017年12月，根据中国手机APP指数，排名前十位的网络泛娱乐类直播应用和活跃人数分别为：YY直播，3 466.22万人；斗鱼直播，2 085.62万人；花椒直播，1 864.3万人；映客直播，1 784.09万人；虎牙直播，1 161.51万人；一直播，1 133.96万人；熊猫直播，962.31万人；全民直播，748.93万人；六间房秀场，522.98万人；龙珠直播，508.47万人。另据第三方数据平台统计，2017年上海全民直播的综合排名在直播平台中处于第八位，用户数量在750万左右，环比增幅为39.9%，跻身行业内的头部平台。

表10　受访者对网络直播平台偏好（样本数：300）

直播平台	比　　例
斗鱼	13.68%
虎牙	1.58%
花椒	5.79%
映客	7.37%
全民	14.21%
熊猫	5.26%
YY	3.16%
战旗	0.53%
一直播	13.16%
其他	35.26%

上表为针对上海市居民进行的一次线上随机抽样网络直播平台偏好调研数据(样本数: 300),全民直播在上海市居民受访者中的受欢迎程度较高,在本地市场占有率居于领先地位。

全民直播成立于2015年,是一家涵盖游戏、娱乐、户外等多领域的泛娱乐直播平台。自上线至今,平台不断扩充领域,从单纯的热门游戏直播到全民星秀、电竞赛事直播、明星访谈及户外直播等多元化直播,不断充实直播内容,目前公司员工规模达300余人,拥有庞大的技术、运营、审核队伍。在平台板块布局上,全民直播以游戏、非游戏类直播共同发展,经过一年多的发展,平台直播内容发展除游戏以外的类目:秀场、户外等比较成熟的内容,并持续在二次元、汽车、泛娱乐等领域加大布局。

全民直播主播群体主要以80后和90后为主,占比分别为40%和60%。在直播内容分类方面,全民直播坚持游戏、非游戏类直播共同发展,游戏类占比48%、其他占比52%。全民直播日均最高观看人数达300多万,日活400万。平台节目种类包含UGC、自制、采购版权、PGC等,其中UGC内容100余万条,自制、PGC等内容约50余项。全民直播用户接入服务的渠道占比为移动端(手机、平板电脑等)占76.5%,PC端占23.5%。

(常方舟)

游戏的生态：网络游戏产业电竞化发展现状和趋势研究

网络游戏（Online Game），指以互联网为传播媒介，以游戏运营商服务器和用户计算机、手机、Ipad等电子设备为处理终端口、以游戏客户端软件或网页为信息交互窗口、旨在实现娱乐、休闲、交流和取得虚拟成就的具有可持续性的在线游戏。[①] 网络游戏与单机游戏相对应，[②] 一般网络游戏的盈利来自两个方面，一是购买虚拟货币、虚拟道具增强游戏体验，或者增长游戏时间；二是通过网络游戏植入广告（IGA，In-Game Advertisement）盈利。而依托大型网游制作技术和集成式视听娱乐体验发展起来的电子竞技，其产业特征、盈利模式和发展方向与网络游戏产业或有交集有独具特色，其发展现状和未来趋势值得持续关注。

---

① 对网络游戏的定义参见刘胜枝.网络游戏的文化研究[M].北京：北京邮电大学出版社，2014：6.

② 网络游戏与单机游戏的差异一般从玩家数量、联网与否进行区分，但是这样的区分仍值得商榷。如网页游戏一般被视为网络游戏，但即便联网，这类游戏中有很大一部分适合个人玩家消遣，不需要与其他玩家互动。又比如红白机时代不需联网、只需专用卡带和磁碟的电子游戏，可以实现数名玩家同时进行游戏，只不过同时参与游戏的玩家数量远不及网游，且是面对面的小范围娱乐交互。而从红白机发展起来的家庭游戏机，时至今日也完成了数次技术革命，其游戏制作精良，同时也加入了多种联网元素，如今年初在PS4平台发售的《底特律：变人》，可通过全球玩家游戏进度实时查看自己解锁的剧情概率。对于这类游戏，不应将其简单视为单机游戏，与普遍意义上的网络游戏又有差异。因此，笔者认为网络游戏与单机游戏的最大区别在于娱乐交互性的程度，以及游戏过程是相对开放性的（网络游戏）还是封闭性（单机游戏）的。

一、网络游戏产业发展现状

2007年，苹果手机初代面世，搭载的操作系统还叫iPhone OS，刚出厂的初代苹果只是装载了屈指可数的办公应用，这一局面很快在2008年被打破——随着OS 2.0以及AppStore的面世，不计其数的APP在接下来的十余年间轮番占领了苹果用户的手机屏幕，而手机游戏APP无疑是其中最夺人眼球的新生市场。在手游方面，苹果的AppStore先声夺人，而2012年才集合各平台亮相的Google Play也不甘落后。Newzoo在《2018年全球游戏市场报告》中指出，

2007年，全球游戏产业收获350亿美元的产值，整个产业用了35年多的时间才取得了这样的成绩。同年，苹果手机问世，整个游戏市场在随后的十余年间产值激增至如今的1 379亿美元，比2007年增加了一千多亿美元。从用户参与度和营业收入来看，智能手机的运用是游戏市场加速生长的关键因素之一，但这也只是我们得以身处此境的因素之一。①

Newzoo作为颇具影响力的第三方咨询公司，每年都会发布全球游戏、电竞和移动互联网的发展报告和趋势分析。Newzoo将智能手机视为游戏市场加速发展的核心因素之一，其实智能手机和计算机一样，只是互联网信息技术革命的一个载体，载体承载的产业技术和庞大的消费群体才是影响整个业态的推手。智能手机之所以在游戏领域表现抢眼，主要是因为其便携的特性、不断提升的性能、升级的信息通信技术和AR/VR技术，不仅给手机用户创造了随时随地联网交互畅玩的机会，也随着社交媒体渗透进玩家的线上线下生活。技术/用户也为电子竞技的兴起和成熟提供了必要的

① Newzoo. 2018 Global Games Market Report [R].2018.

生长环境。

（一）移动手游表现抢眼，行业市场潜能进一步释放

从图1可以看到，2018年全球游戏市场产值1 379亿美元，比去年增长13.3%。图中五类游戏以游戏设备进行区分，智能手机游戏（手游）表现惊人，产值同比上涨29%，达到564亿美元，几乎抢占了整个游戏市场的半壁江山；包含掌机和家用游戏机在内的主机游戏以346亿美元位列第二，电脑客户端游戏（端游）以286亿美元紧随其后，平板游戏位以139亿美元居第四，而五类游戏中唯一出现负增长的网页游戏（页游）仅以43亿美元占得3%的市场份额。

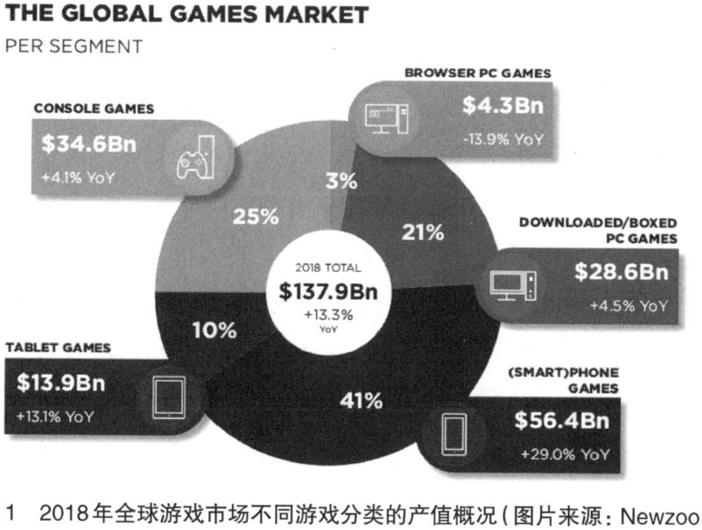

图1　2018年全球游戏市场不同游戏分类的产值概况（图片来源：Newzoo）

图2展示了2017年至2021年五类游戏的收入占比趋势，按照现在的发展速度，2021年手游将依然独占鳌头，只不过增长速度放缓，平板游戏预计表现平稳，而主机游戏和端游的市场将不断萎缩，网页游戏更是只有“一线生机”。全球游戏市场的发展态势，和我国网络游戏的发展现状基本吻合。

据中国互联网络信息中心发布的第42次《中国互联网络发展状况统计

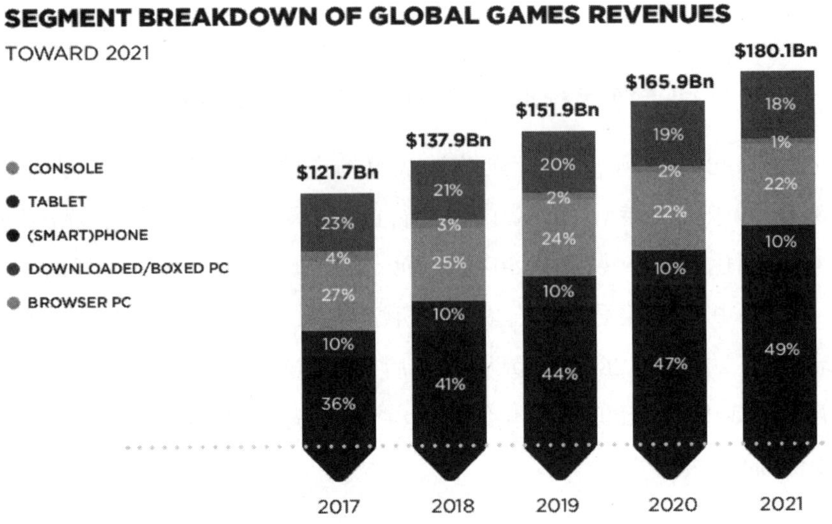

图2　2018年全球游戏市场收入占比分析（图片来源：Newzoo）

报告》，2018上半年，中国网络游戏用户规模为48 552万人，与2017年末相比增长4 391万人，占整体网民比例达到60.6%。而根据中国音数协游戏工委（GPC）和伽马数据今年发布的1—6月中国游戏产业报告显示，2010年至今，中国游戏用户的总体规模虽然逐年上升，但是同比增长率持续放缓（见图3），今年上半年仅比去年同期增长4%，这也就意味着我国游戏市场的互联网红利和人口红利已今非昔比，随着越来越多潜在玩家被发掘，充斥游戏市场的同类游戏必将经历一轮洗牌，网络游戏产业的增长在未来有放缓可能。这对我国网络游戏的自主开发、网络游戏的出版审核和运营管理、专业人才梯队的培养提出了更高的要求。

（二）全国多地政策红利，上海“文创50条”进一步激发网游、电竞行业发展

放眼全国游戏市场，北、上、深、杭等多个重点代表性城市，都出台了相关举措，网络游戏产业作为未来文创产业发展的重要组成部分。其中北京在《北京市“十三五”时期文化创意产业发展规划》中指出大力发展和培育动漫

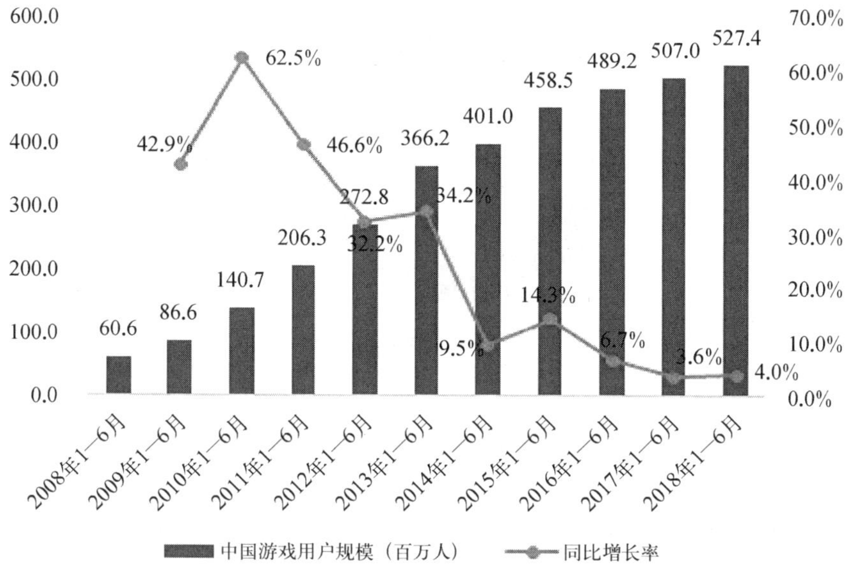

图3　中国游戏用户规模（图片来源：中国音数协游戏工委（GPC）及伽马数据（CNG））

游戏、虚拟会展等文化科技融合新业态，以中关村东城园相关区域和石景山园为核心，重点发展数字内容产业、动漫网游研发、原创开发、运营、版权交易以及衍生品授权、设计开发等。深圳在《深圳市战略新兴产业“十三五”发展规划》和《关于深圳市2017年国民经济和社会发展计划执行情况与2018年计划草案的报告》中明确提出支持腾讯、华强方特等数字文化龙头企业，重点培育和引进一批动漫、游戏等优质文化企业。杭州在《杭州市文化创意产业发展“十三五”规划》中指出发力发展数字游戏产业，鼓励网易、电魂科技等知名企业引领网络游戏的自主研发和运营推广，鼓励发展电子竞技，完善产业链条。

上海在打造电竞之都的政府宣传和“文创50条”的政策驱动下，游戏产业发展也位居全国前列。从上海的网游发展情况来看，据上海市网络游戏行业协会发布的《2017上海网络游戏市场年度发展报告》显示，2017年上海网络游戏产值达569.3亿元，同比增长24.6%，占全国网络游戏产值的28.3%，占全球游戏产值1 089亿美元的8.3%。2017年，上海持证网络游戏

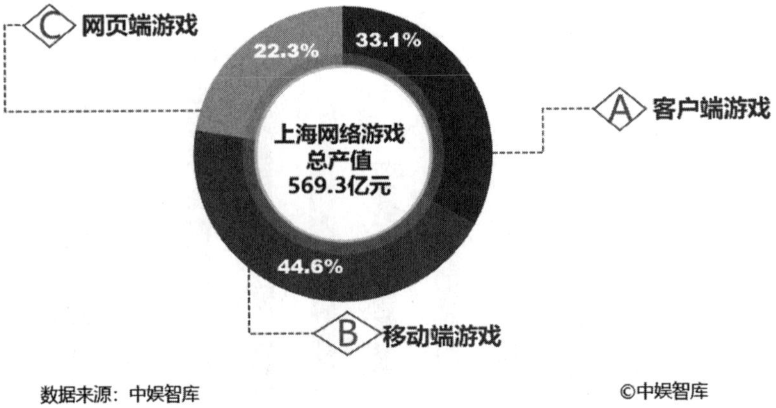

图4　2017年上海网络游戏细分市场结构

经营企业数量达1 670家，同比增长60.9%，全国持证网络游戏经营企业数量达8 823家，上海持证网络游戏经营企业占全国企业的18.9%。上海新增网络游戏企业数量占上海网络游戏企业总数的37.8%，占全国新增网络游戏企业总量的15.2%，新增企业份额较2016年有小幅下降，但仍保持较高份额，上海游戏市场继续保持较高速度发展。投融资方面，2017年，国内游戏行业的资本事件共计184起，投融资案154起，并购案30起。上海游戏企业融资23起，占全国的14.9%，已披露融资总额达21.3亿元，预测上海游戏企业共计融资23.4亿元。

目前上海网络游戏市场的发展特点主要有如下几个方面：

1. 总体发展势态良好，大型客户端网游发展稳中求进，以手机用户为主要消费群体的移动网络游戏表现抢眼

细分网络游戏市场，客户端游戏产值为188.4亿元，同比增长3.3%，占上海网络游戏产值的33.1%；移动网络游戏产值为253.9亿元，同比增长99.5%，占上海网络游戏产值的44.6%；网页游戏产值为127.0亿元，同比下降13.7%，占上海网络游戏产值的22.3%。客户端游戏增速趋缓，市场份额首次低于移动网络游戏，这与网络游戏市场整体发展趋势有关，精品客户端游戏仍有较大市场空间；移动网络游戏发展迅猛，成为上海网络游戏产业的支柱产业，同

时也是最具有活力的市场部分；网页游戏总体市场份额下降，主要源于网页游戏厂商向移动端的转型和落后产能的淘汰。

年度发展报告指出，上海游戏企业有效利用地理优势和相关优惠政策，凭借游戏品质和海外发行经验，在海外游戏市场发展势头良好。巨人网络、三七互娱、游族网络跻身2017年全球移动发行商收入榜TOP 50。上海游戏厂商的全球化布局更加完善，收购或投资外国游戏工作室、成立海外子公司、与海外厂商进行跨界合作。

2. 动漫、影视、文学等跨界IP在移动端网络游戏开发盈利中大显身手

依托上海成熟的网络文学平台，网络文学中大热的武侠、仙侠、玄幻等作品，如《斗破苍穹》《诛仙》《九阴真经》等IP都被游戏厂商先后改编成网络游戏，而传统文学经典如《三国演义》《西游记》《天龙八部》等也已经有了一系列同名网游，并有相当数量的忠实粉丝。包括《秦时明月》在内的国内原创动漫IP也有了同名网游，在全国范围内进一步扩大影响。跨界IP目前已经成为网络游戏发展重要的流量推手。

3. 电竞行业优势明显

在电竞领域，上海处于中心地位。上海有深厚的电子竞技文化积淀，汇聚了高端电竞场馆、顶级赛事承办方、大批电竞战队，长期保持中国电竞产业的中心地位。目前，上海有较为完整的电竞生态链，居于全国领先水平的电竞设施和经验丰富的行业人才，因此，上海有必要立足现状，扬长避短，采取加强电竞基础建设投入等多种措施，巩固电竞中心地位。

（三）网游产业布局日趋成熟，电竞行业成为游戏产业衍生新风口

从2000年中国大陆第一款网络游戏《万王之王》上市，到2006年本土原创网游集中爆发，中国网络游戏经过近二十年的发展，如今已经成为游戏行业的重要组成部分。全国多地相继推出了网游产业开发运营扶持政策。网络游戏产业链的基本属性是游戏企业之间的供需关系；在该产业链中，单个厂商的行为将影响整个产业链的运行；网络游戏产业链是一条价值增值链，

产业链的组建具有可持续发展能力，能够使产业链的整体价值大于各个企业的价值和；网络游戏产业链还将成为一个战略联盟关系链。在结构上，网络游戏产业链既有游戏厂商的垂直供需关系，同一维度不同类型厂商又具有横向协作关系。垂直供需链是网游产业链的主要结构，而横向协作链则是产业的服务与配套。因此，我国的网络游戏产业链可以概括为：上游的游戏软件开发商，硬件提供商，它们是网络游戏产业的物质基础，决定着游戏产业的发展方向；中游的游戏发行商，电信服务商和代理运营商，在整个产业链中充当服务者，是沟通上游开发商和下游用户的桥梁；下游的零售经销商，电竞网咖，游戏媒体以及最终用户等，产业链下游主体在整个产业链中担负着向上游反馈信息的重要作用。

从网络游戏的产业链条分布来看，电子竞技综合了游戏厂商、游戏发布平台、网络服务供应商、游戏衍生品开发及海量的玩家群体，集体育竞技、团体表演、技术开发为一体，无疑是近年来网络游戏产业发展的一大亮点。电子竞技是网络游戏的体育化，即利用信息技术为核心的软硬件设备作为比赛器械，在体育规则下实现的人与人之间的治理对抗运动。网络游戏由于网速、设备性能、玩家参与程度等因素的影响，在严格意义上很难实现同一竞技环境中的公平对抗。而电子竞技通过较为成熟的竞技规则和标准化的竞技设备，在保留网络游戏对抗性和趣味性的基础上，演变成为一项全新的竞技运动。从产业发展的角度来看，目前国内适用于各类电竞场馆的游戏基本是较为成熟的大型网络游戏，如《反恐精英》(Counter-Strike, CS)、《魔兽争霸》(War Craft)等，一方面这些游戏经过数年的改版升级，包含了丰富的游戏元素，其策略性和观赏性都比其他网络游戏更胜一筹；另一方面，这些大型网络游戏通过多年的运营，已经有了数量可观的忠实拥趸，游戏玩家群体成为粉丝经济下网络游戏乃至电子竞技的有力推手，不仅催生了一大批电竞场馆和电竞赛事，也促成了众多跨界IP的生产和包装。电子竞技虽然与网络游戏共享产业链条，但随着电竞行业的日趋成熟，已经衍生出独特的运营体系。

二、网络游戏电竞化发展趋势

（一）粉丝经济左右电竞风潮

Newzoo最新发布的报告显示，全球电竞观众从2016年的2.81亿增长到2018年的3.8亿，预计2021年将会达到5.57亿，届时2016年至2021年全球电竞观众的复合年均增长率将有14.4%。值得注意的是，在这些数据中，狂热的电竞粉丝（一个月观看电竞比赛一次及以上）和偶尔观看电竞（少于一个月一次）的观众数量都在逐年递增，电竞赛事观众与电竞游戏玩家高度重合，电竞赛事的举办有利于维持玩家活跃度，随着电竞赛事观赏度的提高，“不玩只看”群体占总体的比例将会有所提高，电竞的影响力和产业带动力可见一斑。而根据上海游戏市场年度报告显示，2017年，全国电竞游戏用户约2.2亿，同比增长69.02%，随着电子竞技成为正式体育竞赛项目，“电子竞技运动与管理”被正式增补至高校专业名单中，电子竞技运动逐渐得到主流社会的认可。

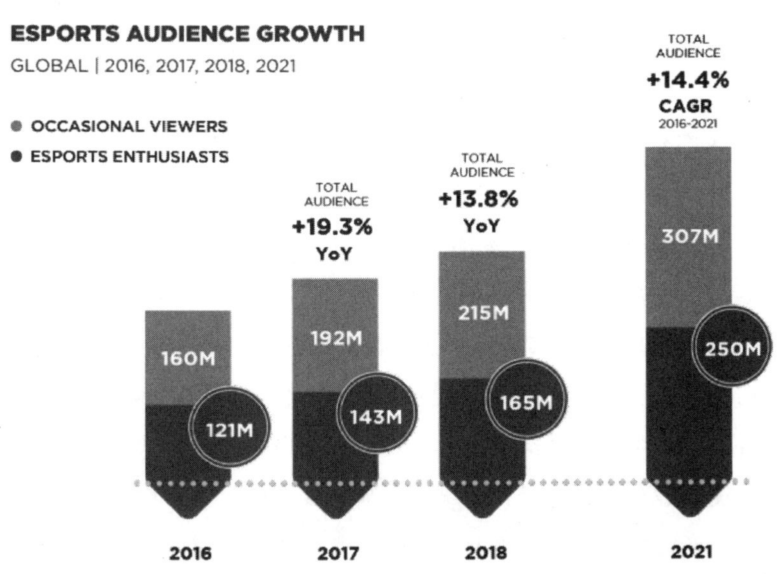

图5 2016年、2017年、2018年和2021年的全球电竞观众增长情况（图片来源：Newzoo）

2017年，上海电子竞技游戏产值约117.5亿元，约占上海网络游戏总产值的20.6%。其中，经典客户端电竞游戏的长线运营能力较强，例如《泡泡堂》《火源计划》《300英雄》等仍有较高的用户活跃度，核心玩家对线下中小型赛事的参与度较高。此外，上海聚集了大批进口客户端电竞游戏的国内运营商，例如，《DOTA2》由完美世界（上海）运营；《守望先锋》《星际争霸Ⅱ》《风暴英雄》由网之易运营。

（二）赛事平台直接影响电竞行业生态

中国电竞生态日趋完善，其中赛事的主办方多为游戏厂商，进口游戏的电竞赛事多由国内代理方主办。随着中国电竞市场发展，进口游戏的原厂商开始倾向收回主办权，电竞赛事的赞助方也由传统的电子设备外设厂商向快销品、耐用消费品等行业扩展。得益于中国电竞市场的繁荣，中国电竞赛事的承办团队经验日趋丰富，电竞内容制作水平具备国际竞争力，电竞场馆在硬件设备方面居于世界领先水平。2017年，王者荣耀职业电竞联盟成立，制定了收入分享、工资帽、转会制度、三方经纪模式、职业化培训、内容联合出品等一系列规则，有效规范俱乐部和选手的行为，有利于赛事的健康发展。此外，经纪公司可以深度挖掘选手价值；电竞媒体除了宣传赛事，在经营玩家社群等多方面均有重要作用。中国电竞赛事生态各参与方在分工专业化的同时，跨界合作、整合资源也成为趋势，而与电竞产业相关的教育体系和相关法律法规有待加强。区别于传统体育赛事，中国电竞赛事现阶段以宣传游戏、维持玩家活跃度为主要目标，赛事项目本身多存在经济亏损，随着电竞赛事规模的扩大和商业模式的成熟，长远来看，电竞赛事有望实现净盈利。

上海的电竞产业积淀深厚，早期电竞产业链已经遍及电竞游戏内容提供、电竞游戏媒体、战队运营、电竞场馆、电竞内容制作等多领域，为日后电竞产业的高速发展奠定基础。近年来，上海针对游戏产业所设立的相关政策成为推动游戏产业快速发展的主要原因之一。上海在产业发展规划、知识产权保护、行政效率优化等多个方面加强了建设。2017年12月中共上海市委、上

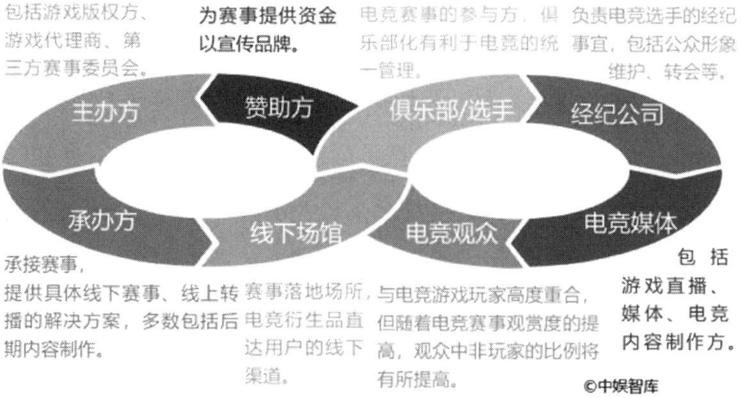

图6　中国电竞生态圈

海市人民政府印发《关于加快本市文化创意产业创新发展的若干意见》(简称“文创50条”),明确提出未来上海要发力发展文化创意产业、建设全球动漫游戏原创中心。具体措施上对游戏产业提出了明确要求,一是提升动漫游戏原创能力,实施原创艺术类精品游戏推优扶持工程；二是深化动漫游戏公共服务；三是加快全球电竞之都建设。

从图6可以看到,电竞赛事的主办方和承办方、赞助商、电竞场馆、电竞战队、经纪公司、电竞媒体和观众共同组成了中国电竞现有的产业生态链。其中电竞场馆作为新兴的文化消费场所,其建立选址与空间转型,既是当前电竞生态圈的重要环节,也是互联网时代文化消费升级的一个缩影。

(三) 场馆建设提升电竞行业发展热度

2018年8月4日,“上海电子竞技产业发展核心功能区”在浦东揭牌。未来,浦东将利用自贸区优势支撑电竞产业发展。目前,完美世界正与Valve合作启动“Steam中国”项目,助力该平台落户浦东。在杨浦,未来三年内将兴建一系列不同规模的电竞场馆,为电竞赛事在沪举办提供关键的物理空间。

从电竞场馆建设来看,“文创50条”指出,鼓励投资建设电竞赛事场馆,重点支持建设或改建可承办国际顶级电竞赛事的专业场馆1至2个,规划建设若干个特色体验馆，促进电竞比赛、交易、直播、培训发展。截至2018年9月，据高德地图显示，在上海全市以“电竞”为名的电竞馆已有36家，其中还不包括并未将“电竞”作为名称的电竞场所（见图7），以及介于网吧和电竞馆之间的游戏场所。而据上海市新闻出版局今年发布的《上海游戏出版产业评估分析报告》，目前上海电竞馆数量约为20家，VR体验馆约40家；上海持经营许可证的网吧数量超过了1 700家，诞生于上海的“网鱼网咖”连锁网吧，在全球的门店已经超过1 000家。这些场所的选址都靠近周边的文化场馆，依靠周边商圈带来的客流增强人气（见图8）。这些场馆的建设对应上海1 700万的PC网络游戏用户数量和2 360万的移动游戏用户数量，还有更多的发展提升空间。

从游戏企业的入驻来看，巨人网络、网之易、暴雪等多个电竞游戏企业的主要部门落户上海，国内超过半数的电竞俱乐部总部设立在上海，包括WE、

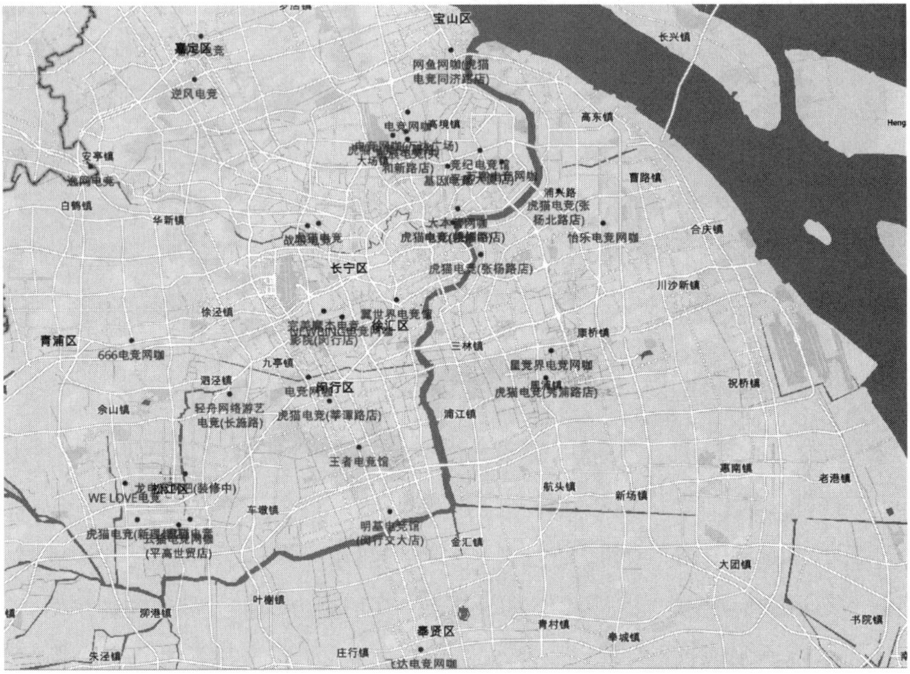

图7　从高德地图上看，截至2018年9月20日，上海市以“电竞”命名的场馆共有36家

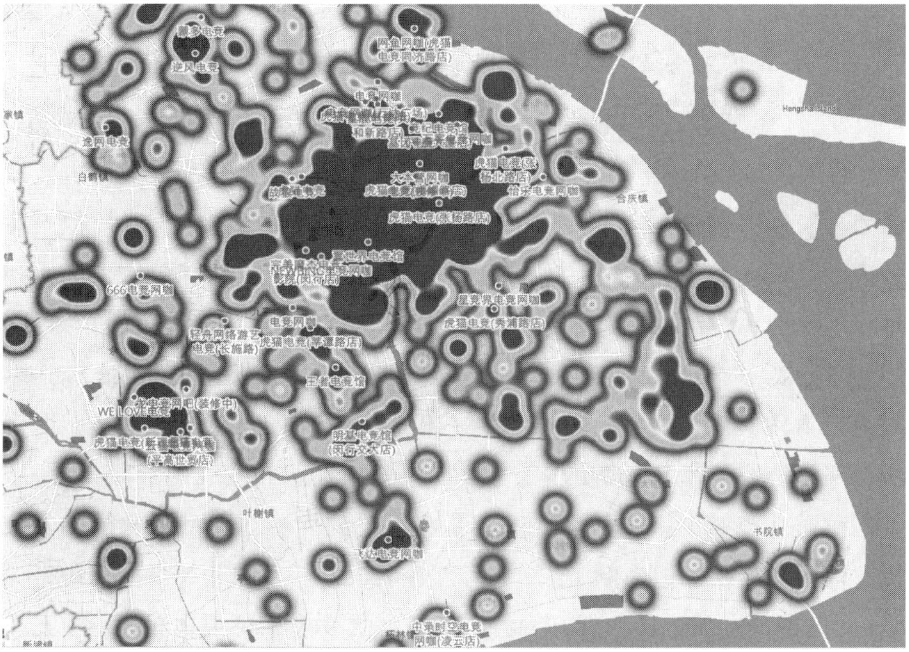

图8　通过上海市文化场馆热力图(红色部分为最热门区域)叠加，可发现电竞场馆几乎都开设在热门文化场馆的周边

iG、EDG等。同时，上海拥有熊猫直播、全民TV、火猫直播等直播平台，并有香蕉游戏、七煌、VSPN等专业内容生产团队进行泛娱乐内容制作与推广。

可以说，技术创新、粉丝经济以及人文科技的热潮，使网络游戏产业中的电竞板块逐渐成为自成一体的产业，其产业结构、增值模式和发展趋势不仅关乎整个游戏行业的生存前景和未来国民经济在互联网时代的复合驱动，更深刻影响着年轻人群的价值观念和生活方式。对网络游戏和电竞的关注，不仅要落实到产业经济层面，还要兼顾意识形态导向的层面。

三、上海电竞行业当前发展面临的困难和挑战

目前上海的电竞行业虽然炙手可热，但在产品开发、市场盈利、产业链均衡发展等方面存在薄弱环节。

(一) 从电竞产品来看，虽有政府、资本、企业助力，仍难掩本土优秀电竞产品缺位

目前上海乃至全国的电竞赛事，基本都已引进国外较为成熟的电竞产品为主。尽管有多方资本注入上海电竞市场，加上政府政策红利，但是在如火如荼的电竞赛事背后，本土电竞产品的开发仍然显得滞后。优秀到足以引起全民竞技的产品非常稀少，当前流行的电竞产品大多引自海外，即使是较为知名的竞技游戏如《三国杀》《光荣使命》《自由之战》，其影响力也不若《DOTA》《英雄联盟》《守望先锋》等海外产品。究其原因，作为与网络游戏共享产业链的电子竞技，虽然正在蓬勃发展的阶段，但脱胎于网游游戏产业的电竞行业在一定程度上受到网游行业乱象和弊端的困扰。以游戏版权保护为例，虽然上海已经出台了一系列相关举措保护行业版权，但是仍有部分从业者在网游市场爆炸式发展和可观利润的驱使下在盗版侵权的灰色地带游走。模仿、抄袭等现象屡见不鲜，虽然国内网游市场有不少以"三国""西游"等传统题材为背景的本土网游，以功夫、武侠等为主要卖点的网游不计其数，但是游戏情节设置雷同，由"两军对垒"到"两宫互斗"，游戏设置竟也相差无几。在影游联动的情况下，还出现了业内俗称"换皮"的影视改编游戏速成法，即披着大热影视作品的名字，只是将游戏人物姓名或者角色造型加以改动。同时，抄袭国外热门游戏设置，或者挪用国外独立游戏创意的现象也不在少数。这样的情况下，国内网游的竞争力可想而知。反观国外发展成电竞赛事的大型网游，都有极具原创性的游戏设置，中国本土游戏要想走出去，继而发展为电竞赛事，还有很长的路要走。

图9可以看到在2018年第一季度玩中国手游的全球游戏玩家地域分布，亚太地区（除中国玩家）玩家人数超过六成。中国游戏的影响力，至少从手游的表现看，仍在亚太地区的圈子里兜兜转转，突破文化差异的游戏还有待开发。

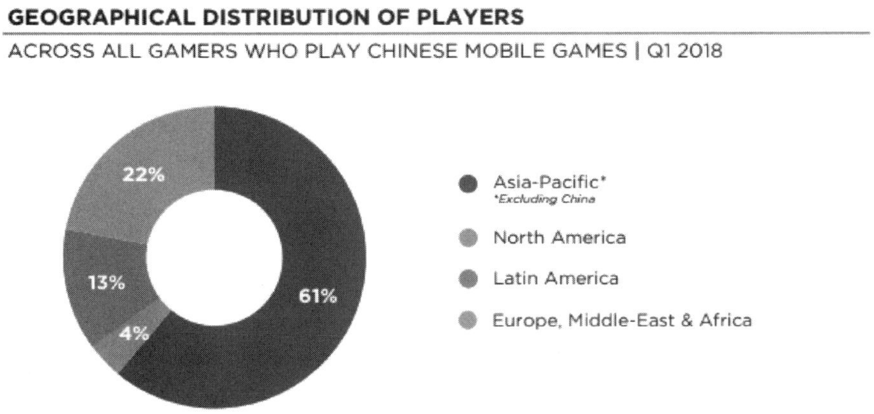

图9　2018年第一季度玩中国手游的全球游戏玩家地域分布（图片来源：Newzoo）

（二）从电竞企业盈利能力来看，前期资本投入巨大，但盈利周期尚不明确，行业自身盈利潜能有待进一步释放

互联网人口红利锐减，受其影响电竞市场扩张速度将放缓。电竞迷都是先从网游一代演化而来的粉丝群体，随着互联网的普及，网络游戏玩家的数量虽然逐年递增，但是近年来增幅放缓。中国网游市场乃至电竞行业的崛起，引起世界游戏行业的普遍关注，但是这种关注更多聚焦在人口红利消失后的市场维护和拓展。当潜在的网络游戏玩家和电竞粉丝都已经挖掘出来成为报告中的数字，如何保住现有的玩家群体，并在此基础上真正释放行业经济动能，是网游乃至电竞行业正在面对的挑战。虽然资本市场对电竞的投资力度不小，但是目前电竞的盈利能力仍然有限，甚少有企业是完全盈利状态。尤其是移动电竞领域，几乎是企业以及广告商倒贴以求带动产品的销量。不可否认，今年电竞的盈利相比前几年已经有所改善，但依然改变不了其盈利能力较弱的特点。

EDG俱乐部运营总经理潘逸斌指出，电竞行业粉丝的属性维度相对单一，多喜欢头部俱乐部，中下游俱乐部流量少，而电竞俱乐部主要是将流量变现。“目前国内电子竞技俱乐部达到上千家，但头部俱乐部不超过

图10　艾瑞咨询发布的《中国电竞行业研究报告2018年》列举了几大知名赞助商进军电竞俱乐部

10家。仅少数头部俱乐部能勉强自负盈亏或盈利，中下游俱乐部基本处于亏损状态。”①

从图10可以看出，2017年各类资本进军电竞俱乐部屡见不鲜，而早期几乎全部是硬件外设和游戏公司做赞助商的现象在近几年有了明显改观，包括电商、视频网站、运动器材等多元化的资本流入电竞俱乐部。随着经纪公司的介入和多元稳定的资金注入，俱乐部职业玩家的生存境况有了一定的改善。但是集中于几大顶尖战队的资金扶持其实并不利于整个电竞行业的发展，而汇集了几乎国内顶尖战队的上海，如果要进一步发展电竞行业，也需要重视行业内部资金的流入动向。扎堆投资既不利于顶尖俱乐部的发展，也会挤压中下游俱乐部的生存空间，从而影响整个电竞业态的良性发展

除了俱乐部资金供应不平衡以外，上海还存在中小型电竞场馆数量激增，预期成本回收未能确定。除了上海电子竞技运动中心“创·赛场”这样由政府部门牵头协同开发商联合打造的大型高端电竞场馆，还有瞄准电竞市场的品牌商开办的连锁电竞馆，如2016年，明基友达旗下的连锁品牌电竞馆

① “电竞行业发展困局亟须突破游戏公司纷纷抢位”，《中国证券报》，2018年8月28日。

B5电竞馆旗舰店落户上海。除了这些相对专业的场馆，遍布上海大街小巷的还有各种升级后以“电竞”为噱头招揽生意的网吧。这些网吧虽然挂名为“某某电竞馆”，实际上是升级配置、装修带有未来感的网吧改造产物，游走在电竞馆和传统网吧之间的模糊地带。这些一夜之间改头换面的网吧几乎都是单兵作战的个体户，对于较有知名度的网吧品牌而言，如网鱼网咖，在连锁化很低的中国网吧行业里，经历了手游网吧、VR、自建电竞馆一系列无疾而终的尝试，目前在全国网吧中占比还不到1%。[①] 一方面是老牌网咖馆小心翼翼收缩门店数量保住为数不多的市场份额，另一方面是个体网吧的翻新和扩张，鲜有升级的服务水平和陈旧的经营观念，却快速占有电竞市场的资源，这对上海市电竞场馆的治理和运营绩效带来了隐忧。

（三）电竞行业的产业链发展不均衡，影响行业成熟起飞

目前电竞行业各个链环已经初步构建起来，但是链环与链环之间的紧密度以及链环本身是否结实还有待考查。鉴于此前电竞比赛在各方面的情况，当前各大赛事组织平台还处于不断完善和改进阶段，赛事的标准还未能完全统一。而且电竞俱乐部、电竞选手的培养上力道尚且不足。产业链发展并非十分均衡，因此，在很长一段时间里，政府、企业都需要再不断地完善链环。

首先是行业人才的瓶颈。行业人才缺口限制了电竞市场发展，除了大众普遍能够想到的职业玩家即电竞选手以外，产品开发、会展布置、国际交流、赛事承办、解说直播、俱乐部经营管理等多个板块存在缺口。2016年9月2日，教育部发布相关招生通知，正式设立“电竞专业”，全称为“电子竞技运动与管理专业”，该专业设立在“教育与体育专业大类”以及“体育类专业类”之下，专业代码670411，将于2016年开始执行。新增专业适用于高等职业学校（含高等专科学校、其他普通高等学校举办的专科层次的学历教育），于

---

① 见36氪对网鱼网咖新零售策略的分析，《吃鸡和〈王者荣耀〉都没能拯救网吧，网鱼网咖决定往新零售靠拢》，https://36kr.com/p/5130525.html

2017年开始实行。2016年8月，内蒙古锡林郭勒职业学院设立了全国首家电子竞技专业课程，采用校企合作办学模式。上海戏剧学院、上海体育学院等高校也都引入了电竞专业。现阶段，电竞教育有学历教育和职业培训两种。电竞学历教育要培养学生的综合能力和可持续发展能力，除了电竞行业专业技能知识外，还需要学科基础理论和素质修养，一般由高校教师和具有一线从业经验的老师共同授课；而短期电竞培训课程以就业为导向，追求实用和速成，课程以实践为主，师资来源于一线，希望教学内容能够直接对工作有指导作用。然而问题的关键在于师资力量的薄弱。长期以来，因为传统价值观念的影响，面对“玩物丧志”“不学无术”的电子竞技，如何在理论和实践两方面跟上电竞行业的人才教学需求，各大高校都还在不断探索之中。

其次是以赛事和会展为基础的行业平台仍需进一步打磨。目前全国范围内超过四成的重要赛事在上海举办，包括英雄联盟职业联赛、KPL王者荣耀职业联赛、DOTA2亚洲邀请赛等国际知名的顶尖赛事。从图11可以看到，2017年上海ChinaJoy（第十五届中国国际数码互动娱乐展览会）吸引观众达34.3万人次，比上届增长约为5.3%。虽然连续十四届观众数量增长率维持在5%以上，但是不难发现，去年是增长率最低的一届，这也印证了在互联网人口红利减少的情况下，维持品牌效应，维持玩家群体黏度，情况不容乐观。而作为老牌展会ChinaJoy尚且如此，刚刚落户上海的电竞赛事举办更需要各方关切，不仅事关短期的资金变现，更关乎整个行业业态的长远发展。

Newzoo在2017年开展的一项调查显示，绝大多数电竞战队的成员对电竞市场完全成熟的时间预期是5—10年，但是在品牌方以及经纪公司看来，电竞行业生态圈最好在3—5年间全面完成职业化，这样的预期落差显示出“旁观者迷，当局者清”的特点。[①] 换言之，在电竞不再只是对战双方的娱乐竞技活动，披上了商业外衣后，如何维护这个新兴行业的良性发展将是重点。对于上海电竞发展而言，有关部门和行业从业人员需要在快速膨胀的

---

① 见Newzoo发布的《2018年全球电竞市场报告》。

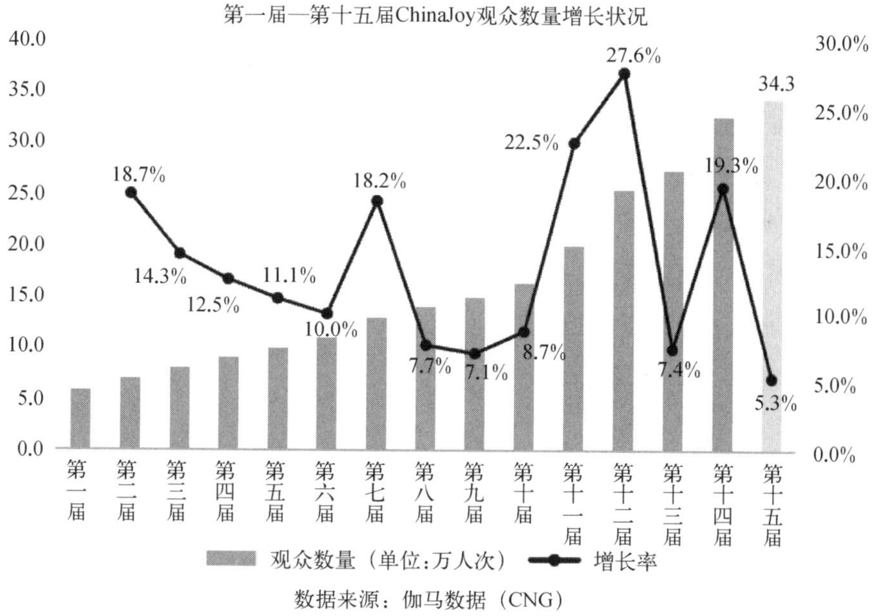

图11　上海ChinaJoy观众数量增长状况

行业热中冷静观察，及时发现发展短板，防微杜渐，才能保证电竞行业健康长远的发展。

四、加快上海电竞行业健康发展的对策建议

针对上海电竞行业的发展现状，建议从创新管理机制、加强人才培养、充分调动电竞市场资源几方面入手，实现上海电竞行业健康发展。

第一，结合电竞行业特点，创新管理机制。政府各部门应对网络游戏乃至电竞行业进行综合管理，以事前审核、事中监管、事后评估为主要环节，明确不同阶段的管理重心。网络游戏的审核和版权发行只是服务器正式投入运营之前的准备工作，网络游戏正式进入市场后，其娱乐性、对抗性、交互性等特征决定了监管重点的转移，由相对静态的内容管控转向动态的游戏运营管理。已经成为电竞市场主力军的大型网游，又涉及平台播放、流量管控、场

馆运营等新的监督环节。根据网络游戏不同的发展阶段，需要不同的政府管理部门相互协作，有的放矢，建立起立体多维的综合性管理体系，明确监管责任，形成统筹管理电竞行业的组织，严格监管游戏开发商、游戏运营方的合规执行情况，促进整个游戏市场健康、有序发展，也为网络游戏分级制度的建立奠定良好的基础。进一步加强知识产权保护，扫除“借鉴”和“抄袭”之间的灰色地带，避免雷同复制，提升上海本土文化元素植入水准。针对游戏行业确权难、维权难、取证难的现状，亟须有关部门出台相关措施降低维权成本，完善侵权举报机制，对盗版行为加大处罚力度。

第二，完善电竞行业人才梯队。通过校企合作办学、企业管培、全球化招聘等方式积极培养、引进电竞行业人才，打通中国游戏企业“出海”渠道。在国内游戏产品面向海外推广的过程中，不具备把控渠道的优势，对于各类渠道了解不足反而成为阻力与制约，在与国外本土化产品的竞争中处于劣势地位。随着全球用户获取成本的上涨，渠道流量成为产品成功与否的关键要素之一，这也是导致国内产品在海外缺乏全球性爆款的主因。未来通过国际化人才借力海外综合渠道将成为国内游戏企业在全球范围内取得好成绩的关键。进一步加强相关从业人员培训，建立完善网络游戏孵化基地，拓宽本土文化资源开发渠道。由于欧美、日韩等国网络游戏产业结构较为成熟，其热门网游对国内玩家乃至网络游戏相关行业的从业人员影响深远。面对强势的和风游戏以及欧美神话史诗类格斗游戏，中国本土网络游戏的开发必须融入自己的文化特色才能与之抗衡。上海虽然已经建立了数个游戏创业孵化基地，但是要在根本上打开网络游戏开发视角，还是需要组织相关培训和激励机制，提升从业人员自身的文化修养，帮助他们在现实生活和传统文化中找到灵感。充分利用上海网络文学、网络视听等网上文化娱乐产业的既有优势，充实电竞行业人才队伍，形成产业联动，创新IP运营模式。

第三，聚力各方资源，打造“电竞+娱乐”综合娱乐中心，最大化电竞场馆商业价值。

上海的电竞行业积淀深厚，中国电竞行业发展初期，上海除了有经济发展领先、地理和网络条件便于参与国际赛事等诸多客观优势，还聚集了游戏风云、七煌电竞、SCNTV、NEOTV等富有号召力的电竞企业，早期电竞产业链已经遍及电竞游戏内容提供、电竞游戏媒体、战队运营、电竞场馆、电竞内容制作等多领域，为日后电竞产业的高速发展奠定基础；随着ACE联盟，前期有较大影响力的WPC联赛的组织者落户上海，其他地区电竞俱乐部向上海迁移的趋势显著，上海逐渐发展成全国电竞俱乐部的聚集地。当前，上海电竞企业数量不断增加，电竞生态日趋完善，电竞产业发展呈现分工专业化和企业跨界资源整合的双重趋势。上海应整合现有的网上娱乐视听产业资源，与电竞赛事充分融合规整，形成软硬件综合一体化的电竞中心建设。将分散的电竞场馆进行梳理，充分考虑周边商业消费的现有人气，以电竞行业带动周边人气消费，扩大行业赛事和会展平台的知名度和影响力，以周边商街人气吸引电竞爱好者和随机客流，尽快实现行业流量变现和企业盈利，提升社会认知度，提升本土粉丝的黏性。目前，游戏直播和秀场在网络社交媒体上相辅相成，因抓住泛娱乐时代这一新兴的市场风口，实现电竞行业的真正起飞。

值得注意的是，我国对网游乃至电竞的观念认知相对滞后，而上海打造“电竞之都”意味着不仅需要硬件上的升级，还需要通过政府适当的宣传消除群众对网游电竞的价值误区。电竞行业既直接关涉网游行业的发展，也有其行业自身的特殊性。把握行业市场的普遍性和特殊性规律，将有助于辩证地看待网游行业和电竞行业的同时面对的挑战和各自偏重的问题，这对全面贯彻落实上海“文创50条”，确保上海电竞市场健康、快速、持续发展，具有重要意义。

（曹晓华）

消费空间与城市实践

消费的空间演进：市场推力下上海商业布局转变的调研

一、引　　言

在上海消费社会的转变、城市发展的过程中，不同经济水平消费观念和社会地位的消费者通过日常的消费实践活动形成的不同消费中心，消费空间的分化和区隔成为一种可以被明显地观察到的现象，社会区隔也成为分析消费的有力工具。对上海消费空间演进的解读，即是为了研究空间分化与社会区隔的产生，有助我们更好地理解当前消费社会的发展进程。

二、研究数据和方法

本研究“中心区”的定义范围按照《上海市城市总体规划(2015—2035)》中划定的主城区作为研究数据选取和分析的范围。除外环线以内的大部分地区外，还包含虹桥、莘庄、川沙、吴淞等地区。

（一）研究数据

消费空间的共时性特征中，选取了2017年7月在大众点评网上获取的商户POI信息，包括坐标点位置、门类、人均消费额、评价等。在研究门类的选取上，为实现对消费空间特征较为全面的解读，数据样本选取于与消费文化和消费空间相关、频次较高、最贴近日常生活的餐饮、服饰、文化、娱乐、住宿五大消费门类，并在业态类别中选取特定的对象作为研究样本（见表1）。

表1　消费门类和数据样本的选取

消费空间门类	空间分布研究的数据样本
餐饮	西餐厅、日韩餐厅、各类中餐餐厅、小吃快餐、面包甜点等
服饰	服装、鞋包零售
文化	文化馆、博物馆、艺术沙龙、艺术工作室、画廊、文化活动中心等
娱乐	咖啡馆、酒吧、茶馆、各类型演出场馆、娱乐体验馆
住宿	各星级酒店、精品酒店、栈旅舍客

资料来源：笔者自绘

（二）研究方法

本研究除了直接通过商户POI离散点位置分布反映空间的集聚特征外，也将采用GIS软件的核密度（Kernel Density）分析对分布密度进行可视化表达。本研究考虑到消费空间的步行可达性，将核密度分析的搜索半径设定为500米，计量单位为50米 × 50米的输出栅格像元。采用核密度分析能够合理地体现出离散的消费空间点在空间平面上的相对集聚特征。同时为了对分布密度值的大小进行直观评价，在核密度计算的基础上采用自然断点分类方法进行空间分布的可视化表达。

三、城市消费空间的演进特征

(一) 餐饮消费的空间分布特征

本研究考察的餐饮消费空间子门类包括各类餐厅、咖啡厅、面包甜品点等,获取的POI数据相对其他门类也最多,共计37 935条。餐饮消费空间的分布经核密度分布计算后根据自然断点分类法分为6类,评价为0—5分(见图1)。

餐饮消费空间的分布特征主要是“西密东疏”。由黄浦江的物理边界分割,浦西地区致密分布与浦东地区的零散分布特征差异明显。横向比较浦东与浦西获得的集聚评价值占比,浦西地区在每一个大于等于1(即分布密度值>33.42)的评价等级面积占比均大于80%,且集聚评价较高的地区均位于浦西。而浦东地区89.6%的面积并未获得大于等于1的密度评价,仅在陆家嘴及川沙地区可观察到呈一定密度的连片分布,其他地区主要呈散点分布的形式少量集聚。由此可以看到餐饮消费空间的分布水平在浦江东西岸的迥异差距。

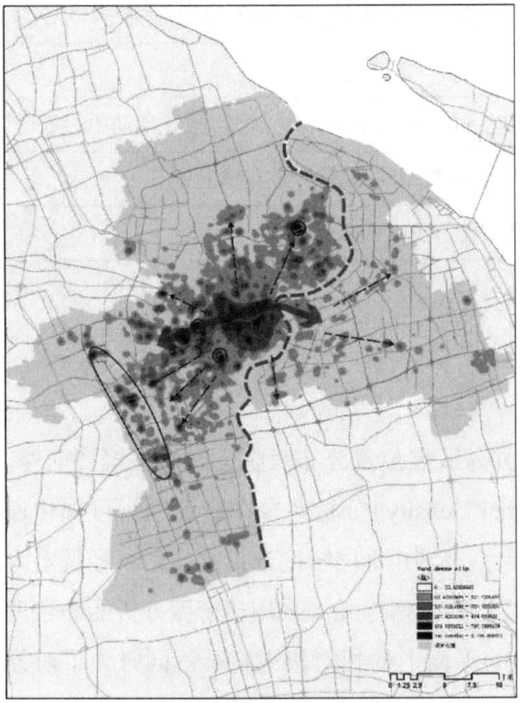

图1 餐饮消费空间分布的结构特征

资料来源:笔者自绘

(二) 服饰消费的空间分布特征

对服饰消费的空间研究共计获取POI数据7 412条,包含了服饰鞋包和珠宝两个子门类，与其他几个门类的消费空间相比，服饰消费在空间分布中的集聚强度最高。表明绝大多数的服饰消费空间分布在一个极小的空间范围内，其中以大型商业中心或商业综合体为主。产生这一现象很大程度是由于在这类大型综合体和普通商业街两种形式内服饰消费空间存在巨大的分布密度差异。此外，一些小型的消费空间未在网站上收录也对结果造成少量影响。

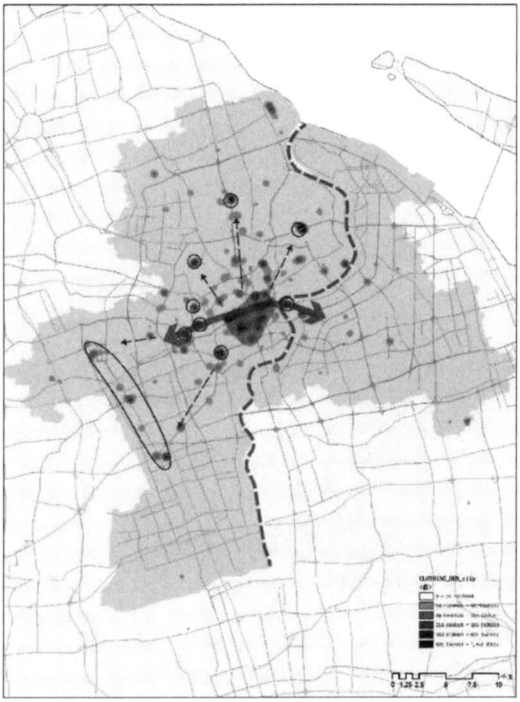

图2　服饰消费空间分布的结构特征

资料来源：笔者自绘

从整体分布的结构特征（图2）上看，服饰消费的空间分布以中高密度的形式散点状分布于市中心区内各主要商业中心。距离市中心越远，散落程度也越大。在静安寺、外滩、田子坊为端点的三角形区域内的各个商业中心散点粘结形成致密团块。此外经由外滩—苏州河口沿四川北路向虹口地区蔓延。可见，服装消费的重心都集中在浦西最为核心的商业区内。

（三）文化消费的空间分布特征

研究纳入的文化消费空间有文化馆、画廊、图书馆、电影院、博物馆、艺术馆等，包含了公益性和经营性的文化消费场所，在范围内共获取共2 275条POI数据。从评价值分布的情况来看，高集聚评价值（4分及5分）的面积仅占总面积的0.06%，与其他门类相比最低，而0分所占的面积并不多。这意味着

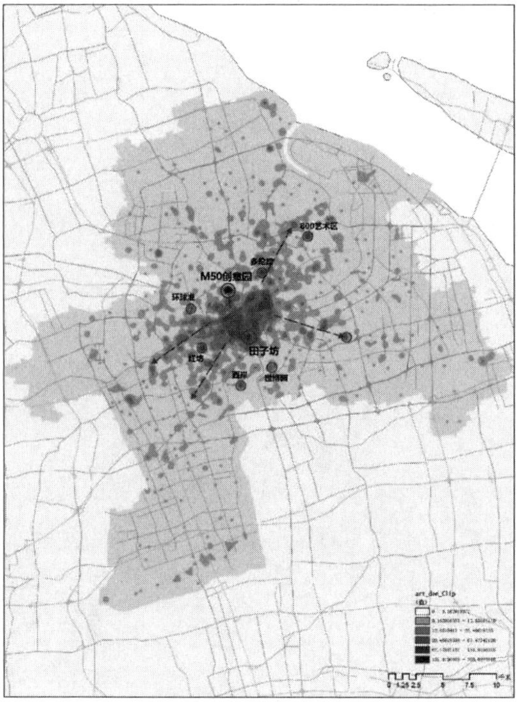

图3　文化消费空间分布的结构特征

资料来源：笔者自绘

文化消费空间相对其他门类的分布更为平均。从图3上可以看出，在南京西路、茂名南路、南京东路、新天地、外滩源形成了集聚的核心区。但分布最为集中的地区在M50创意园、田子坊。

而从整体的分布特征上看，浦西与浦东间的差异依旧存在，内环内的浦西地区基本保持中低密度的平均分布同时继续沿东北和西南方向蔓延。而在中环以外的地区仅存在一些低密度的散点分布。可见，受到文化相关的政策支持，市民文化消费空间的分布较为平均，但中环内外的差异较大。

（四）娱乐消费的空间分布特征

娱乐消费的空间研究对象除了咖啡、酒吧、茶馆、KTV、各类型演出场馆等相对传统的休闲娱乐消费场所，同时也包含了网咖、桌游、密室游戏等新形式的娱乐消费空间，在范围内共收集到7 710条POI数据。

如图4可见，娱乐消费空间的分布特征以"古北—张杨路"的东西轴向分布，并以静安寺为起点延伸出一条集聚次轴至徐家汇以南。不同集聚程度区域以类似同心圆的形式向外扩张，由内向外可总结为核心区、绵延区、散布区的三类特征区域：最为中心的地区以"静安寺—外滩—田子坊"为端点的近似三角形为边界，环绕延安绿地的各商业中心节点分布最为集中。五角场地区成为了以上分布特征的唯一例外，年轻人群成为新形式娱乐消费的主力，随着大学校区周边的创智天地区域在运营上的成功，大量面向年轻人为主的娱乐消费空间在此集聚，形成了特定形式的消费区隔，使得五角场地区成为内环以外分布程度堪比核心区的娱乐消费节点。

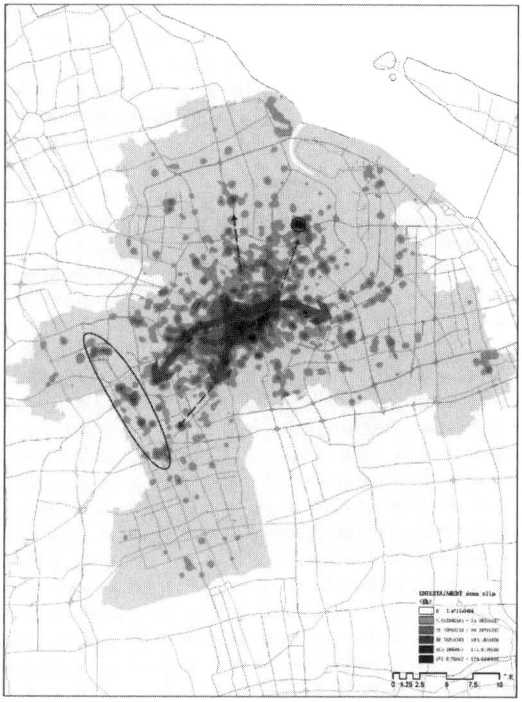

图4　娱乐消费空间分布的结构特征

资料来源：笔者自绘

（五）住宿消费的空间分布特征

研究获取的住宿消费空间包含各星级、经济型、公寓式酒店等类型，共收集到POI数据8 213条。整体分布特征如图5所示，相较于其他门类而言，住宿消费空间绵延分布的地区最多。

从整体空间分布上看，此类消费空间主要分布于浦西内环范围内，且重心向东北、西南方向拓展。中、高密度的核心集聚区域范围较其他门类覆盖面积更广，由“静安寺—外滩—田子坊”为端点的三角形地区向北拓展至内环高架路，西至华山路，南至上海体育馆，向东则包含陆家嘴地区。另有部分地区受交通场站、旅游景区影响而集中分布。在虹桥、七宝、莘庄、不夜城和南站周边地区，以及浦东的川沙这几处地区也成为核心集聚区向东、西、西南方向延伸的引力点。此外，另有一些散点分布在九亭、闵行开发区等地区。

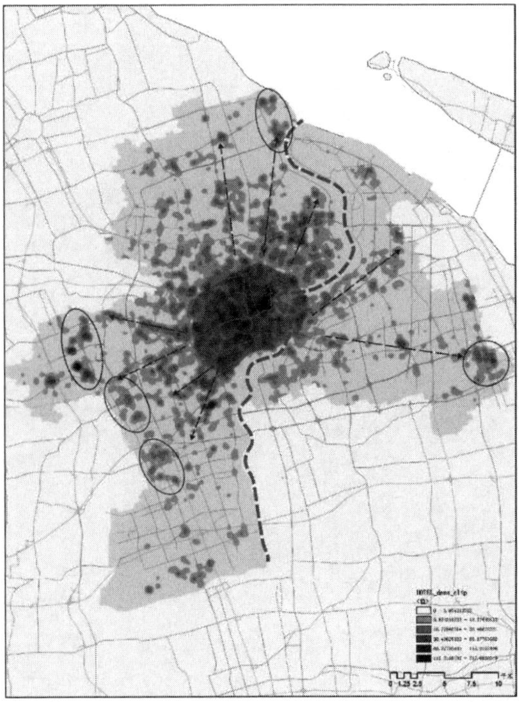

图5　住宿消费的空间分布
资料来源：笔者自绘

(六) 上海消费空间演进特征小结

汇总上一小节中各门类消费空间分布之间的共性和个性特征（见表2），可归纳出以下结论：

表2　各门类消费空间分布的同异汇总

消费门类	主要集聚地区的集聚形态和强度	主要集聚地区的范围边界	有无明显的轴向分布	东西两岸的分布差异	外环以外地区的分布情况
餐饮	中高密度块状+高密度散点	内环内“静安寺—外滩—田子坊”	明显，东西向“天山—陆家嘴”	明显	数量较少，散落点状与小团块状七宝莘庄地区为主
服饰	散落点状，高密度	内环内	较明显，东西向“天山—陆家嘴”	较明显	数量少，散落点状虹桥七宝莘庄地区

（续表）

消费门类	主要集聚地区的集聚形态和强度	主要集聚地区的范围边界	有无明显的轴向分布	东西两岸的分布差异	外环以外地区的分布情况
文化	块状，中低密度	内环内与M50地区	无	较明显	数量少，散落点状 各区较均衡
娱乐	块状，中密度	内环内与五角场地区	明显，"古北—张杨路"+"静安寺—徐家汇"	明显	数量少，散落点状 闵行地区为主
住宿	块状，中高密度	内环至中环间	无	较明显	数量较少，散落点状与小团块状 各区较均衡

资料来源：笔者自绘

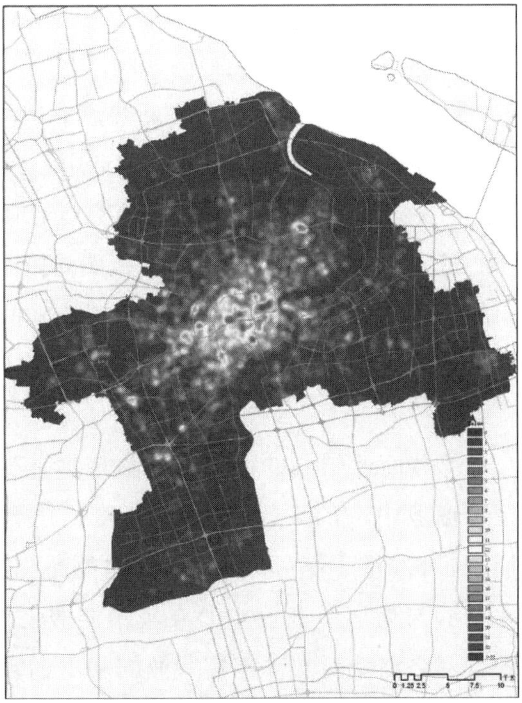

图6　上海市消费空间的整体分布

资料来源：笔者自绘

随着消费行为的日常化，消费空间在城市中心地区的分布体现出均质、致密特征。在主要集聚区内的大部分门类消费空间，虽然集聚密度略有不同，但在分布上基本都呈现出粘结块状的形式，形成主要集聚地区。

从当前研究范围——上海市中心区的空间整体分布上来看，外环以外地区的各类消费空间相比内环区域，无论是分布的数量还是分布的密度均普遍偏低。各类消费空间在被上海2035纳入中心城范围的虹桥、川沙、宝山、闵行四个主城片区内基本呈现散落点状与小团块状的形式分布，消费活动的集聚能力仍需得到加强。

将五类消费空间的集聚评价值平权相加为综合评价值，进一步对消费空间整体结构特征进行分析（图6）。可以看到极为突出的集聚分布区域处于“静安寺—外滩—田子坊”为端点的三角形区域及外围的五角场、徐家汇、天山、中山公园等商业中心。

四、结　论

上海消费空间分布的演进特征可以归纳为以下几个方面：

（一）集聚与扩散——集聚核心地区的极化与外围新热点形成

从消费空间结构的整体特征和引领性消费空间分布的整体演进特征上看，集聚核心区的极化与外围新热点形成两者共存：一方面，集聚核心区的消费区隔更为突出，核心区内的商业中心在各个门类上的集聚都处于较高水平。另一方面，位于核心区外的消费集聚地在集聚能级上与核心区内的商业中心基本相同；随着城市中心区范围的拓展，公共交通网络的形成和居住人口的外迁，消费空间在中环、外环呈散点式的扩散集聚。

（二）兴盛与衰落——市级与地区级商业中心的聚差异逐渐缩小

部分商业中心的消费空间集聚水平随时代发展而发生变化。一些地区级商业中心的兴起，在集聚程度上已和大部分市级商业中心相同。打浦桥、环球港、华侨城等代表着此类商业中心的集聚上限，标志着市级商业中心与地区级商业中心在集聚能级上的差异正逐渐缩小。与此同时，随着网络消费对实体零售行业的冲击、传统百货业的衰落，部分传统市级商业中心在集聚程度上呈现衰落趋势，进一步模糊了市级与地区级商业中心的定义。

（三）融合与分异——特定阶层消费与大众消费的共存与隔离

可以观察到在城市核心地区的消费水平结构较为完整，是大众阶层消费与高收入阶层消费融合共存之处。而随着高收入阶层居住的集聚分布，可以看到在古北—天山、衡山路形成以引领性消费为主的热点地区，“大众”消费与引领性消费在空间集聚上产生了相互隔离与分异发展。

（王伟强　张恺平　唐皓明）

参考文献

[1] 杨晓俊，王兴中．基于消费行为的城市游憩商业区消费空间结构变迁研究[J]．开发研究，2011，No.157(6)：94—96.

[2] 董琦．基于LBS应用的网络营销影响下的城市居民消费空间研究——以“大众点评网”南京站为例[D]．南京大学，2014.

[3] 葛红兵，谢尚发，高翔，等．大都市文化消费与文化产业发展——以2012上海文化消费为考察对象[J]．科学发展，2013(4)：79—88.

[4] 徐望．文化消费使消费者实现“自我再生产”[J]．文化月刊，2018(1).

[5] 宁越敏．上海市区商业中心区位的探讨[J]．地理学报，1984(02)：163—172.

[6] 宁越敏，黄胜利．上海市区商业中心的等级体系及其变迁特征[J]．地域研究与开发，2005(02)：15—19.

[7] 王伟强，杨海．消费的空间与空间的消费[J]．理想空间，2006(18)：8—13.

[8] 杨玲丽，2008．王宁．消费社会学[J].2001.

[9] 张迺英，张莉．上海电影消费者态度影响因素研究[J]．港澳经济，2015(32)：10—11.

[10] 潘海颖．休闲消费之哲学批判与审美呈现[D]．浙江大学，2012.

地方商街与全球城市：上海街区商业与新零售调研

全球化背景下的地方商街发展，一直在探索地方特色和全球语境之间的耦合路径。地方商街在升级转型的过程中如何保留自身的历史文化特色，在国际化、商业化快速推进的背景下，充分融入城市肌理，对于上海加快推进"五个中心"建设、打响"四大品牌"有着重要意义。本次上海文化消费调研，作为了解上海城市文化和消费习惯的一个契机，将共同参与建构海派人文精神、打造上海城市文化名片。

本调研报告将围绕"地方性""全球性"两大关键词，从国外城市化进程中的"士绅化"现象展开，通过国内外商街案例的比较分析和调研数据，探究网络时代商街的发展路径。

一、"高线"与"高地"："士绅化"的缘起与拓进

美国纽约的高线公园（Highline Park），由景观设计师James Corner带领的团队打造。这个毗邻哈德逊河的空中花园原本是1930年修建的一条货运铁路，1980年代作为货运轨道的使命结束后，这段30英尺高的高架铁路杯被改造成了一条线型的绿色走廊。作为一个存在一定程度污染问题的棕地项目，高线公园将混凝土、铁轨与绿色植被融为一体，完成了一个具有标杆意义的城市绿带景观。

虽然高线公园的设计和营运为纽约带来了巨大的社会经济效应，作为一个工业文明留下的产物，分三期（2009、2011、2013）建造并于2014年全面开放的高线公园在空间设计中也巧妙地展示了其工业文明的背景，但是这个原

本旨在促使市民重审人与自然关系的公园却引起了另外一个维度的社会问题——士绅化。国外媒体甚至将高线公园引发的“高线效应”比喻成士绅化的特洛伊木马，认为随着高线公园纷纷出现的一批新公园正在加剧城市中的不公平现象。[①] 从大的方面来看，俯瞰城市各处美景的城市绿带总是把某处基础设施和可以欣赏城市美景的公共空间加以捆绑利用，然而基于分享、自由、开放的理念而存在的绿色公共空间却在改造过程中被各种资本控制。脱离普通社区后，士绅化的城市空间在城市中形成新的区隔，穿戴齐整、富有品味的高层人士才能享受到这些城市美景。这些游客和高线公园一起成为了体面的城市上流景观，并不欢迎更接地气、更接近普通百姓生活的公园野炊和日常喧哗。

1964年，卢斯·格拉斯（Ruth Glass）首次提出“士绅化”[②]（gentrification，也译为中产阶级化），指出在伦敦东北部伊斯灵顿（Islington）的工人阶层住房合同到期后，中产阶级纷纷涌入了各种破旧的楼房，随着原来的住户一个个搬走，整个街区因为居民人群结构的改变而发生了根本性的变化。有趣的是，和“士绅化”意义相似的另一个词，“雅痞化”（yuppification），详细地说明了中产阶级涌入的过程。原本充斥了低阶层住户的街区迎来了城市改造，这些老房子对那些属于中上层阶级、又不怎么担心吃用开销的年轻人特别有吸引力。一开始只是当地的艺术家想找个便宜凑合的地方住下来，时间长了这些街区便有了几分波希米亚式的艺术氛围，于是更多雅痞住了进来。租金不断抬高，租期也越来越长，迫使低收入群体、特别是少数族裔租户陆续搬离了街区，整个街区逐步完成了更新换代。20世纪60年代伦敦中产阶级的年轻人对父辈们喜欢的郊区住宅提不起兴趣，转而投向了廉价的市区房子。伊斯灵顿的街区就这样几经更迭，现在成了小资生活的代名词。

---

① https://www.metropolismag.com/cities/landscape/high-line-effect-new-parks-trojan-horses-gentrification/

② Glass, Ruth. “Introduction: Aspects of Change.” In Centre for Urban Studies（ed）London: Aspects of Change, Mac Gibbon and Kee. 1964

格拉斯提出的“士绅化”，涉及改造分散低端的居住空间、少数族裔被驱逐以及社会阶级矛盾等等，所有这些都呈现在之后关于城市改造和士绅化的相关论述里。在国外的城市研究中，使用士绅化这个概念频率最多的研究，都是围绕城市保障性住房、地方商街改造、种族以及社会阶层等议题展开的。值得注意的是，“城市更新”（regeneration）在中西方语境中是中性的，然而“士绅化”却略带贬义[①]，精致、小资却略显单一的“士绅化”商街在资本的推动下加速扩张，野心勃勃，这在多种族特别是少数族裔聚集的社区中显得格格不入，激起一系列的社会问题。[②]

当“高线”变成“高地”，士绅化的情况也依然如此。和赫赫有名的高线公园相比，高地公园（Highland Park）只是洛杉矶一处名不见经传的普通社区。近些年这个以拉丁裔居民为主的普通社区也在经历士绅化的风暴。原先街区上老旧但富有历史感的小商铺被开发商盯上后，都逐渐拆除改造成各种精品小店。对社区的老住户来说，新建的商铺正在一点点吞噬社区原有的文化特色，他们土生土长的地方来了一群外来者，用资本重新粉刷着整个社区。这群外来者都被喷上了Gentrifier的标签。社区的主要商街约克大道（York Boulevard），成为士绅化的前沿阵地——街道上99%的店铺都被换成了素食甜甜圈店以及瑜伽健身室这样的商户。当然士绅化改善了当地的治安情况，带来了多样化的休闲娱乐场所，但是原本在这里长大的居民却买不起这里的房子，只能在别处置业。当地的人群结构被重

图1　外媒Marketplace位于高地公园的办公室大门上被涂上了Gentrifiers的字样[③]

① https://features.marketplace.org/yorkandfig/highlandpark的改造案例

② https://www.theguardian.com/cities/2014/feb/27/ruth-glass-spike-lee-gentrification-50-years

③ 图片来源：https://features.marketplace.org/yorkandfig/

组，中上层人士涌入这个社区，卢斯·格拉斯笔下伊斯灵顿士绅化的过程正在重演。对于刚刚进入高地公园的个体户来说，他们意识到自己的素食生意和咖啡馆并不受老住户们的欢迎，小商店老板们于是夹在新旧“高地”的中间，小心翼翼地经营。

无论“士绅化”有着怎样的感情色彩，在全球化的今天，许多城市正在经历着和当初的伊斯灵顿同样的事。已经被高度开发的、碎片化的城市空间正在城市更新的各种举措下，重构市区的人群结构，而消费行为也随着人群结构的更新而更新。几乎在格拉斯提出“士绅化”的同时，布尔迪厄对艺术感知的文化社会学分析已经初见雏形①。1979年，布尔迪厄出版了《区分》，重点研究个人品味，认为人的品味作为一种文化实践方式，都带有阶级属性。布尔迪厄笔下的“趣味判断力”成了社会区隔的标志，反观如今在全球化浪潮中主打国际范或者精品化的商业街，随处可见的大牌连锁店和奢侈品专柜，依然用看不见的阶层品味左右着文化消费的导向。而全球多地士绅化的案例，也能为日新月异的上海城市建设提供灵感和启示。

二、城市趣味与特色店铺：一种消失的街头风格

士绅化引发的思考不仅关乎社会阶层和品味的区隔，还牵涉到邻里生态系统的重组与维护。上海街头的特色店铺以及主题文化街，都需要固定老客户的捧场。在街道规整化、精品化的过程中，曾经充满了油烟喧嚣、污水横流的吴江路大排档变成了整洁的小吃街，曾经让人仿佛身处异域的永康路酒吧街也已听不见深夜的酒瓶叮当，而原本是潮人天地的长乐路也变得空荡荡……街头店铺集中迁移，许多成为创意广场中的一部分。

① 包括《论摄影：一种中等品味的艺术》(1965)，《爱艺术：欧洲博物馆及其观众》(1966)，《艺术感知大纲》(1968)

(一) 158坊的变迁

位于巨鹿路的158坊作为一个消费人气颇高的下沉式广场，汇集了一批从上海各处搬迁而来的特色商铺，多为西式餐饮和酒吧。比如永康路酒吧街拆除后搬来的德式啤酒屋Zapfler，自忠路过来的Genesis，原本在乌鲁木齐南路以电音出名的Arkham酒吧。在复兴西路就已经为人熟知的JZ Club，在大众点评上158坊新址的浏览量高达28万，即便隔壁有全上海最大的夜店TAXX，其人气也毫不逊色。158坊的酒吧餐饮多为外籍人士投资，消费群体也以外籍人士为主，形成一种多元化的商业氛围，但其自由度却与曾经处在街头巷尾时不同，由于邻近黄浦区行政中心，没有了诸如昔日永康路街头酒吧那样松散喧闹的氛围，当然也避免了周边住户的投诉和许多治理难点。然而不同的商家对于这样扎堆式的“再生”，反应各不相同。

158坊作为下沉式广场，游客先要下一段楼梯，经过一片地下室，然后才来到露天的下沉式广场。广场的两边各有一处欧式的楼梯蜿蜒而上，绕着整个广场形成曲折的带状平台。从整个广场的店铺布局来看，显然还是对不同商家的经营特色有所考虑的。主打电音的Arkham和夜店TAXX都位于半封闭的地下室，而其他的酒吧、比萨店等则安置在露天广场的四处。由于物业的要求，安放在室外的吧台和高脚凳，不能超出不锈钢板铺设的下水道。这条下水道顺着欧式屋檐照下的阴影围着广场转了一圈，围出了中心的空地。店家支付的租金，并不包括店门外的那块面积，因此任何促销打折的广告牌都不准放在室外。而店家组织的消费活动事先也要经过层层审批，每一个环节都要上报物业，物业在这里不仅负责日常的清洁维护，还担负着部分营业情况审核的职能。158坊的人气使得一些搬过来的酒吧生意更好了，而且没有了周边居民投诉，经营状况似乎也改善了不少。但是不同风格的店铺毕竟还是希望做出自己的特色，并不是每家店铺都对这里的环境感到满意。TAXX晚上九点才开门营业，届时它就成了带动整个广场的酒客一起蹦迪的心脏，然而这对讲究另一种格调和品味的店铺来说并不是好事——“我们搬过来以后流失了很多

图2　晚上6点的158坊正在苏醒，可以清楚地看到商家都小心翼翼地把桌椅摆放在下水道线的一侧

高端客户”，一位不愿意透露姓名的店员说，“虽然收入没什么影响，也有了很多新客人，但是以前那些高端客户不来了，他们嫌这里的环境太差”。“环境太差”的评价背后是不同消费人群的消费期待，也是曾经的商街环境培养起的消费习惯，也是地方商街特色的根脉。店铺被连根拔起，成为一处盆景。158坊还没有细分店铺的特色，集中化的管理毕竟有得有失。

即便158坊已经成为新晋网红打卡地标，一批忠实粉丝依然会选择光顾店家的新址，而曾经难以管理疏导的街头店铺集中到地产商统一开发的地点，也大大降低了治理难度，但是在街区风貌提升的过程中，因为店铺搬迁而流失的消费群体，以及与街头巷尾的特色店铺紧密联系的消费氛围，乃至整个上海消费环境的风格变迁，都可以从158坊的案例出发，探索新的街区风貌提升路径。

（二）街头景观的商场移植

曾经的永康路酒吧一条街，曾经网红店扎堆现在逐渐安静的武康路，曾经的特色主题街区归拢到密集型的商业广场后，其经营风格、消费环境、治理重点以及带动周边商街消费能力都要做出相应的调整。

第一是街头店铺转移到商业中心后，如何在同质化的消费氛围中保持自己的独立特色。从空间格局上看，一般商场的设计从下往上依次是停车库、大众美食外加一个超市，化妆品、男女服饰、散落在上层的高档餐饮以及儿童乐园、电影院等，标准化的商场陈设易于管理，空间分布显得规整干净但缺少惊喜和趣味。虽然例如158坊这样的欧式风格加上穿插在广场中的旋转阶梯让整体的布局看上去不那么呆板单一，但供各个商家发挥创意的空间还是很小。

从经营范围来看，餐饮、服饰、美妆等常见的品牌，几乎可以在任何一家购物中心里看到。而街头的特色店铺，其陈设和布局因地制宜，且在长时间的经营过程中形成了自己的经营特色，虽然不是大众熟知的品牌，但是对追求品质的某一类消费群体而言却是街头探索的乐趣所在。然而个体商铺极具个性化的经营风格往往会因为移址到商业综合体中而被模式化、同一化。

图3　158坊地下室内的一处酒吧，在店门口放了一辆自行车做装饰，这里不像广场里的酒吧摆设受限那么严格

第二是政府相关部门对于不同的商业综合体，如何协调住户与商户的利益，在街区改造的过程中既保留街区原有的历史风貌，又能将新的消费元素纳入改造过程中来。这个过程涉及商街周边住户的生活环境、商街商户的经营场所和消

费者的消费空间，虽然三方的身份有时可以转换，但是对同一条商街大体上还是有着不同的期待和诉求。仅凭消费杠杆进行权益调节显然不够，还需要政府相关部门根据不同街区已有的历史人文特色和消费生态，进行对症下药式的精细化治理。

图4　JZ Club曾经是复兴路上开张十余年的知名爵士酒吧，在158坊的专修风格还是维持着老上海的审美

第三是如何在“一站式消费”和“逛马路”式购物之间调整消费引导策略。前者以商业中心、大型超市为代表，后者则是上海传统的休闲习惯。从发掘城市趣味的角度来说，漫游式、寻觅式、偶遇式的“逛马路”与讲究档次、标准和效率的商业中心很不相同。上海市第十一次党代会曾描述上海打造人文之城的未来愿景——“建筑可以阅读，街区适合漫步，城市始终有温度”，街头漫步更能深入城市的人文机理。在《上海市城市总体规划2016—2040》中指出打造“15分钟社区生活圈”，意味着传统社区向复合型社区转变，与此同时复合型的消费空间也会成为常态，这对“一站式消费”和“逛马路”式购物之间的消费引导提出了新要求。

三、互联网时代的“按图索骥”：网红营销与商街生存之道

点评网站和各类社交媒体的营销一定程度上减少店铺移址后的客户流

失，网红店打卡成为连通线上线下消费空间的行为，网红店排队时间等元素成为消费者标榜自己考究、精致的无形资本，触发一种新型的“逛街”乐趣。而新零售线上线下同款同价，新建体验式的消费场景，可视为一种“即时”打卡的行为。可以说，在街头店铺转移、重新开业的过程中，依托社交媒体保证一定的粉丝量已经成为一部分店铺的生存之道。而对于一部分传统老店来说，网红店的营销策略也促使他们对自己的店铺和招牌进行新型的包装，以适合更多年轻人的口味。对上海老城根文化的探寻，已经不只是上一代人的怀旧情结，新生代网络原住民分享在社交媒体上的老上海风格店铺，成了地方商街在虚拟空间中的留存。

（一）网红打卡与虚拟资本

网红店家一般通过微信、微博等社交媒体来扩大品牌知名度和影响力，这些店铺一般有特定的形象或推广符号，主要靠粉丝群进行定向营销。以网红餐饮店为例，不仅包括有实际经营店面的餐饮商户，还包括大量借助社交平台推广的、自产自销式的小吃商贩，以“自制”“传统手工”“真材实料”等为卖点吸引客户。通过点评网站、微信公众号、美食节目等渠道，网红餐饮的营销模式也被其他商家借用，聚集粉丝，经过包装后成为新晋的网红餐饮，比如一度被各大微信公众号转载推送的“魔都网红老字号”，为上海老饭店、德大西餐社等老饭店做了一波宣传，类似的还有上海街头的各类特色面馆、馄饨店等，十几年的人气老店借助社交媒体成为美食焦点，也吸引了年轻人纷纷“打卡签到”。网红餐饮在网络媒体上几何级扩散的品牌效应，使其消费人数在短时间内爆炸式增长，加上美团、饿了么等第三方网络销售平台的参与，网红餐饮商家在长时间高强度的工作环境下对食品安全的把控更难；网红餐饮在短期内利用粉丝效应大规模积聚资金，这对企业资金的管理和对企业未来发展的谋划也提出了更高要求，一部分网红餐饮选择增开分店，又涉及新员工的培训和餐饮品质的保持。网红餐饮在红过一阵以后销声匿迹，或者人气大不如前，又或者因为食品安全问题成为“网黑”，都是近年来屡见不鲜的现象。

即便网红店的食品安全问题屡屡受到曝光，“网红”转“网黑”也屡见不鲜，比如武康路法润面包事件已经成为网红店“出事”的典型案例，而金沙江路“一点点”死蟑螂事件也成为网红店做大以后“店大欺客”的负面案例，追逐潮流的打卡爱好者还是对网红店乐此不疲。上海市食药监局食品餐饮监管处处长沈伟涛，曾在对所谓的“网红店”进行了简单的界定：一个是扩张速度快，一个是排队时间特别长。排队时间长，意味着这家店很可能超负荷经营；开店快，就可能因超负荷扩张带来监管不严，存在食品风险。这两个通过大数据进行食品安全跟踪巡视的粗略标准，如果从网络时代文化消费的角度进行解读，则可以解释青年消费群体对于打卡网红店的热衷。拍照、上传、分享、打卡的行为，本质上是在虚拟世界中的资本展示行为。这里的“资本”不仅仅指为啤酒、咖啡或是披萨买单的钱，事实上这是整个打卡行为中最为次要的，因为消费个体为了打卡所花费的等待时间（排队），已经暗示了更多的虚拟资本——也就是“我”有足够的时间、精力和金钱为这一次打卡行为买单，而具体的买单数目通常不会显示在社交媒体分享的动态上，因为这会成为没有品味的直白“炫富”。照片上的长龙、装修环境以及食物摆盘，会让互联网上的观者自发地对应点评网站上的人气评分和人均消费金额。至于网红店的扩张速度，有时和店家的人气并不成正比。当独树一帜的网红店开设了分店，就意味着打卡行为成本降低，好奇心和猎奇心驱使的点击量和关注量也会下降。当网红品牌成了大街小巷的连锁，就不太会有人为此而分享照片了。现在已经极少有人晒一点点或者喜茶的照片，就像不会有人再拍几年前红极一时的刻字苹果一样。最后那些苹果和其他没有字的苹果一样，快烂掉的一块五一斤。

（二）新零售业态的兴起

新零售模式是消费大数据和数字化商业模式的最新表现形式。从一开始的体验馆，变成了现在的三种模式——在阿里的模式里，新零售是以人为中心，线上线下深度融合的新业态，新场景；在京东的模式里，其本质是改变零售基础设施的成本、效率和体验，强调零售场景和消费入口的无界性，即无界零售；而在苏宁的智慧零售概念里，则是通过互联网、物联网、大数据、云计算、人工智能等新技术的加载，实现消费需求的深度感知。贯穿零售全域的“人—货—场”均离不开数字化带来的改变，无论是以消费者需求为核心的数字化体验，抑或是以商家经营需求为核心的供应链数字化改造，其核心方向都是借助智能技术的加载，将零售的每一个环节都实现数字化，而数字化的目的，就是提高生产效率，实现零售价值再创。当大业态逐渐成形占据市场主动权的时候，以无人店、无人售货机为主的新零售小业态则开始走向垂直细分领域。越来越多的无人零售走向更垂直、更精准的服务，譬如无人鲜榨果汁贩售机等。

事实上，对于具体的商铺而言，装修设计公司、旅行社、生鲜超市等已经试水新零售。通过最新的云计算技术，以及AR/VR场景的辅助，消费者扫描二维码之后看到的不只是写成文字的商品信息，还有南极旅游行程中的虚拟场景。新零售全新的消费体验，让凭借点评网站按图索骥的打卡一族们有了新的目标。为了更好地展示新零售店铺的场景，打卡的内容中一般都会加上一小段短视频。新零售的标准化运作更适合提供批量服务，对于讲究氛围和真实体验的酒吧、夜店等娱乐场所来说，新零售的影响虽然没有到来，但强化了数字化商业的趋势。无论是网红实体店，还是借助了最新技术的新零售，消费者更加依赖技术带来的便捷，也更相信数据计算得出的结果。网络的人气指数成为消费者“按图索骥”的重要指标，这也是一种潜移默化的消费行为引导过程，只不过在这个过程中，买卖双方都心知肚明。

数字化消费的背后是消费者的消费观念，为环境、服务和氛围买单成为文化消费的一个显著标志。消费者在长期的工作与生活中逐渐形成自己的消费观念，与其经济社会地位和生活方式密切相关，而文化消费的观念也逐渐作为一种新的消费观念被消费者接受。在本次调查中，在被问及有关文化消费的观念中，对于“不同经济社会的人应当具有截然不同的文化消费”，

22.10%的受访市民表示“非常同意”，42.60%表示“比较同意”，22.10%的受访者对“文化消费应当基于自身的经济能力量力而行，而不是过度消费”表示“非常同意”，42.60%表示“比较同意”，19.40%的受访市民对“个人文化消费风格与其社会经济地位是一致的”表示“非常同意”，48.30%表示“比较同意”，如果将“非常同意”和“比较同意”认为是“同意”的话，那么大多数市民认为“文化消费应该根据自身能力进行，不应该过度消费”。受访市民对于“个人的餐饮、服饰等消费，在很大程度上受到同事、同学等人的影响”“个人的文化消费更当更加彰显个性”和“个人的文化消费应当同大众潮流保持一致”的态度大约持平。此外，14.20%的受访市民对“由于平时的工作时间段不是很合理，我很难有闲下来进行文化消费”表示“非常同意”，27.80%表示“比较同意”，即工作时间影响着市民的文化消费（详见表10）。由此可见市民消费观念较为统一，均认为文化消费行为应该与自身能力一致。

市民对文化消费观念的认同程度（%）

说　　法	非常同意	比较同意	一般	不太同意	非常不同意
由于具有较高的社会保障水平，我可以放心地进行文化消费	15.10	41.00	23.00	16.50	4.40
不同经济社会的人应当具有截然不同的文化消费	22.10	42.60	15.90	17.00	2.40
文化消费应当基于自身的经济能力量力而行，而不是过度消费	52.10	39.00	5.70	2.80	0.40
现有的公共文化设施并不能有效地满足人们的需求	17.70	36.70	26.70	17.60	1.40
个人的餐饮、服饰等消费，在很大程度上受到同事、同学等人的影响	11.20	31.80	20.80	29.80	6.50
个人的文化消费更当更加彰显个性	14.20	36.80	25.80	20.20	3.00

（续表）

说　　法	非常同意	比较同意	一般	不太同意	非常不同意
个人的文化消费应当同大众潮流保持一致	4.90	26.30	23.50	38.10	7.30
个人文化消费风格与其社会经济地位是一致的	19.40	48.30	17.30	13.00	2.00
到商场购物或到高档餐厅就餐是一种享受	17.60	33.70	25.00	19.30	4.40
由于平时的工作时间段不是很合理，我很难有闲下来进行文化消费	14.20	27.80	25.50	26.50	6.00

四、“15分钟社区生活圈”：探索全球化影响下的“上海购物”品牌建设

《上海市城市总体规划2016—2040》提出，一是要营造宜居、宜业、宜游、宜学的“15分钟社区生活圈”；二是在此前的建设经济、金融、贸易、航运等四个中心的基础上，增加上海要成为“文化大都市”的目标。这两个目标与上海地方商街的建设、上海城市风格的打造息息相关。而《上海市城市总体规划（2017—2035年）》又再次强调，上海要建设更富魅力的幸福人文之城。聚焦优良人居环境建设，提高人民群众的获得感和幸福感，让人民群众生活得更舒心，要打造15分钟社区生活圈。规划明确，上海不仅要打造15分钟社区生活圈，优化社区生活、就业和出行环境，社区公共服务设施15分钟步行可达覆盖率将达到99%左右。另外要构建高品质公共空间网络，增加广场、公园等独立占地的公共开放空间，推进“通江达海”的蓝网绿道建设，建成226条水绿交融的河道空间，形成总长度2 000公里左右的骨干绿道。构建黄浦江两岸地区、苏州河沿线地区滨水贯通并向腹地延伸的公共开放空间，推进重大文化集聚区建设。

《上海市15分钟社区生活圈规划导则》(以下简称《导则》)自2016年8月正式发布以来受到各界关注，在全国各大城市引起共鸣。根据《导则》，15分钟社区生活圈是上海打造社区生活的基本单元，即在15分钟步行可达范围内，配备生活所需的基本服务功能与公共活动空间，形成安全、友好、舒适的社会基本生活平台。生活圈一般范围在3平方公里左右，常住人口约5—10万人。从有利于营造兼具环境友好、设施充沛、活力多元等特征的社区生活圈的角度，建议人口密度在1—3万人/平方公里之间。社区规划编制范围最小为一个街坊，可结合现状情况、居民实际需求等综合确定，在评估时以设施服务半径和人均水平作为具体衡量标准。

十八大以来，中央对城市发展明确了若干新要求，上海市在迈向更高发展目标的过程中也面临着新挑战。提出的新举措具体包括：新的发展理念、新的城市目标、新的生活需求、新的治理方式。基于以上新形势，上海2035在国内率先提出15分钟生活圈概念，希望通过完善基本生活单元模式来反映和体现新时期的城市生活方式、规划实施、社区管理的转型。2015年，《上海市15分钟社区生活圈规划导则》的研究和制定工作启动，以规划标准和指引的方式，将生活圈的概念落实为具体化、可操作的方法，在全市进行推广。生活圈所蕴含的发展理念，是对上海长期以来所提倡的以人为本的城市生活理念的延续、传承与不断提升，尤其突出地体现在社区公共服务设施方面。新时期，在生活需求与生活环境发生诸多变化的背景下，生活圈理念需要在延续和传承的基础上进一步提升与完善，以适应生活需求的转变、城市治理的转型。从“关怀全龄生活服务需求、体现最具吸引力的生活、适应城市人口多元特征”3点原则出发，借鉴全球服务发展的6大趋势，并针对这些趋势，相应地增加适应上海的设施项目。具体包括：① 丰富多元的文化服务，② 老有颐养的乐龄生活，③ 学有所成的终身教育，④ 全面管理的健康服务，⑤ 无处不在的健身空间，⑥ 艺术便捷的商业服务。

在上海持续推进打造15分钟社区生活圈的同时，今年4月，中共上海市委办公厅、上海市人民政府办公厅正式印发《全力打响“上海购物”品牌加快国际消费城市建设三年行动计划（2018—2020年）》。在商业地标重塑专项行动中，提出——第一要打造有国际影响力的商业地标，促进南外滩、北外滩、徐汇滨江、杨浦滨江、世博前滩等区域联动发展，打造黄浦江两岸滨江商业活力带。第二要建设多层次差异化区域商圈。支持徐家汇、五角场、新虹桥、中山公园、虹桥商务区、大宁、中环、四川北路等商圈充分发挥各自优势，优化业态和品牌组合，打造有鲜明特色的区域商圈。推动国际旅游度假区、衡复风貌区、苏河湾等发展旅游度假、文化创意、海派风貌、文化演艺等商旅文联动的特色区域商圈。加强商业网点布局规划与城市交通规划、城市人口分布和区域环境等衔接。加快推进智慧商圈建设。第三要培育特色鲜明的海派商业街区。发挥上海特色商业街联盟的积极作用，打响一批历史有根、文化有脉、商业有魂、经营有道、品牌有名的海派特色商业街区。同时支持保护海派文化特色小店，着力打造展现工匠精神、凸显前店后厂、融合本土生活场景的特色主题街区，支持举办“世界逛马路日”等主题活动。

针对街区风貌提升过程中的不同情况，结合对“一站式购物”和“逛马路”两种购物便利的反思，以及街头店铺转型商业中心商铺后面临的挑战和机遇，建议有关部门在提升街区风貌的过程中，能够因地制宜，保留街区原有的个体经营品牌和人文趣味。建议：

第一，加大政策的灵活性，以移址代替拆除，以毗邻复建代替远距离搬迁，以分段治理代替集中搬迁，最大程度上保留原店原生的消费环境和消费群体。除了搬迁到规划好的商业中心外，还可以让商家选择在离旧址不远的地方开办新店，在合法经营的前提下加大政策的灵活性，特殊问题特殊处理，平衡住户、商家、消费者三方对环境的不同诉求。

第二，将城市趣味元素融入“15分钟社区生活圈”，打造“特色”上海购物，以不同的主题文化街辐射带动周边街区消费。上海以海纳百川的海派人文精神著称，在全力打造上海购物品牌的过程中，可以结合街区风貌提升的分段治理，为每条特色街区划分相应的便利型、综合性消费区域，为消费者提供家门口的方便，也为商家提供更多的创意经营空间。

第三，在街区规划过程中加强分层式消费引导，将大型购物中心与街头人气店铺的消费进行有效分流。以大型商业中心的消费人气辐射区域为核心消费区域，以周边的特色商街为散布的消费增长点，两者的热力辐射区域可以有重合。一方面小型的街头店铺可以借助大型商业体的人气提升自身的经营人气，另一方面街头店铺可以营造不同的消费环境，将人文趣味嵌入城市消费空间的扩张中，从而满足不同消费群体不同层次的需求。

打响“上海购物”品牌，重塑人文商业地标，可以与15分钟社区生活圈的规划结合起来，在提供艺术便捷的商业服务的同时，也为具有海派特色的街头店铺寻得适宜的生存之地。在打响一批历史有根、文化有脉、商业有魂、经营有道、品牌有名的海派特色商业街区的同时，也为市民提供舒适宜居、时尚便捷、充满活力趣味的“逛马路”新去处。

（曹晓华）

街道的力量：公共空间、数字化与步行街的思考

一、街道的力量

在简·雅各布斯看来，街道是我们归属感的一部分。在《美国大城市的死与生》这部都市启示录中，雅各布斯认定城市就是街道。街道不是城市的血管，而是神经网络，是积累的智慧。街道上的互动，是一个城市的公共生活的开端，只有居民才是城市最终的推动力，这一传统可以上溯到古罗马时期的公共街道。同样秉持非主流和民粹观点的伯纳德·鲁道夫斯基在《人的街道》一书中这样描述意大利的街道："街道不会存在于什么都没有的地方，亦即不可能同周围环境分开。换句话说，街道必定伴随着那里的建筑而存在。街道是母体，是城市的房间，是丰沃的土壤，也是培育的温床。其生存能力就像人依靠人性一样，依靠于周围的建筑。完整的街道是协调的空间。"① 阿兰·B.雅各布斯同样赞同简·雅各布斯的观点，他认为街道以一种最基本的方式为人们提供了户外活动的场所；同时，街道也是社交与商业活动的空间。"置身其间，你可以与人会晤——这也是我们之所以依恋城市环境的基本原因……有些街道存在的目的是为了交换商品与服务，街道是个生意场。这样的街道就是一种公共生活的橱窗，用以展示社会所提供的诱人商品。"② 阿兰·B.雅各布斯强调街道的功用并不仅仅是让人们能够方便地从一个地方到达另一个地方。"街道是组成公共领域的最主要因素，其他任何城市空间都

---

① 转引自芦原义信：《街道的美学》，尹培桐译，南京：江苏凤凰文艺出版社，2017年，第52页。
② 阿兰·B.雅各布斯：《伟大的街道》，王又佳等译，北京：中国建筑工业出版社，2008年，第3页。

望尘莫及。它们是公共财产的重要组成部分，并受公共机构的直接管理。"①

简·雅各布斯认为美国城市的活力是在非规划的、自组织的、即兴生长的街道中孕育的，人们按照需要而自然选择的生活，构成了街道赖以存在的混沌的复杂性，并创造了连续而短小的"街道眼"，从而激发出自发自由的街道芭蕾的"舞步"。伯纳德·鲁道夫斯基同样关注非传统非西方"主流"建筑的文化，他在《没有建筑师的建筑：简明非正统建筑导论》一书，突破了狭隘的学科藩篱和社会偏见，展示了可容纳十万观众的美洲史前剧院区域、供数百万人居住的地下城镇和乡村等奇观。鲁道夫斯基希望在那些公共空间的"原始"建筑之美中，找到陷入困境的工业时代人类生活的出路。鲁道夫斯基认为，街道作为城市公共空间的核心组成部分，是建筑智慧与人类生活方式的交汇点。可以说，街道聚焦了人类生存和发展的核心问题：如何更高质量地可持续地生存，以及在生存过程中如何维持和谐共处的邻里关系。

人的活动是阿兰·B.雅各布斯关注的焦点，在街道上人与人的关系中，他更强调街道是一种人的运动：人们四处观望、穿行其间：那些擦肩而过的人们的脸孔和身形，那些变化的姿态与装扮，都在不间断地运动着。同样认同简·雅各布斯的理念的珍妮特·萨迪-汗担任过纽约交通局长，在6年多的城市治理过程中，她始终关注街道与人的力量，她认为不仅仅是纽约市民，而是世界范围内的城市居民都开始意识到街道的重要性，并希望追回属于他们的街道，因为人们开始意识到从未被满足的对于城市宜居公共空间的渴望。在《抢街：大城市的重生之路》一书中，珍妮特·萨迪-汗认为街道是一个城市社会、政治与商业的动脉，街道也划分着政治与文化的边界："一直以来，城市是孕育文化、科技、商业的摇篮，历史上的先进思潮和文明在此碰撞交汇。然而，当今世界特大城市的街道上却鲜能体现出这种创新性……如果一个城市的街道非常适宜人们步行、骑行或者闲坐，那么这座城市也会激发

① 阿兰·B.雅各布斯：《伟大的街道》，王又佳等译，北京：中国建筑工业出版社，2008年，第308页。

人们创新，促进投资，并吸引人们长居于此。”①

迈克尔·索斯沃斯和伊万·本-约瑟夫在《街道与城镇的形成》一书中，不仅认同街道是聚拢城市居民的黏合剂，而且认为街道是为城市生活而搭建的公共框架，而不只是仅供车辆穿梭的交通通道。和珍妮特·萨迪-汗一样，他们也认为街道应当发挥鼓励街头生活的优势，应当而且必须能够适应不同的使用者。街道网络应当满足行人、骑行者、出租车、公交车等使用者的共同需求，应当用于维系居住区的宜居性。“街道建设的目标是创造出功能完备、适宜居住的街道，而且要使得这些街道关联所处的自然与历史背景，支持所处社区的社交生活，并且对使用者而言它们既舒适又安全。”② 迈克尔·索斯沃斯和伊万·本-约瑟夫认为街道设计标准必须对自然与历史环境、社会生活与文化具备灵活性和灵敏的反应，这已经接近了阿兰·B.雅各布斯讨论的“伟大的街道”的问题。

阿兰·B.雅各布斯坚信“伟大的街道造就伟大的城市”。当阿兰·B.雅各布斯提出“伟大的街道”这一理念时，他清醒地意识到这是一个没有标准答案的问题，散步的场所、物质舒适性、清晰的边界、悦目的景观、协调性、良好的维护管理措施，这些显然都是伟大街道所应具备的物质特征。但是光有这些是远远不够的，伟大的街道一定是和人联系在一起的，一定是和人的活动联系在一起的。人们在这样的街道公共空间能够彼此交流、不再感到孤独；能够聚集起来，创造有意思的社区生活。这样街道不仅成为社会化的容器，而且成为表达公共见解的场所，人们在街道上感觉到舒适和安全。“最优秀的街道能给人带来强烈、持久、积极的印象；他们抓住你的眼睛和想象。这里是快乐的地带，让人们不知不觉希望故地重游。”③

---

① 珍妮特·萨迪-汗等著：《抢街：大城市的重生之路》，宋平等译，北京：电子工业出版社，2018年，引言第xv—xvi页。

② 迈克尔·索斯沃斯和伊万·本-约瑟夫：《街道与城镇的形成》，李凌虹译，南京：江苏凤凰科学技术出版社，2018年，第3—4页。

③ 阿兰·B.雅各布斯：《伟大的街道》，王又佳等译，北京：中国建筑出版社，2008年，第306页。

二、步行的困境

阿兰·B.雅各布斯认为伟大的街道中一定蕴藏着一种魔力，这种魔力含有想象力和灵感等不可思议的属性。步行，也许是发现街道魔力的最有效的手段；或者说，在城市街道中步行本身就具有一种特殊的魔力。

丽贝卡·索尔尼在《走路的历史》一书中认为：走路不应追求以最快速度走最短路程；相反，走路不只是日常生活中寻常的移动方式。正如卢梭认为的那样，步行是一种简约的运动与沉思方式。丽贝卡·索尔尼描摹了一些近现代著名行者的“肖像”：卢梭只有在徒步旅行的时刻，才想得这么多，活得如此鲜活，体验如此丰富，能尽情地做回自己。卢梭的一部晚年作品，每一章的题目都有“行走”两字，这部描绘思想和步行关系的著作就叫《一个孤独散步者的遐想》。克尔凯戈尔也关注步行与思想的联系，也同样是一位行者。克尔凯戈尔每天最大的娱乐就是在哥本哈根的街道上行走，他从未在家里接待过客人，他的客厅就是哥本哈根的街道。在步行中和许多路人维持泛泛之交的方式，使克尔凯戈尔能够既疏离人际关系又置身于人群之中，这使他能够同时沉浸于自己的思想之中。本雅明堪称伟大的街道游荡者，对于本雅明而言，城市是只能借步行游荡来理解的组织，在本雅明称为“十九世纪的首都”的巴黎，与步行游荡相关的拱廊街、休闲、群众、疏离、观察等等组合而成的空间秩序，与叙事和纪念等时间秩序形成了鲜明的对比。本雅明本人从未明确定义过游荡者，但他使得游荡者成为二十世纪末学者的重要研究主题。[①]

在本雅明看来，游荡者出现在十九世纪初城市面积变大、街道网络变得复杂的时候。丽贝卡·索尔尼则认为，步行的黄金时代是18世纪至20世纪

① 参见丽贝卡·索尔尼：《走路的历史》，刁筱华译，上海：上海三联书店，2018年，第20—229页。

70年代，那时的人们不仅重视散步，还热衷于创造步行地点。1970年代大多数美国人已经迁往郊区，郊区化大幅改变了日常生活的规模和质地，步行已经不再指涉休闲时间、自由而迷人的空间和不受阻碍的身体。安德鲁·杜安尼在《郊区国家：蔓延的兴起与美国梦的衰落》一书中同样批评美国的郊区化进程："土地的细分缺少灵魂，所谓的居住'社区'中却根本没有社区生活；带状的购物中心，'大盒子'样的连锁店，那些超大型的购物中心明明淹没在枯燥乏味的停车海洋之中却人为地造出一派欢乐气氛；办公园区极度整洁却又单调无奇，一过晚上六点就成了空荡荡的死城；堵了一英里又一英里的集散道路是唯一能将我们散了架的生活绑在一起的建筑物——这些就是所谓的生长，我们简直找不出任何理由来支持它继续存在下去"。[①]安德鲁·杜安尼和丽贝卡·索尔尼都认为，郊区景观的无序蔓延，是华而不实的仿制品取代优质社区生活的过程，工作场所、商店、公共运输、学校、社会生活都远离住所，千篇一律、过目即忘的低品质郊区物质环境，同时影响了个体家庭和社区的生活水准。汽车和大型购物中心，也没法使得人们的生活更加便利；人们可以在郊区行走，但郊区几乎没什么地方可去。人们逐渐遗忘了行人的身份。在郊区生活中，"步行仍适用于汽车与建筑物间的地面和建筑物内的短距离，但步行作为文化活动、欢乐、旅行和闲逛方式在消退，身体、世界和想象间古老的深刻关系也在消退。"[②]

更重要的是，与步行城市相对立的美国郊区已经在全球范围迅速蔓延，成为发展中国家纷纷效仿的现代郊区模式。无论是步行城市，还是美国郊区，都离不开符合其需求的基础设施，步行城市有紧凑的建筑物、小尺度的街道网络、花园、人行道、拱廊、荒野小径等等，人们在轻松步行的时候，可能遇到熟人或者陌生人，也可能在街角的转弯处发现惊喜；而美国郊区的建筑则很分散，完全依赖公路、停车场、大型购物中心等基础设施；这使得步行成为

---

① 安德鲁·杜安尼等：《郊区国家：蔓延的兴起与美国梦的衰落》，苏薇等译，南京：江苏凤凰科学技术出版社，2016年，第11页。

② 丽贝卡·索尔尼：《走路的历史》，刁筱华译，上海：上海三联书店，2018年，第267页。

了一件无聊的事情，沿途的风景平淡无奇缺少变化，路上行人稀少，而当你想穿越马路时，车辆通常不太友好且险相环布，步行也就大幅减少，甚至不被期望。郊区世界是依照汽车的尺度打造的，这是机器能够快速通行的世界，而不是身体能够舒适移动的世界，从理论上说加快移动的速度更高效，也能够制造更多的休闲时间，但事实上即使生活在美国郊区的人们依然发现他们的休闲时间比父辈们明显减少了。增加的运输速度只是将人连接往更分散的场所，而不是将人从旅行时间中解放出来。简·雅各布斯早就指出当汽车以庞大的数量入侵城市时，汽车交通将有力地挤压城市空间之外的剩余的城市生活，这标志着一种侵蚀过程的开始，标志着缺乏人气的无活力城市的蔓延，最终受损的是城市生活所必需的环境和生活质量。当机器加速的时候，生活也在同步加速。步行的困境，并不仅仅是缺乏步行的空间，我们同时也缺乏步行的时间。当步行已经不是平常活动时，步行者对于步行这种不寻常的事情也会感到不安，源自步行黄金时代的观察、探索和期待的欲望，已经慢慢趋于消沉。一个对行人不包容的环境和时代，也往往是不安全的、不开放的。我们对自身身体日益负面的判断，同时也造就了与身体的自然属性渐行渐远的城市环境："身体日益被理解为太慢、太脆弱、不值得托付期望与欲望——就像等着被机械运输的包裹。为容纳机器运输，我们的环境已成为拥有航路、高级道路、降落场、能源的环境。"①

当美国郊区成为一种生活方式，而不仅仅是空间安排时，街道、社区和步行的质量下降同样会发生在城市内部。街道会被移到城堡式的购物中心或者艺术中心的内部，商业广场加艺术中心加停车场式的大厦，改变了城市街道的多样性与密度，破坏了行人、街道、店铺之间的良性互动。"无街可逛"的城市环，同时也把步行降格为低社会地位的表征。步行的困境昭示了城市不健康的种种迹象："'走到学校'是进入世界的第一步，对许多代孩子而言，同样变成较不寻常的经验。电视、电话、家庭计算机和因特网完成了郊区发端、

① 丽贝卡·索尔尼：《走路的历史》，刁筱华译，上海：上海三联书店，2018年，第276页。

汽车加强的日常生活的私人化。它们使走入世界变得较不必要，因此人们对公共空间和社会状况的恶化采取的是忍受而非抗拒的态度。”[①]

三、技术的压力

街道、步行和城市活力，面临的并不仅仅是汽车、大型购物中心、郊区生活方式等的压力，更大压力其实来自数字化技术。阿兰·B.雅各布斯认为“技术让城市变得不再必要。发达的通信手段和新的生产方式，让人与人之间近距离的居住模式和面对面的交往方式成为老生常谈。新的生产方式让城市成为剩余之物，它为我们提供的安全保障已经可有可无，城市本身迟早都会消失。”[②]丽贝卡·索尔尼也认为：“与大自然疏离通常被描述为与自然空间疏离。但感知、呼吸、生活、移动的身体也是对大自然的体验：新科技和空间能带来与身体和空间的疏离。”[③]

这种疏离感已经导致生活的各个方面严重退出公共空间，当电商和物流便捷地把外卖和食材送到家门口的时候，餐馆、街道和商场要付出怎样的努力，才能让人换下睡衣出门？同时抖音和朋友圈又在深刻地影响着我们的选择和期待。围墙、保安、安防系统，以及隔离式都市设计，也让“宅”的生活更加简单易行。克尔凯戈尔在一百多年前就曾这样呼喊过：令人难过和丧气的是，盗贼和菁英分子只在一件事上意见相合：过隐匿的生活。当外卖、直播还有电商平台等数字化技术深入穿透我们生活时，生产和供应的链条就已经被重组了；当点评软件在引导人们选择消费行为的时候，传统的街道上的区位因素已经发生了本质的改变；当电商平台和物流快递日益壮大的时候，实体零售行业的生存空间寒冬就已经来临了。前不久Yeast工作室和宜

① 丽贝卡·索尔尼：《走路的历史》，刁筱华译，上海：上海三联书店，2018年，第270—271页。
② 阿兰·B.雅各布斯：《伟大的街道》，王又佳等译，北京：中国建筑出版社，2008年，第306—308页。
③ 丽贝卡·索尔尼：《走路的历史》，刁筱华译，上海：上海三联书店，2018年，第275页。

家Space 10联合发布了一份有趣的报告，以人口超过1 000万的中国超大城市饮食变化为样本，分析数字化技术如何影响到人们真实生活的城市、并进而影响其中人们的饮食。当外卖和快递变得习以为常的时候，人们对于消费时间、消费地点、消费方式的认知会极大地改变，城市的街道和交通面貌也会因为供求关系而发生改变，就像从前的行人影响过街道和商铺一样，如今的外卖和物流也改写了城市的空间布局，那些没有就餐空间、只提供外卖的“暗厨房”，往往会选择租金便宜的居民区，外卖平台的骑手们频繁穿梭在这种只生产餐品的餐品配送中心，这种所谓的城市“中间区域”，并不是通常商铺聚集的街道，而是离主要商业街三公里距离、同时又接近住宅区的地方，这同时也改变了商业选址的区位逻辑，数字业务以这种方式改变着实体城市，造成的结果可能是这些街道缺乏文化多样性。外观一致、人流量较少的“暗厨房”、咖啡馆的流行，会让社区街道里有特色的餐馆、杂货店减少。街道上依然营业的零售店和餐馆，也会因为新增的外送服务改变原有的空间设计，街道上海还会新生一些纯粹作为在线订单调度中心的商铺。街边摊和社区小店要么被不断士绅化的城市变迁所吞没，要么直接被纳入数字化的电商网络，成为各种电商的前置仓或者延伸点。网红和直播引领着商品潮流，社交网络和点评网站则颠覆了权威机构的评级，决定着人们吃什么、买什么、怎么吃、怎么买。①

当“数字化”和“城市化”深度重叠和交织的时候，数字化已经重塑了街道的内涵，也重新界定了街道的打开方式，步行的困境则愈发变得复杂。海德格尔意识到我们追问技术，目的是为了弄清技术和我们之间的关系，其实技术是人所依赖的某种人自己并不能真正主宰的东西，海德格尔认为我们至今仍旧深信不疑的关于技术的中性把握，使我们对技术的本质依然茫无所知。当技术的力量深刻影响着城市和人的存在发展方式的时候，当步行逐渐淡出日常生活的时候，当街道因此而失色的时候，我们自身显然也在

① http://www.qdaily.com/articles/61102.html。

遭受难以意识和预料到的损失。在电商崛起、消费升级的大环境之下，城市的街道如何在日常生活中焕发风采，满足消费者的各种需求，已经不仅仅是硬件升级改造的问题，同时也面临着重新定位、构建新的内涵和参与方式等诸多挑战。阿兰·B.雅各布斯的立场也许是值得钦佩的：“即便认可城市生活已经一无是处，很多人还是喜欢生活在这里。我们不断建造、并生活在城市环境中，不是因为我们不得不这样做，而是因为它为我们呈现出一派繁荣，让人心满意足。城市街道曾经在这个过程中扮演过极其重要的角色，今后也仍将如此。”①

四、消费趋势争议中的步行街

商务部提出了要在2020年成为世界第一商品消费大国、在2035年成为世界第一消费大国的目标。2018年6月颁布的《步行街改造提升方案编制要点》，则是达成这一目标的一大举措，是商务部面对消费升级和城市发展的形势，推出的行动计划安排。商务部支持有条件的城市选择基础较好、潜力较大的步行街进行改造提升，力争用2—3年时间，培育一批具有国际国内领先水平的高品位步行街。由于我国城市消费占到居民消费的70%以上，高品位步行街无疑被看成了挖掘城市消费潜力的抓手。

高品位步行街，究竟能否成为满足消费升级需要的重要平台？成为培育扩大城市消费的有效载体？成为塑造代表城市形象的靓丽名片？这不仅取决于步行街的自身建设，也取决于经济周期和消费趋势的演变。在消费增速回落、低价电商平台兴起、中美贸易摩擦持续的背景下，“榨菜泡面二锅头，骑上摩拜遛一遛”的声音，成了朋友圈里流行的自嘲段子。消费究竟是在升级还是降级的争议，引发了全社会的关注。社会消费品零售额增速下降，拼多

① 阿兰·B.雅各布斯：《伟大的街道》，王又佳等译，北京：中国建筑出版社，2008年，第306—308页。

多的异军突起，榨菜、方便面、二锅头的利润大增，都是不争的事实。根据国家统计局的数据，2012年以来，中国社零消费增速从2011年的18.5%逐步降至2018年的10%不到，2018年前7个月增速也有0.9个点的下降。与此同时，康师傅2018年上半年的方便面销售额达111.34亿元，同比增长8.4%；涪陵榨菜上半年的营业收入10.64亿元，同比增长34.11%，净利润3.05亿元，同比增长77.52；生产低端酒牛栏山二锅头的顺鑫农业上半年营收72.33亿，同比增长10.45%，净利润4.81亿元，同比增长96.78%。

低价商品大卖，是否意味着消费降级？天使投资基金青山资本有着不同的解读。青山资本认为，过去15年间榨菜行业整体销量增速基本保持在3%～5%之间，可谓相当稳健，行业龙头涪陵榨菜的大幅提价，才是推动其业绩增长的主因，而消费者对榨菜涨价的不敏感，应该被看成是消费品质的提升。根据尼尔森的调研报告，2017年全国方便面市场整体销量仅上涨0.3%，销售额上涨3.6%，方便面市场营收增长，主要得益于容器面与高价袋面销售的拉动，这是行业整体向中高端的转型升级的结果。顺鑫农业白酒业务营销售收入的增长，则来源于外埠市场拓展。社零消费仅仅包含实物性的商品消费，无法反映社会消费的总体状况，消费趋势必须考量教育文娱、医疗保健、交通通信等服务性消费和虚拟消费的增长情况。根据文化和旅游部的数据，上半年国内旅游人数达到28.26亿人次，同比增长了11.4%，国内旅游收入2.45万亿元，增长12.5%；上半年全国电影票房320.3亿元，观影人次达到9.01亿，分别增长17.8%和15.3%；上半年化妆品类商品增长了14.2%；全国居民人均体育健身活动、旅馆住宿支出分别增长了39.3%和37.8%。①

从消费结构的变化、人均可支配收入的增长、理性消费习惯的养成等角度，也许可以认定消费降级是一叶障目的看法，但是消费降级其实是一种忧虑心态的表达，而不是理性客观的经济学分析。瑞银证券分析师彭燕燕认

---

① https://www.huxiu.com/article/261565.html.

为，从2017年9月到2018年5月，中国消费情绪高涨，主要源于房价上涨带来的财富效应，而随着国家加强对房价管控、P2P平台爆仓和贸易战爆发，中国消费者信心可能在未来3—6个月内持续降温。在瑞银的厨房家电调查中，二线城市消费者仍处在消费升级阶段，家电购买预算在不断增加，而一线城市中产阶级的需求却在低端化，一些特别有钱的人，消费还在往上走，但中间阶层的消费已经出现往下走的趋势。[①]

直观感受和情绪引领的消费降级的议论，并不仅仅意味着假象或者错判，需要认真对待的是，这种缺乏安全感和信心的感受与情绪是否会蔓延？这种忧虑和疑惧会在多大程度和多大范围蔓延？步行街是城市商业的发源地，也是各种商业资源的集聚区，既是本地居民消费的重要场所，也是国内外游客愿意光顾的热点。打造高品位步行街，无疑是推动消费升级、发展城市商业的有力抓手，能够直接拉动社会零销、直观营造繁荣的商业气氛。从某种意义上，也是把电子商务的流量导向实体商业的一个举措。据商务部调查，全国经营面积在2万平方米以上的步行街、商业街超过2 100条，总经营面积超过1亿平方米。其中，36个重点城市有步行街约600条，经营面积占全国总经营面积一半以上。2018年7月10日发布的《商务部办公厅关于推动高品位步行街建设的通知》认为，我国目前已有相当数量、不同类型的步行街，在丰富居民生活、活跃城市经济方面发挥了积极作用，但与国外知名步行街相比，不同程度上存在环境不佳、档次不高、功能不完善、特色不突出等问题，与现代城市发展方向和消费升级趋势不相适应。这样的步行街，显然无法成为重要的城市IP。中国工程院院士何镜堂曾对“城市IP”作过专业的解释：地域性是城市发展的根基，文化决定了城市的内涵和品位，而时代则体现了城市的精神和发展，这就是城市的IP，也就是城市的精神灵魂。[②]

---

① https://baijiahao.baidu.com/s?id=1609651152099923770&wfr=spider&for=pc.

② http://www.chinatimes.net.cn/article/72483.html.

五、牛津街和旺角步行街的生与死

在商务部看来，国内现有步行街还不够好，步行街建设还不到位，离高品位还有相当的距离。那么如何定义高品位呢？商务部流通业发展司司长郑文在接受《经济参考报》记者采访时认为，“高品位应该是消费者的直观感受，是步行街硬环境、软条件的综合体现。”他概括了高品位步行街的五个主要特征：区位优越，商业资源丰富；环境优美，公共设施健全；功能完善，名品名店集聚；特色鲜明，文化底蕴深厚；消费吸引力和辐射带动力明显，在国内国外享有较高知名度和美誉度。郑文认为，“从国外看，高品位步行街已经成为国际化大都市的‘标配’。像大家都熟悉的纽约第五大道、伦敦的牛津街、巴黎香榭丽舍大街、东京银座、莫斯科红场的阿尔巴特大街等。”[①]

郑文提到的高品位的伦敦牛津街，无疑是伦敦重要的城市IP。其实，牛津街要到今年年底才会变成一条真正的步行街。2017年11月6日，伦敦市长萨迪克·汗（Sadiq Khan）和伦敦交通局宣布，牛津街将要转变为一条步行街，整个项目预计花费6 000万英镑，由政府和私募基金提供，伦敦交通局称此次投资规模在伦敦市中心堪称史无前例。牛津街是伦敦最著名的购物街道，1.25英里长的牛津街入驻了超过300家的大型商场，堪称伦敦最吸金的商业街。牛津街同时也是伦敦市中心重要的交通干线，每小时有50辆公共汽车运行，在空气污染严重的同时，也存在着很大的交通隐患，由于牛津街的人行道与两条机动车道并存，行人、出租车、公交车、自行车的混行，导致了交通事故频发，每年平均要发生60起撞击事故。伦敦市长萨迪克·汗认为，那么赚钱的牛津街，其实步行最好。原本只有在圣诞节的时候，牛津街才会短暂地变身为步行街，萨迪克·汗说，改造后的牛津街将每天都过圣诞节。牛津街改造成步行街的计划将分三个阶段进行，先是牛津广场到Selfridge百货的西

① http://www.jjckb.cn/2018-07/10/c_137314372.htm.

段，将于2018年底改造完成，步行街将被绘上色彩鲜艳的色块，成为两边布满绿化带和公共艺术作品的林荫大道。从牛津街至托特罕姆宫路站的向东延伸段，将会在2019年12月前后变成步行街。一直延伸到海德公园旁的大理石拱门站的最终段，将在2020年底变成步行街。[①]

根据上海大数据交易中心提供的数据，牛津街每日9万人次的客流量只有上海南京路步行街（日客流量35万人次）的四分之一，牛津街20万平方米的商业总面积也只有南京路（70万平方米）的三分之一强，但是牛津街1 720美元的每平方英尺/年的租金却是南京路（411美元）的四倍多，牛津街10 596元的人均单次消费额是南京路（1 997元）的五倍多，牛津街12%比88%的当地和国际游客比也是南京路（3%比97%）的四倍。从数据对比可以看出，中国步行街无论从商业价值还是城市IP的角度看，都还需要作出相当大的努力，同时也有相当大的发展空间。

如果说牛津街准备迎接的是步行街的诞生，那么香港旺角行人专用区在8月4日已经迎来了18年步行街生命的终结。无论是牛津街还是旺角行人区，都是以商业特色闻名的，但是作为城市IP，它们都具有超越商业价值的特色，改建后的牛津街除了保持原有的英伦特色，还将设立休憩的长凳和数个小型的公共广场，而旺角行人区虽然商业氛围和价值比不上牛津街或者香港中环，但是作为特色鲜明的公共空间，同样成为重要的香港城市IP。

2018年5月24日，香港油尖旺区议会以15比1（1票弃权）通过了一项取消旺角行人专用区的动议。旺角行人专用区因为有着香港最多的街头表演，它的去留，引发了本港居民和访港游客的高度关注。令人欣慰的是，这次会议同时全票通过了另一项动议，要求政府另辟其他区域开设行人专用区，供街头表演者推广本地文化。香港政府在1999年的施政报告中首次提出系统性地建设行人专用区，第二年旺角行人专用区就应运而生了。运输署在西洋菜南街和附近三个街道分时段“永久”设立行人专用区：周一至周六4pm—

① http://www.sohu.com/a/203196529_418、https://consultations.tfl.gov.uk/roads/oxford-street/

12am，周日及公众假期12pm—12am；在2003、2004年旺角行人专用区又两次扩大了范围。政府设立行人区的初衷，当然有减轻空气污染、行车噪声、舒缓交通、方便行人的目的，但更有鼓励消费与商业发展的考量。一开始步行街还比较安静，但表演者越来越多光顾后，有关噪声和光污染的投诉就急速上升。从2014年初开始，行人区开放时间缩短为周六周日两天，但是噪声和光污染的问题依然无法解决，2016、2017年噪声投诉达到1 224和1 276宗。同时，众多的小商小贩、街头广告易拉宝和商业宣传活动，也造成行人区的进一步混乱。另外，也有不少香港民间团体在行人区做公开演说、政治宣传和讨论公共议题。[①]

旺角行人专用区18年的生命历程，引发了我们有关步行街的深入思考，当步行街促进社会消费的目标与其他城市诉求（比如城市公共空间）发生交融、甚至冲突时，究竟应该如何处置？有人预测旺角行人专用区取消后，商业宣传活动有可能从街面转到行人道，另外阔别已久的人车争路、空气污染和行车噪声问题又会重新出现。步行街的发展，的确需要更宏大的视野和更精细化的城市管理。

六、公共空间与城市IP

2017年，哥本哈根庆祝建城850年时公布了一份10人名单，认为这10位杰出人士共同形塑了这座城市，他们包括12世纪的大主教阿布萨隆、丹麦文学之父剧作家霍尔堡、嘉士伯啤酒的缔造者卡尔·雅各布森和城市设计师扬·盖尔。2016年，哥本哈根被美国《Metropolis》杂志评为全球最宜居的城市，人性化的步行街区和自行车道是哥本哈根这座宜居城市的主要标志，扬·盖尔用了五十年的时间参与了这座城市的宜居改造。扬·盖尔参与建成了1962年哥本哈根的第一条步行街Strøget，出发点也是为了营造商业

① http://www.qdaily.com/articles/53627.html

氛围，鼓励慢节奏的公共生活。这条当时世界最长的步行街的建成，突破了人们对于寒冷天气是否适合步行的疑虑，当年就使哥本哈根的步行人数增加了35%。直到今天，哥哈仍在持续完善服务于慢速交通系统的基础设施。扬·盖尔主要的研究方法是长期经验观察，也就是他说的“公共空间/公共生活调研”，他曾经一整年都在哥本哈根街头点数行人、观察他们的活动轨迹，他注意到了影响公共空间与公共生活的各方面因素，包括广场的设置、街道的分布、吸引行人滞留的原因、天气对步行和户外活动的影响，以及人们更愿意、更喜欢停留的地点和时长等等。①

上海制定了全力打响“上海购物”品牌、加快国际消费城市建设的三年行动计划，把建设具有国际先进水平的商圈商街和彰显海派文化的特色商业街区列入重点任务，将把南京东路、南京西路、淮海中路等打造为世界级地标性商业步行街。有意思的是，扬·盖尔曾经在南京路的街头拿着铅笔点数过路人，为南京路步行街出谋划策，他发现了两个问题：一是南京路步行街与南京东路人流量差距很大；二是与其他全球卓越城市相比，南京东路工作日与周末人流量差距很大。扬·盖尔分析出了三个成因：一是步行网络存在缺失的链接部分，指的是联系南京路步行街和外滩的南京东路，南京东路虽然人流量很大，总长度550米也算不长，但是没有从步行的角度有机地联系两个重要的城市节点，而且街道品质也不够高。正是这个缺失的一环，造成了步行主网络的脱节，由西向东延伸的南京路就从商业氛围浓郁的街道，陡然变身为银行、酒店更多的商务区。二是南京东路两端的行人过街(河南中路和中山东一路)，机动车路权太高，相反过街流量不足，再加上行人等候红绿灯时间过长和过街斑马线的狭窄，妨碍了人们便利地前往外滩。三是南京东路沿线人行道宽窄不一，路灯等的设置进一步收窄了人行道的有效宽度，在最狭窄的地方常常会出现人车争道的现象，这样就使得步行的顺畅性和趣味性打打折扣。扬·盖尔给出的解决方案是：改变南京东路作为末端环路的功能，

① http://www.qdaily.com/articles/56135.html

调整一部分公交车的线路设置，禁止通过性的交通，仅保留上下客性质的到发性交通，拓宽人行空间，改善行人过街的便利度，设立醒目的指示标牌，增强步行体验的舒适度，有效地通过步行衔接外滩和南京路步行街。①

扬·盖尔持续五十多年的城市规划工作，给我们的启示是，步行街作为重要的城市IP，可以是商业街，也可以不是商业街，更重要的是，慢节奏的出行方式应该成为观察城市、体味城市的有趣方式。和扬·盖尔一样喜欢在街头点数路人的威廉·怀特，也非常关注街道、露天的市场和休憩空间，他同样提倡用人气和商业活力，把街道、广场和停车场改变成熙熙攘攘的"人的场所"，他在《小城市空间的社会生活》一书中告诫我们，公共空间，无论是商业的还是非商业的，归根结底是人们聚会的场所。人和人对空间的使用，才是城市IP的核心，才是人性城市的首要特征。以人为中心，让人们重新回到公共空间，其实是一种成本更低、更可持续的城市改造和更新方式，这在电子商务独步天下的时代，尤其值得我们关注。扬·盖尔认为所有的出行、公共空间和城市都与'人'相关。我们是谁，我们的身体如何进化来的，我们的出行系统如何组织，我们的感官如何组织，我们在空间中的行为，我们读书、亲吻和争吵的方式……这些都是（人类）几百万年的进化过程的一部分……我强烈认为，我们人类这个物种，是有一些基本共性的。我们看到，中国的老城和哥本哈根的老城完全一样，因为它们都是直接为人类修建的。我们真正需要的是"为人"修建的城市。（https://www.douban.com/note/588931665/）扬·盖尔在《人性化的城市》一书中确立的人性化维度，同样应该成为今天我们建设高品位步行街的重要目标：充满活力的、安全的、可持续的、健康的——能够通过提供对步行人群的、骑车人和城市生活的总体关注。②

（包亚明）

---

① http://www.sohu.com/a/153136627_649686

② 扬·盖尔：《人性化的城市》第6页，欧阳文等译，北京：中国建筑工业出版社，2010年。

文化消费与空间转型

消费的创新升级：
上海城市消费中心的转型调研

一、引　　言

对于消费空间分布结构的研究需结合当前消费社会发展现状和消费相关的城市发展背景，理解消费空间的分布与消费社会之间的关系。上海是一座因商而兴的城市，商业始终是上海这座城市的支柱之一。上海市商务委员会数据显示，2017年上海消费规模全国城市第一，社会消费品零售总额达到11 830.27亿元。随着社会经济的不断发展，上海的消费中心不断转型扩散，商业空间结构不断完善发展，以更好地服务居民消费需求。

二、新经济背景下消费的城市载体——上海

当前上海正处于新经济发展的新时期，回顾改革开放以来上海商业中心

发展，可以看到的是消费空间等级体系逐渐完善的过程，各等级的商业中心在数量和能级上都得到了较大的发展；人均收入的稳步提升带动了消费需求的增长和消费能级的提高；城市发展愿景的导向为上海未来消费创造了发展空间和宝贵机遇，也提出了发展要求。

（一）商业空间结构的发展

目前，上海全市共有50多个市区两级商圈，超过220个城市商业综合体和67条特色商业街区。目前，商业综合体商业建筑超过1 600万平方米，销售规模超过1 500亿元，客流量超过21亿人次。随着改革开放以来上海商业中心发展的等级体系逐渐完善；市级商业中心整体规模和服务水平均得到很大程度的提高；部分商业中心在形态和能级上都有较大的发展，并被划入更高等级。整体发展历程可划分可基本可以分为四个阶段：

1. 改革开放初期至1990年代前的发展起始阶段："四街"为主导

改革开放初期的上海商业尚不发达，城市商业中心也未能得到相应的规划建设。城市人口在内环内高度集中，自行车和公交车是主要交通工具，逛街成为当时主要的休闲生活方式。至1990年代前期，上海市有关部门确定27个市、区级商业中心，其中构成上海四大市级商业中心的是四条商业街——南京东路、淮海中路、四川北路、西藏中路。其历史均可追溯到建国前，消费空间也主要依托的是各自历史时期形成的百货商店。这些百货商厦在收归国营后依然是当时上海乃至大陆最大的商业建筑，数量的多少更标志着各大商业街的繁荣程度。至1990年代外资百货兴起前，以南京东路为首的四条商业街依靠其所拥有的百货商场延续主导地位（图1）。

宁越敏于1982年采用聚类分析将上海市商业中心等级进一步划分为三级、六类。其中，一级市商业中心有南京路、淮海中路、四川北路；专业商业中心为北京东路、福州路、豫园；一级区商业中心有西藏路、金陵路、老西门、静安寺、徐家汇等，二级区商业中心包含长阳路、提篮桥、打浦桥、曹家渡、中山公园等；此外有若干小区及新村级商业中心。可见，其划分的一级商业中心在实际

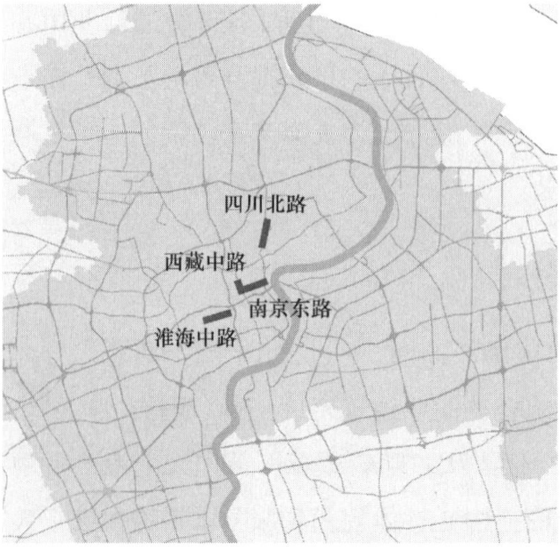

图1 "四街"为主导的市级商业中心布局

资料来源：笔者整理相关资料自绘

的空间范围上是与"四街"基本相同的，从数据上验证了这一主要商业中心结构特征。

2. 1990年代至2000年代初期的起步发展阶段："四街+四城"体系形成

随着改革开放力度加大、城市的蔓延发展和上海地铁的建成，伊势丹、巴黎春天、张杨路等外资百货迅速增加，商业设施和购物环境也得到显著改善。王德、张晋庆根据1995年"上海市第二次全市交通调查"中的消费出行数据所作研究，反映了结构清晰的四级商业体系：南京东路为一级商业中心（市级商业中心）；四川北路为二级商业中心（准市级商业中心）；静安寺、人民广场、淮海中路为三级商业中心（次商业中心）；沪西体育场、国际展览中心、上海电视台、豫园、杨浦体育场、虹口体育场、和平公园、徐家汇、五角场为四级商业中心（区商业中心）。

在1990年代末，徐家汇和浦东新上海商业城依靠国资百货兴起，南京西路也凭借新建的梅龙镇广场和恒隆广场等购物中心后发制人。根据《上海商业发展第十个五年计划纲要》的回顾总结，市级商业中心在布局上由原四街南京东路、淮海中路、四川北路、南京西路（替代西藏中路），扩展至徐家汇商城、豫园商城、新客站不夜城、浦东新上海商业城的"四街+四城"（图2）。商业空间在整体上初步形成以"四街+四城"为核心，地区商业中心和居住区商业中心为支撑的"多层次、多心化、团组式"的商业格局。

宁越敏于2005年将上海市31个主要商业中心重新划分为"市、区、居住（小）区"的三级六类，其中一级市商业中心包括南京东路、淮海中路、四川北路、徐家汇，二级市商业中心为豫园、南京西路，而新客站和新上海商业城则与五角场等地区归类为一级区商业中心。由此可以看出在这一时期同为市级商业中心的“四街”整体规模和服务水平稍大于“四城”。

图2　“四街+四城”的市级商业中心布局

资料来源：笔者整理相关资料自绘

3. 十一五至十二五时期的初步成型阶段：市级商业中心得到扩充

随着上海地铁线路网络的初步形成、城市规模的加速扩张、大量购物中心的兴建使得中环附近的新兴商业中心得到有力发展。徐家汇、江湾五角场、新天地等商业中心，随着购物中心的成功运营发展而得到升级，其中江湾五角场和中山公园借助五角场万达、百联又一城、龙之梦三大购物中心提升为市级商业中心。在十一五期间，上海在八个市级商业中心的基础上数量增加至10个。结合建设24个区域商业中心、10个特色功能区、20条风情专业街以及40多个新型社区商业中心，基本形成了多层次、多中心、网络化的发展格局。

图3　初步成型阶段的市级商业中心布局

资料来源：笔者整理相关资料自绘

在2010年代初，《上海商业“十二五”发展规划》和2009版《上海市商业网点布局规划纲要》在已有10个市级商业中心的基础上，近期规划新增新虹桥、中环2个市级商业中心（图3）。市级商业中心在规模上要求商业设施集聚在不少于25公顷的空间范围内，规划商业设施建筑面积约60万～100万平方米，商务建筑面积约150万平方米以上；服务人口为50万人以上，日客流量达到20～30万人次左右，其中外来消费者占50%以上。结合大型交通枢纽、地区公共活动中心、大型商务区和居住区等建设，近期规划建设和完善17个地区级商业中心，远期规划新增5个地区级商业中心。在中心城共规划102个左右的社区级商业中心。此外，近期规划30条特色商业街，远期规划新增20条特色商业街。

4. 十三五时期的深化发展阶段：15大市级商业中心和“3+1”布局体系

在十三五时期，随着上海城市化进程的加速及地铁网络的逐渐完善，商业中心分布由随着中心城区的蔓延而向外扩展，并向郊区新城辐射（图4）。居民消费方式多元化，就近消费和体验消费渐成主流，大型一站式购物中心及近郊奥特莱斯发展迅猛，融社交、体验、娱乐、教育于一体的商业综合体成为主要商业载体。相比之下，传统百货商场的硬件设施和服务能力都不再具有优势，导致拥有百货优势的淮海中路和四川北路商业中心能级及辐射力有所下降。

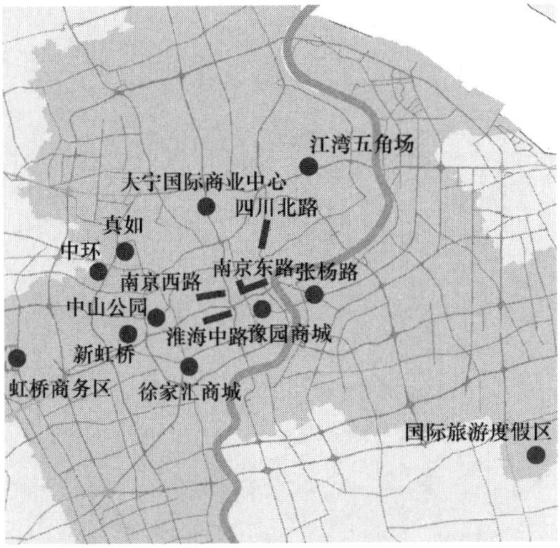

图4　深化发展阶段的市级商业中心布局

资料来源：笔者整理相关资料自绘

最新编制并颁布的《上海商业网点布局规划（2014—2020）》对上海市未来的商业空间布局体系、需建立的各等级商业中心有了明确清晰的定义和划分。规划明确市级商业中心的商业设施集聚在不少于25公顷的空间范围，规划商业设施建筑面积不低于50万平方米，商务建筑面积不低于150万平方米；大型商业网点集聚度高，百货店和购物中心等大型商业业态的建筑面积占全部建筑面积的40%以上；服务人口为50万人以上，日客流量达到20万至30万人次左右，并对市级商业中心的交通、市政等综合配套功能有所要求。在原有12大市级商业中心的基础上，进一步划定出15个市级商业中心（见表1）。从划定区域来看，一些商业中心在形态和能级上都有较大的发展。比如，原先的浦东新上海商业城扩展为小陆家嘴—张杨路商业中心；区级的虹桥商业中心升级为新虹桥—天山商业中心；而新客站不夜城商业中心由于缺乏发展空间等因素，能级由市级降至地区级。

表1　上海市主要商业中心演变历程

资料来源：笔者根据相关资料整理自绘

发展起始阶段	起步发展阶段	初步成型阶段		深化发展阶段
改革开放初至1990年代前“四街”主导	1990年代至2000年代初形成“四街+四城”	十一五时期10大市级商圈	十二五时期10年代初	十三五时期15大市级商圈
南京东路 淮海中路 四川北路 西藏中路	南京东路 淮海中路 四川北路 新增： 南京西路 徐家汇商城 豫园商城 新客站不夜城 浦东新上海商业城 取消： 西藏中路 （与南京东路结合）	南京东路 淮海中路 四川北路 南京西路 徐家汇商城 豫园商城 新客站不夜城 浦东新上海商业城 新增： 江湾五角场 中山公园	南京东路 南京西路 淮海中路 四川北路 徐家汇 张杨路 （原浦东新上海商业城） 豫园商城 新客站不夜城 五角场 中山公园 新增： 新虹桥 中环	南京东路 南京西路 淮海中路 四川北路 徐家汇 小陆家嘴—张杨路（原浦东新上海商业城） 豫园商城 五角场 中山公园 中环（真北） 新虹桥—天山 新增： 虹桥商务区 国际旅游度假区 大宁商业中心（中远期） 真如（远期） 取消： 新客站不夜城

在整体布局结构上至2020年，上海将形成“市级商业中心、地区级商业中心、社区商业中心+特色商业街区”的“3+1”布局体系。规划中把商业设施总建筑面积不低于30万平方米，商业集聚在不少于8公顷的区域范围内，日均客流量在10万人次以上的综合性商业功能区定义为地区级商业中心。根据这一标准，上海将形成外环线以内规划19个地区级商业中心。其中近期规划17个，包括控江路、打浦桥、共康、南方商城、长寿、曹家渡等地区；中远期规划杨浦滨江地区、苏河湾地区（包含原有的不夜城地区）。在外环外另规划有37个地区级商业中心，包括七宝、莘庄等地区。

（二）居民消费结构的转变

根据上海商务委发布的数据，2017年上海社会消费品零售总额超过1.18万亿元，列全国首位。超过50个市区两级商圈、超220个城市商业综合体、67条特色商业街区构建出的消费空间载体，全年服务超过21亿人次，上海成为名副其实的“消费型大都市”。

经济发展保证了居民收入和消费的持续上升，上海市居民生活得到了明显改善。2016年上海市居民人均可支配收入54 305元，比上年增长8.9%，连续保持大于8%的增长幅度（见图5）。过去五年的人均可支配收入年均增长8.9%，跑赢GDP增速；人均消费支出39 792元，比上年增长6.2%。改革开放以来上海居民家庭恩格尔系数持续走低。20世纪80年代到20世纪末，上海一直处于温饱阶段。到2002年，上海居民家庭恩格尔系数为39.4%，达到相对富裕水平。2011年上海市恩格尔系数为35.5%，至2015年已降至30.6%，意味着上海居民消费已基本生存型消费逐渐向发展型、享受型消费过度。

人均可支配收入的增加和生活水平的改善使得上海居民的消费结构产生了巨大变化（表2）。虽然食品烟酒方面的消费额仍居规模，但重要性正不断下降。居住方面的消费支出随着房地产经济的增长、房价的高企而占据了首要位置。而随着信息技术的普及和城市交通系统的完善，上海较高的出行成本使得交通通信类型的消费支出成为新热点。城市居民对自身健康状况

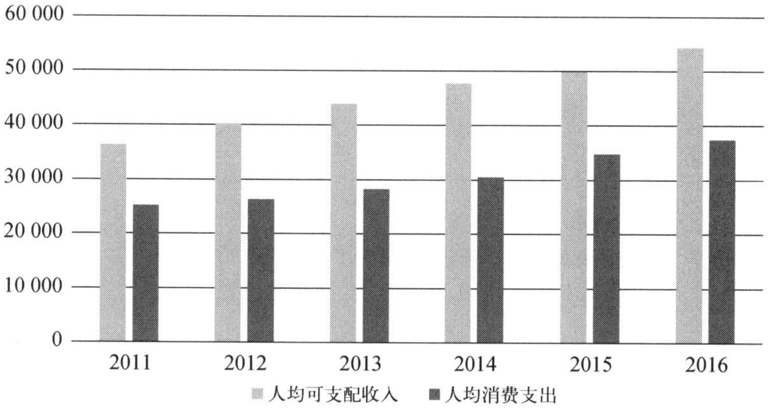

图5　2011—2017年上海市居民人均可支配收入与人均消费支出统计

资料来源：上海市统计局，笔者自绘

的关注也使得医疗保健类型的消费则不断增加。对于教育、文化娱乐及服务性消费金额与比例稳中有升。相比之下，衣着服装类的基本需求消费规模有些许上升，但所占比重在不断下降。

表2　上海市上要年份城市居民家庭人均消费支出构成

指　标	年　　份							
	2000		2004		2015		2016	
消费支出（元/人）	8 868	100.0%	12 631	100.0%	34 784	100.0%	37 458	100.0%
食品烟酒	3 947	44.5%	4 593	36.4%	9 272	26.6%	9 564	25.5%
衣着	567	6.4%	797	6.3%	1 623	4.7%	1 734	4.6%
居住	794	9.0%	1 327	10.5%	11 308	32.5%	12 264	32.7%
生活用品及服务	683	7.7%	780	6.2%	1 485	4.3%	1 755	4.7%
交通通信	759	8.6%	1 703	13.5%	4 206	12.1%	4 228	11.3%
教育文化娱乐	1 287	14.5%	2 195	17.4%	3 718	10.7%	4 174	11.2%

（续表）

指　标	年　份							
	2000		2004		2015		2016	
医疗保健	501	5.6%	762	6.3%	2 268	6.5%	2 721	7.3%
其他用品及服务	330	3.7%	474	3.8%	904	2.6%	1 018	2.7%

资料来源：上海市统计局，笔者整理自绘

（三）消费发展愿景的导向

改革开放之后，尤其是20世纪90年代浦东开发开放以来，上海发展日新月异，以“四个中心”建设为核心的城市职能奠定了上海过去近25年的发展格局。2017年12月15日，《上海市城市总体规划（2017—2035年）》（简称“上海2035”）获得国务院批复原则同意。规划明确，上海在2035年，将基本建成卓越的全球城市，成为一座更具活力的繁荣创新之城、一座更富魅力的幸福人文之城和一座更可持续的韧性生态之城。

上海2035“卓越的全球城市”发展目标，为城市发展树立了未来愿景的同时，也对城市消费和消费空间发展提出了更高的要求——

1. 城市消费空间结构的完善

上海2035将中心城周边虹桥、川沙、宝山、闵行4个主城片区纳入主城区统一管理，作为全球城市功能的主要承载区和规划空间布局优化的重点地区。同时，上海2035提出完善由城市主中心（中央活动区）、城市副中心、地区中心和社区中心四个层次组成的公共活动中心体系。中央活动区包括小陆家嘴、外滩、人民广场、徐家汇等区域，规划重点发展金融服务、总部经济、商务办公、文化娱乐、创新创意、旅游观光等功能；在中心城内继续提升江湾—五角场、真如、花木—龙阳路3个主城副中心的功能，并新增金桥、张江2个主城副中心。在虹桥、川沙、宝山、闵行4个主城片区内分别设置主城副中心，实现主城区各片区的均衡发展。规划还指出，要完善地区中心的本地服务功能和增强社区中心的生活服务功能。

上海2035在空间上梳理出了等级清晰的市域空间格局和公共活动中心体系，扩展了主城区的发展空间，为城市消费空间体系的未来发展奠定了良好基础。因此，城市自上而下的消费空间结构也需要得到更好的梳理和完善，结合市域空间体系格局建立对应等级的消费集聚新热点，并完善现有地区的消费水平结构与消费内容结构。

2. 城市消费文化活力的保持

为创建更富魅力的幸福人文之城，上海2035也提出了一些要求。其中包括要构建15分钟社区生活圈，打造宜居、宜业、宜学、宜游的社区；要激发城市文化活力，提高城市文化的开放度，鼓励市民全面参与文化活动；要保护历史文化遗产，拓展历史文化保护对象，创新历史文化保护机制；要彰显城乡风貌特色塑造景观风貌，提出形成小尺度、人性化的城市空间肌理等等。

因此，在城市消费层面，需要鼓励文化消费活动、提升城市文化的消费能力，同时也需要考虑消费空间塑造的过程中对城市地方文化、历史文化的保护，从而增强城市软实力。

3. 城市消费的创新升级

为创建更具活力的繁荣创新之城，上海2035指出向具有全球影响力的科技创新中心进军，要培育科技创新能力、发展多样化科技创新空间、营造激发创新活力的制度环境；同时也提出塑造国际文化大都市品牌、提升国际文化传播能力、繁荣城市文化产业。

在城市消费层面，需要促进消费形式的创新升级，形成科技创新产业发展和消费需求之间的良性互动，提升与城市国际文化品牌相应的消费需求、消费水平和消费能力。

三、研究小结

本研究回顾改革开放以来上海消费空间布局的历史面貌与发展情况，可以看到的是消费空间等级体系逐渐完善的过程，市级商业中心在数量和能级上都得到了较大的发展。上海居民人均收入的稳步提升带动了消费需求的增长和消费能级的提高，使得消费结构产生较大变化。研究认为上海2035的城市发展目标为城市发展树立了未来愿景的同时，也对城市消费和消费空间发展提出了更高的要求——城市消费空间结构需要完善、城市消费文化活力需要保持、城市消费需要得到创新升级。

新经济背景下，消费主义消费文化的延续和消费区隔的多元，标志着消费空间的分化和区隔依然是城市消费空间演进的重要问题，上海城市空间的消费形式受消费主义影响而产生的消费区隔也同样需要得到关注。在城市发展层面，商业空间结构的完善、消费结构的升级和城市消费发展的愿景目标三者互动，划定了上海城市消费空间分布在过去、当前和未来的演进框架。

（王伟强　张恺平　唐皓明）

参考文献

[1] 包亚明.现代性与空间的生产[M].上海教育出版社,2003.

[2] 曹锐."新常态"下城市居民时尚消费的社会理性[J].现代经济探讨,2016(2):20—24.

[3] 郭丽丽.改革开放以来青年消费价值观变迁研究[D].天津商业大学,2012.

[4] 三浦展,马奈.第4消费时代:第四消费时代[J].2014.

[5] 杨海.消费主义思潮下上海历史文化风貌区的空间效应演进研究[D].同济大学,2006.

[6] 黄庐进.转型时期中国中产阶层消费行为研究[D].华东理工大学,2010.

[7] 宁越敏.上海市区商业中心区位的探讨[J].地理学报,1984(02):163—172.

阅读与消费转型：上海实体书店文化消费调研

一、传统书店面临的挑战

21世纪以来，大众阅读习惯和消费方式都在发生着变化，数字化阅读的普及，电商的兴起，都给传统实体书店的经营带来不小的冲击。

（一）数字化阅读与大众阅读习惯的变化

数字化阅读范围广泛，不仅指电子书阅读，还包括视频、VR图书产品，甚至微博、微信等。随着现代科技和信息技术的不断进步，人们可以借助手机、电脑、平板等各种通信工具和电子媒介获得海量的信息，大容量、易携带、易检索的数字资源，加速了读者接受新型的数字阅读方式。对实体书店形成挑战的，并不是数字阅读本身，而是阅读习惯发生改变的读者。

2017年发布的《2016上海市民阅读状况调查报告》显示，在阅读习惯方面，虽然首选"传统（纸质）阅读"的比例仍高于首选"数字阅读"，但两者之间的差距为11.70个百分点，较2015年缩小6.55个百分点，首选"数字阅读"的比例比上一年高出3.44个百分点，纸质阅读虽然仍有优势，但与数字阅读的差距在不断缩小。[①]2014年以来，阅读APP、阅读平台的创建和亚马逊Kindle的热销，加速了数字阅读的推广。在阅读时间与频率方面，受访者选择

① 数据来源：2017年上海市新闻出版局委托上海理工大学、上海出版印刷高等专科学校"上海市民阅读调查"课题组实施并完成《2016上海市民阅读状况调查报告》，翁铁慧主编：《上海文化年鉴2017》，上海文化年鉴编辑部出版，2017年10月版。该调查是上海就此专题连续进行的第6次调查，上海也是全国唯一连续6年进行此项调查的地区。

“数字阅读大于纸质阅读”的比例，从2014年的33.05%上升到41.29%。[①]对比同期全国的相关数据，也显示出，虽然纸质阅读仍是五十岁以下人群阅读的首选方式，但2016年我国成年读者数字化阅读接触率为68.2%，连续八年呈现上升趋势。[②]

从连续五年上海市民阅读状况调查积累的数据显示，市民选择数字阅读的原因方面，“获取便利”“来源广，信息丰富”“收费少甚至不付费”“方便信息检索”4个选项一直位居前四位，说明随着数字阅读载体的日益丰富，数字阅读的便利性，阅读载体间的内容共享和多终端协调能力，正在成为市民选择数字阅读的重要驱动力。

对于“使用电子设备之后，阅读习惯是否有变化”这一问题，选择比例最高的四项依次为：“会有目的选择性阅读”“会经常进行略读、扫读、快速浏览”“会根据需要随时去查找与阅读内容相关的资料”“会任意跳跃性阅读”，尤其是第1、3、4选项，占比总和达到56.54%。[③]从上述数据中不难发现，数字阅读更倾向于信息的“浏览”和“检索”，很大程度上属于“浅阅读”，即不需要思考而采取跳跃式的阅读方式，达到短暂的视觉快感和心理愉悦。现代社会生活节奏明显加快，大批年轻人更容易接受数字阅读方式。

内容丰富、携带方便、检索快捷、成本低廉、终端共享，数字阅读的这些特点正在影响着读者的阅读方式，也开始冲击传统出版业，以及处于发行链条上的实体书店。

（二）移动互联时代改变阅读消费方式

阅读消费不同于其他消费，消费者不仅需要支付货币，还需要支出时间

---

① 数据来源：2017年上海市新闻出版局委托上海理工大学、上海出版印刷高等专科学校“上海市民阅读调查”课题组实施并完成《2016上海市民阅读状况调查报告》，翁铁慧主编：《上海文化年鉴2017》，上海文化年鉴编辑部出版，2017年10月版。

② 数据来源：中国新闻出版研究院发布：《第十四次全国国民阅读调查报告》(2017年4月)。

③ 数据来源：2017年上海市新闻出版局委托上海理工大学、上海出版印刷高等专科学校“上海市民阅读调查”课题组实施并完成《2016上海市民阅读状况调查报告》，翁铁慧主编：《上海文化年鉴2017》，上海文化年鉴编辑部出版，2017年10月版。

以及精神成本，所以阅读消费带有更强的“个体决策”的特质。移动互联网时代，手机成为消费端口，中国消费者“互联网+”的消费习惯已经形成。在阅读消费方面，《2015上海市民阅读状况调查报告》数据显示，市民购书首选网上书店，且选择在“网络书店”购买图书的比例，较选择“实体书店”高出10.05个百分点。[①]对杭州市独立书店的调查数据亦显示，杭州市民在购买图书的途径方面，40%的受访者首选网购。[②]网上书店的优势，在于可以不受地域和时间的限制，更广泛地满足消费者一站式的消费需求。网络购书方便快捷，且价格低廉，电商迅速抢占了图书销售市场，甚至很多消费者在购置图书时，早已习惯了在实体书店“预览”，然后在网络上下单，网购的消费方式，对实体书店的生存造成了直接的影响。2014年2月，开卷信息技术有限公司发布的《2013年中国图书零售市场报告》数据显示，从2012年开始，实体书店整体增速为−1.05%，首次出现负增长；2013年实体书店同比增长率为−1.39%。与此同时，网上书店借助服务、价格等方面的优势快速扩张，多年来一直保持了两位数以上的增长速度。[③]开卷将观测书店按照所在城市划分出以“北上广深”为代表的“一线城市书店”、其他直辖市及部分计划单列市为代表的“二线城市书店”；以及重点城市构成的“三线城市书店”，发现2013年“一线城市书店”年度同比增长率为−6.46%，“二线城市书店”和“三线城市书店”则分别实现了0.02%和2.54%的年度增长。开卷由上述数据判断“越是网店配送体系成熟的区域，地面书店（按：即实体书店）增速越慢，这也可以从另一个角度说明网店分流对地面店的影响。”[④]被智能移动终端武装起来的消费者全时和基于位置的服务（LBS）的消费行为已经成熟，网络销售以及这种新的消费习惯，使实体书店迅速失去了大批消费者。

---

① 数据来源：2016年上海市新闻出版局委托上海理工大学、上海出版印刷高等专科学校“上海市民阅读调查”课题组实施并完成《2015上海市民阅读状况调查报告》，翁铁慧主编：《上海文化年鉴2016》，上海文化年鉴编辑部出版，2016年10月版。

② 朱婷婷、朱云清、朱颖蕾、杨孟鸾：《杭州市独立书店的生存现状以及发展前景的调查》，《经贸实践》，2018年第18期，第5页。

③ 杨伟：《2013年中国图书零售市场报告》，《出版广角》2014年第2期，第8页。

④ 杨伟：《2013年中国图书零售市场报告》，《出版广角》2014年第2期，第8页。

（三）实体书店经营成本居高不下

实体书店运营的压力主要来自三个方面：一是店面租金高昂。从2002年开始，我国房地产价格持续飙升，图书价格的上涨速度远远无法与店面租金的涨速相抗衡，因此，2002—2013年，房地产价格暴涨的十年，也正是实体书店数量急剧萎缩的时期。二是微薄的利润空间。在不打折的情况下，图书有大约30%的毛利润，但为了与电商竞争，很多书店不得不同样采取打折的策略，压缩了利润，但销售量未能大幅提升，令很多实体书店经营更加困难。三是运营成本。经营书店，需要支付的店员工资、水电等运营经费，亦是每月固定的大笔开销，成为压垮很多实体书店的最后一根稻草。以浙江传媒学院的校园书店“颜品·新华书店”为例，5名员工年工资40—50万元，运营费用每年10万元，但销售方面每月只有不到3万元的码洋。[①] 目前高校实体书店的经营，看重的是社会效益，但如果长期亏损经营，未来的发展不容乐观。对于缺少雄厚资金支持的书店来说，不断上涨的店铺房租、不断增加的人工费用和运营费用，以及网络销售价格战的碾压，令实体书店的经营雪上加霜。

我国传统图书出版产业链以发行为中心，作为销售链条上重要的一环，实体书店的核心评价标准一直都是图书的质量和数量，书店提供的文化产品只有图书。产品类型单一，造成竞争力弱，抗风险能力差。传统书店是相对闭塞的行业，对市场变化不敏感。老一辈书店经营者受到经营思路的限制，对实体书店消费者和竞争对手的变化没有做出及时的分析和回应，更没有深入研究新市场环境下实体书店的经营规律和生存模式，导致很多实体书店黯然退出图书消费市场。2002—2012年，实体书店出现倒闭潮，据全国工商联书业商会调查数据显示，当时全国有上万家实体书店关门，其中包括“第三极”“风入松”“光合作用”等著名人文书店。

互联网时代，一方面人们可以通过更加多元的渠道获取信息和知识，另

---

① 曹玲娟、江南：《校园书店　渐次归来》，《人民日报》2018年11月7日，第16版。

一方面网络书店能够提供更多，更价廉的图书，实体书店单一的“图书销售”的文化消费模式，就逐渐丧失了核心竞争力。因此实体书店为了生存，必须重新定位，重塑核心优势，探索新型的文化消费模式。

二、上海实体书店的基本状况

上海是中国现代出版业的发祥地。1897年上海商务印书馆创办，标志着中国现代出版业的开端。20世纪30年代，上海图书零售业逐渐形成规模。据1935年上海市教育局发布的《上海市书店调查》统计，当时上海共有大小书店261家。[①] 从扶助教育、译介西学到平民出版，上海出版与发行对中国近现代文化的传播功不可没。

新中国成立以后，虽然商务印书馆、中华书局、三联书店先后迁至北京，但上海作为中国出版业重镇的地位从未动摇，每年图书出版数量仅次于北京，书籍质量与北京旗鼓相当。出版业的繁荣，也带动了书店的发展。2018年8月25日，2018年亚洲书店论坛期间，中国书刊发行业协会、百道新出版研究院联合发布了《2017年全国城市书店数量排行榜》，上海拥有实体书店2379家，位居全国第五；每万人拥有书店0.98家，居全国第11名。[②] 在榜单上位居前十名的城市，共同之处在于GDP均超过万亿，人口均突破千万，这似乎印证了文化消费与城市经济之间的关联性——经济发达，且基本保障型消费得到满足的前提下，属于消费升级类型的实体书店，才会受到更多消费者的垂青。从榜单上看，上海作为全国唯一GDP超过3万亿元，人均可支配收入位列全国第一的城市，每万人拥有书店不足1家，这说明上海未来实体书店的发展还有巨大的成长空间。

近年来，中央和上海市文化部门都相继推出了扶持实体书店发展的文化

① 上海市教育局第四科通俗教育股编辑：《上海市书店调查》，新民出版印刷公司1935年4月出版。

② 数据来源：21世纪经济报道微信公众号，2018年8月30日发布。

政策。在国家层面，2013年，国家财政部发出通知，免征图书批发、零售环节增值税；中央财政部门开展实体书店扶持试点，中央文化产业发展资金首次尝试对北京、上海、杭州、广州、南京等12个城市总计56家实体书店给予扶持奖励资金九千万元，图书批发零售环节享受为期五年的免征增值税优惠。与此同时，地方扶持政策也陆续配套，上海、浙江、广东、江苏、天津五个省、(直辖)市共落实扶持资金5 640万元。2014年，实体书店扶持试点从12个城市扩大到北京、上海、江苏、浙江等12个省份。2016年6月16日，由中宣部、国家新闻出版广电总局、国家发展改革委、教育部、财政部、住房和城乡建设部、商务部、文化部、中国人民银行、国家税务总局、国家工商总局等11个部门联合发布《关于支持实体书店发展的指导意见》，指明了发展实体书店的目标和主要任务，重点提出5项政策措施，鼓励实体书店改革创新。

2016年，上海市新闻出版局制定《上海市出版物发行网点建设引导目录(2016版)》，扶持实体书店发展，上海有6家实体书店获得中央文化专项资金资助600万元。2017年6月8日，中共上海市委宣传部等十五部门联合发布《关于上海市支持实体书店发展的实施意见》，指出了促进实体书店发展的五项重点工作和十项保障措施，并针对实体书店经营中最为棘手的税收和租金问题，推出了对优秀实体书店将给予财政扶持、落实税收优惠、加强金融扶持等政策，以支持实体书店的复兴。2017年12月，上海市委、上海市人民政府印发《关于加快本市文化创意产业创新发展的若干意见》(“文创50条”)，其中，第19条专门针对实体书店转型升级，提出“落实《关于上海市支持实体书店发展的实施意见》，加快建立布局合理、结构优化、业态多元、充满活力的新型实体书店发展格局。推动本市高校校园实体书店全覆盖。”

从2016年开始，上海实体书店出现复苏迹象。商务印书馆涵芬楼阅读体验中心在华东师范大学闵行校区开业，上海钟书阁闵行店、芮欧店开业，博库书城开设24小时书店，上海三联书店等8家书店与印刷企业、出版社跨界合作，成立“e本印书店联盟”，重庆西西弗、成都言几又、广州方所等国内知名书店在上海开设分店；大隐书局、上海三联书店、半层书店、曦潮校园书店等纷纷开张。上海实体书店，或将迎来发展的春天。

三、消费转型视角下上海实体书店的文化消费模式

在新消费时代，实体书店的良性发展，不仅需要文化政策的扶持，更需要敏感地捕捉读者新的消费诉求。近年来，实体书店正在发生着一系列变化——书店越来越重视装修的格调，店面内开始售卖咖啡、文创产品、服装、家具、珠宝；开始举办讲座、展览和各类阅读推广活动；有些书店甚至变身酒店、民宿。越来越多的实体书店成为“书店+咖啡店+文具店+餐厅+讲座沙龙”的复合体，“跨界”成为大批实体书店营销的关键词。但如果据此认为书店完成了转型发展，可能是个太过简单化的判断。实体书店在拼“颜值”、搞“跨界”、尝试复合经营的同时，在文化消费模式上，也在悄然发生着分化。上海的实体书店依据经营模式及对图书选择方式的不同，可以分成以下三类：

（一）进入商厦的书店

据不完全统计，近年来，国内一批具有一定规模的连锁书店，如西西弗书店、大众书局、言几又、钟书阁、猫的天空之城概念书店等纷纷选择进驻上海的商厦，且发展速度迅猛。见下表：

书店名称	上海连锁店位置及数量		
	商厦、商圈	非商圈	全国连锁店总数（含上海）
西西弗书店	10		170+
言几又	10		53
大众书局	6	1	42
猫的天空之城概念书店	2	1	38
字里行间	1		28
钟书阁	5		12

数据来源：上述各实体书店微信公众号，统计时间截至2018年10月30日。

以西西弗书店为例，这家1993年诞生于遵义的书店，近年来通过连锁直营的方式，以惊人的速度，在包括北京、上海、广州等一线城市在内的全国60多个城市的商场中开设了超过170家连锁书店，已拥有超过350万活跃会员。①

西西弗书店的基本经营思路是与商厦联手。从2009年第一家购物中心PARK书店开业以来，与商业地产公司合作，进军购物中心就一直是西西弗的主流选址模式。在随后的十年间，西西弗先后进驻珠三角、长三角、东北及华北地区，并和包括银泰、华润、凯德、龙湖等大型开发商达成合作。

实体书店被网络书店围堵，被飞速上涨的租金逼到绝境的凋零期，同时也正是商厦、购物中心的扩张期。商业地产公司明白，消费者在商厦内停留的时间越长，消费的可能性就越大，而实体书店凭借能够有效吸引客流的特点，成为购物中心青睐的招商对象。只要书店愿意进驻，商厦愿意减免租金，甚至提供装修补贴。西西弗书店由此与地产商合作，植根商圈，以纯粹的商业模式运营实体书店，提出了“追求坪效”——书店面积控制在500—800平方米，书架摆放紧凑，书籍的选择不按照个人的偏好，亦没有独立的标准，而是依据数据选择。所谓数据选书，就是将图书视为一般的零售商品，将每一本书都打上多个分类标签，然后把消费群和图书作数据化匹配，再依据门店所在商圈消费群的消费能力和消费特点，来判断图书是否值得被采购，以及应该放在哪一家门店销售。西西弗书店甚至研发了一套可以代替人工服务的智能化运营数控模型，以便使开店更加高效。按照西西弗的测算，以标准化模式操作，只要一家门店的每日客流量达到1 000人，就能保证赚钱。数字化经营让西西弗书店的销售效率大大提升，分店可以做到开业当年即盈利，没有养店期。西西弗书店的目标人群不是有特定阅读品味的读者，而是商圈内的大众消费者，数据匹配式选书的结果，在保证盈利的前提下，书店充斥着大众畅销书，却很难找到专业类、小众图书。

---

① 数据来源：西西弗书店微信公众号

进入商厦的连锁书店，文化消费的方式表现为“被消费的文化”——书店与所在商圈形成“商业—地产”的合作关系，商厦对书店提供租金和装修方面的优惠待遇；书店在实现盈利的同时，也为商圈吸引了更多的消费者，从而拉动了所在商圈内其他商品的销售额。

（二）SHOPPINGMALL化的书店

大型实体书店转型，除了与商厦合作以外，还有另一路径——实体书店SHOPPINGMALL化，即书店转型为文化消费综合体，或称“文化MALL”。这一类书店的代表，是台湾诚品。在上海，MUJI BOOKS遵循的也是这样的模式。

MUJI BOOKS位于上海淮海路MUJI旗舰店内，是日本著名生活品牌无印良品旗下的新概念书店。MUJI BOOKS的自我定位不是单纯意义上的书店，而是售卖生活商品与图书的综合体，选书与售书的思路是传递无印良品式的理念与生活方式。

无印良品于1980年创立于日本。当时，日本经济呈现出前所未有的高增长态势，对于消费而言，一方面海外奢侈品牌受到消费者狂热追捧；另一方面，廉价的低质量产品也充斥着市场，由此造成日本民众的消费方式呈现出两极分化的现象。无印良品的诞生，是对当时极端消费方式的批判。无印良品致力于还原产品实用的形象，同时期望在生活和日用品之间达成一种和谐。品牌中，“无印”意为“无品牌”，“良品”则代表“优质产品”。无印良品追求的目标是“减少过度的欲望，取而代之一种朴素生活的价值观”，[①] 由此确定的品牌理念是“追求合理精简的产品，让使用这些产品的人在简朴生活中体验到美和尊严。”[②]

---

① 金井政明：《不求“这是我想要的”，但求“这是我需要的”》，无印良品编、朱锷译：《无印良品 MUJI BOOK》，桂林：广西师范大学出版社，2010年版，第15页。

② 金井政明：《不求“这是我想要的”，但求“这是我需要的”》，无印良品编、朱锷译：《无印良品 MUJI BOOK》，桂林：广西师范大学出版社，2010年版，第14页。

MUJI BOOKS对图书的选择、分类、摆放，都在努力传达无印良品的文化理念。首先，在图书的选择上，除了日版、台版书以外，售卖的书籍绝大部分与日常生活相关，亦包括大量文学、艺术、哲学类，以及在业界已形成口碑的读库、理想国、文景、浦睿文化出品的图书，但很少有各类畅销书；第二，在图书的分类方面，不是按照传统书店通常采用的图书馆式的学科分类，而是按照衣、食、住、行等生活主题分类，并且对分类加以“批注”，如“住—生活工具—收集了自一万年以前迄今为止辅助人类生活的智慧宝藏”；“行—书籍犹如一本魔法护照—超越国籍、超越语言和文化，书籍可以带我们去任何一个想要去的地方”；“食—本真的食物更美味—香喷喷的米饭、鲜美的鱼、可口的蔬菜。为您揭开‘美味’的秘密”；“乐—玩即是学习—多么了不起的事情、多么大的发现，首先第一步是试试看，试着做”。从选书与书籍分类来看，MUJIBOOKS试图重新定义“生活”——不是枯燥的“过日子”，而是具有美感，值得凝视和享受，伴随人成长的生命时光，突出了生活应有的质感和质量。第三，在图书的陈列方面，MUJIBOOKS把图书与相关的商品摆放在一起，例如将游记、旅游导览、风光摄影画册等放置在旅游商品区，将儿童文学、绘本放置在童装区域，将建筑、设计类图书放置在家具区域，将哲学类、文学类图书放置在文具区域，书籍成为店铺不同商品销售区域最醒目的主题，也为日用商品销售区域贴上了“文化空间”的标签，书籍的成列，成为一种创造日常生活方式的文化建构行为。

多元化的消费需求，催生了多元经营的实体书店。Shoppingmall化的书店更接近于以图书为核心的生活美学空间。SHOPPINGMALL化书店的关键，在于整体空间氛围的营造。空间营造的方式，是将图书融入商品的脉络中，融化到空间的主题中，通过空间及商品所组成的完整体系，将消费者的需求转化为“文化消费力”。在复杂的社会网络里，消费者需要一个精神交流的场所，实现与人沟通、对话、互动，MUJI BOOKS设立了专门的分享区，定期举办活动和讲座，使书店成为生活体验的空间，成为一个可供分享的生活场景，成为消费者建立人与人之间联系的场所。充分的人际沟通和现场互动是实体书店的优势，满足消费者基于体验与情感的消费需求，对于实体书店来说，是能够抗衡网购的新机遇。通过提供独特的文化体验，吸引读者停留和消费，乃至影响和引导青年人选择新的生活方式，是SHOPPINGMALL化书店的商业模式。以MUJIBOOKS为代表的SHOPPINGMALL化的书店，文化消费表现为对书店空间，尤其是被这种空间所定义的生活方式的消费。

（三）小型独立书店

独立书店是整个出版业中非常重要的组成部分，其生存状况甚至是国家新闻出版业的一个重要标志。我国的独立书店，是在改革开放以后，才真正获得了发展的机遇。1996年，国家在法律上允许个人或民营企业注册并经营书店，北京的三味书屋，是当时全国第一家独立书店。

什么是独立书店？学者认为："独立书店是相对于国营新华书店而言的，指的是不依附于'单位'，而在经营上自生自灭的个人或多人合伙的人文独立书店，又可称之为'民营书店'或'独立书店'。"[①] 书店经营者，北京万圣书园创始人刘苏里认为："独立书店是零售书业态的一种存在形式，不同于大型单体店、网上书店、图书俱乐部等，他们靠自主经营，自由资金而生存。他们选书往往集中在特定领域，相比大型连锁书店，独立书店所购书籍更为深奥或偏向非主流市场。"

对于独立书店而言，所谓"独立"，一方面体现为拥有不依附于体制的资金来源，自主经营，自负盈亏；另一方面还应有独立的精神，包括独立的理念和与之相关的选书标准，以及独特的人文关怀。

上海的季风书店，从40平方米的小店，到拥有8家分店，再到搬迁至地铁10号线站厅，一直秉承"独立的文化立场，自由的思想表达"，常年坚持

① 司马静君、张功翠《独立书店发展研究》，《合作经济与科技》2017年第7期，第122页。

出售严肃的社科和学术书籍，并定期举办文化讲座和阅读推广活动，曾经是上海的文化地标。北京朴道草堂书店的店主周一方将自己的书店定位为独立精神书店，自称开书店的宗旨是“希望以书的形式来启蒙文明、传播良善。”他将“朴道草堂”定位为“一家以生活为信仰的书店”，在选书标准上，坚持只卖四种书：“一是创造真实美好的价值的，二是拥有真挚爱与情感，三是安于朴素自然的生活，四是追寻文明高贵的灵魂。这也是我们书店的四个基本价值。”[①] 很多独立书店的经营者，在经营书店的同时，也在默默地经营着理想，为读者耕耘着一片精神家园。独立书店独特的精神气质，代表了每一座城市独特的人文风景，成为体现城市文化内涵的缩影，许多独立书店，如上海的思南书局，北京的万圣书园，南京的先锋书店，都是所在城市的文化名片。

独立书店自主经营，自负盈亏的特质，使其难以享受到文化政策的直接扶持，为了生存，只有坚持差异化经营，个性化服务。独立书店在经营中，尤其重视强调书店的文化特色，努力塑造个性化的品牌形象。如苏州“慢书房”的品牌形象，是一个没有面孔的泥人，表达现代社会中，忙碌的生活节奏，使人们逐渐淡忘了自己的真实面目，传达“让每个人回到最真实的自己”的期望，其品牌Logo，是一个繁体汉字“书”与一片漂浮的闲云，以传递“读书本是寻常事，繁华静处遇知音”的理念。在经济全球化的背景下，企业产品在质量、功能和价格等方面的差异性不断缩小，消费者在选择产品的时候，更倾心于品牌，因为品牌形象源于消费者基于消费经验对品牌的理解和评价，品牌是服务价值的保障，传递的是商家与消费者之间一种持久的联系。对于独立书店而言，要长久地存在下去，一定要有自己的品牌价值，这是消费者与书店维系长久关系的保障。独立书店在经营中，品牌价值来自三个方面：一是文化资源。很多独立书店的经营者是本地人，对当地的历史文化了如指掌，通过选址在大学、古建筑、老街巷或历史

① 周一方：《一个独立精神书店主人的自我陈述》，《中国社会组织》2016年第8期，第26页。

古迹、人文风景区周边，通过店内相关文创产品的开发和设计，不仅延续了城市文脉，同时也使书店自身成为不可复制，难以被模仿的稀缺文化资源；二是社会资源。独立书店通过联络作家、文化名人等到书店开办讲座和读者见面会，可以提高书店的知名度和阅读推广活动的质量，进而带动图书销售；三是活动组织经验。独立书店具备良好的组织能力，可以实现与消费者更有效的互动，通过频繁、密切的交流，培养书店忠实的读者群。例如"慢书房"的经营者会跟踪会员的阅读习惯，定期推荐适合的图书，并定期邀请读者分享阅读感受，通过分享，原本非常个人化的阅读行为被转化为社交活动，进而成为身份认同的途径，书店也因此成为志同道合的人群之间的连接点。在独立书店中，消费者的文化消费活动，更多地体现为基于文化价值和文化品牌的认同。

难能可贵的是，一些独立书店的经营者已经开始将书店视为"社会企业"。社会企业是源与英国，风靡全球的一场社会运动。社会企业与传统企业相比，不以追逐高额利润为最高目标，而是以创造社会美好，解决社会问题，增进公众福利为使命；社会企业与慈善机构相比，主要靠自我的盈利而不是靠接受捐款生存。北京朴道草堂书店的店主周一方提出"书店是一个社会企业"，并且表示："我希望书店可以起到启蒙的作用，希望有人因为这家书店而变得简朴美好；希望有人因为我们的书店辞职，舍弃美好价值指数低劣的工作，投入美好事物的创造中去；我希望某项国家制度因为这个书店而改变，使人得到更大尊重，使人与人的秩序更趋于公平。……为此我严格遵循以书籍传播美好的纯粹性，不屈服，不妥协。"[①] 北京正阳书局的店主崔勇，坚持"著书以卫城"，自筹资金出版反映北京历史文化的地图和书籍资料，保护北京的文脉，守住古城的乡愁；广州首家24小时营业的独立书店1200bookshop，不仅是第一家雇佣残障人士的书店，并且收容老人、流浪儿童和夜晚无家可归者，在书店里给予弱势群体平等的权利和尊严。独立书店的

① 周一方：《一个独立精神书店主人的自我陈述》，《中国社会组织》2016年第8期，第28页。

诞生，原本就是基于文化与思想沟通融合的渴望，今天越来越多的小型独立书店，不仅有“卖点”，还有了温度。

综上所述，实体书店的消费转型，是从以图书（商品）为中心，转变为以“人”（消费者）为中心。确切地说，就是以优质的文化产品和优质的文化空间吸引消费者，同时以富有创意的文化营销提升书店的价值，以展览、讲座、分享会等服务营造阅读氛围，更好地引导文化消费。

（钱泽红）

活力的凝聚与激发：上海节庆文化消费调研

节庆是一种综合性的社会文化活动，它包含了节日和庆祝活动，是“节日庆典”的简称。根据起源划分，现代社会的节庆大致可以包括三类：一是基于农业传统、历史文化和宗教信仰的节庆，有地域和民族特点，如中国的春节、端午节、中秋节等许多传统节日都起源于岁时节令，产生于先民的农业生产活动，是人类认识自然、改造自然的过程，与天文、历法、宗教信仰、祭祀仪式有密切关系；而像西方的圣诞节、复活节等传统节日，则与基督教的信仰有着千丝万缕的联系。二是现代性纪念日、国家法定节日，一般是在近现代由国家或国际社会组织设立，具有国家仪式与庆典等意义，往往超越地域与民族，如劳动节、国庆节等现代节庆都可归属此类。三是各地区和城市结合本地自然、历史、民俗文化等资源和现实发展情况、人为策划举办的具有地方民族特色和现代经济性的新兴节庆活动，多为政府操办，以“文化搭台，经济唱戏”为目的，如上海国际电影节、青岛国际啤酒节等。三类节庆虽然各有特点，但都是重要的文化消费节点和载体，是人民群众文化活动的重要依托。节庆市场不仅对文化消费具有强大的拉升能力，还可以营造文化消费氛围，培育文化消费习惯，引导城乡居民扩大文化消费。一些节庆活动还以公益方式培植新产品创作，培养潜在文化消费者，从而促进文化的创新发展。为了培育居民的文化消费习惯，2016年文化部还开始鼓励设置更多的文化消费性节庆。

当前我国节庆经济的模式处在传统与现代交替的变革过程中，节庆期间的文化消费日益呈现多样化的特征，但资源分配不均衡，人民日益增长的美好生活需要和不平衡不充分的发展之间的矛盾日益突出。因此，本课题以上海节庆文化消费为研究对象，通过问卷、访谈、参与观察等调查方法，研究当前上海节庆文化消费的主要形式、内容、营销宣传、人民群众对节庆文化消费的需求、特点、理念等内容，讨论如何挖掘传统节日文化内涵、弘扬传统文化、引导群众在节日里参与健康向上的文化活动等问题，希冀可以为上海乃至中国的节庆文化和节庆经济的发展建言献策。

目前对于上海节庆消费的研究，主要侧重于从旅游节庆的角度，对上海的节庆旅游资源开发、节庆活动发展态势、节庆活动公众认知度等内容进行研究，其研究对象主要局限于上海旅游节、上海国际艺术节等节庆活动，而对于其他类型的节日期间的文化消费则关注不多；研究焦点多集中于节庆活动的经济效益方面，而对节日的文化和社会效益则关注不足。

一、上海市节庆文化消费基本概况

从文化消费角度看，上海的节庆包含了传统与现代、西方与本土的各类节庆活动，为便于研究可以细分为五类：（一）春节、清明、端午、中秋等中国传统佳节；（二）豫园灯会、龙华庙会、三林圣堂庙会、真如庙会等上海地方民俗节庆活动；（三）情人节、万圣节、圣诞节等西方节日；（四）劳动节、国庆节、元旦等现代节假日；（五）上海国际电影节、上海国际旅游节、上海国际艺术节等现代会展节庆活动。

根据抽样问卷调查，民众的消费支出与对节庆的熟悉程度成正比，即民众对某一节庆活动越熟悉，越有可能参与并消费。根据调研，民众对各类接庆的熟悉程度如下：

表1　受访者对以下节庆日的了解程度情况频次表（%）①

节　　日	非常了解	一般	不了解
中国传统佳节	67.40	31.10	1.50
上海地方民俗节庆活动	25.90	44.50	29.60

① 上海市居民文化消费状况调查报告，第21页。

（续表）

节　　日	非常了解	一般	不了解
西方节日	23.90	51.70	24.30
现代节假日	60.60	35.30	4.20
上海的现代会展节庆活动	14.60	48.20	37.20

而民众的文化消费支出排序也是中国传统佳节、现代节假日、西方节日、上海的地方民俗节庆活动、上海的现代会展节庆活动。所以对于节庆活动而言，要获得民众的欢迎和认可，需要让其充分了解熟悉该节庆活动。

节庆期间的文化消费，主要可以分为两种类型，即政府主导的公共文化消费和市场主导的自主消费。政府主导的公共文化消费，是由政府主导，以事业化的形式提供的节庆类公共文化服务；市场主导的自主型消费，一般以文化产业的形式提供消费产品。对于各类节庆期间的文化消费品供给，上海民众的满意度有着较大的差距：

表2　市民对文化市场消费品的满意程度（%）①

项　目	非常满意	比较满意	不满意	一般	无所谓	不了解/不参加
中国传统佳节	27.30	63.50	7.50	0.40	0.30	1.10
上海地方民俗节庆活动	15.00	62.90	15.40	0.30	0.30	6.10
西方节日	12.30	61.20	19.50	0.20	0.30	6.50
现代节假日	19.30	66.10	11.50	0.20	0.30	2.60
上海的现代会展节庆活动	12.40	61.60	19.40	0.20	0.20	6.20

调查结果显示多数市民对节假日提供的文化消费品表示满意，但仍有市

① 上海市居民文化消费状况调查报告，第22页。

民表示不满意。其中以对“西方节日”(不满意的市民有19.50%)和“会展节庆活动”(不满意的市民有19.40%)不满意的最多,此外,还有约6%的市民对“上海地方民俗节日”“西方节日”和“会展节庆活动”不了解或不参加(详见表9)。具体而言,各类节庆期间的文化消费情况如下:

(一) 上海传统节日期间文化消费情况

根据抽样问卷调查,上海市民文化消费支出最多的节气依次是春节、中秋、国庆、圣诞节、元旦。春节作为中国传统佳节,是最具有文化表现力的节日,中国人千百年来的文化与情感基因,使人们在春节的创意能力体现得淋漓尽致,各种艺术形式在春节得到集中展现。当代城市生活将这些艺术集齐在文化场馆里,让在文化场馆里过年成为新年俗,也使得春节成为文化消费的重要节日。

据统计,2018年春节期间,上海文化娱乐市场消费人次约100万人次,消费总量近2亿元,人均消费150元以上。网吧市场营收约123.7万元,较去年同期略高。新春长假期间,全市各级公共文化馆、公共图书馆及社区文化活动中心按照规定向市民群众免费、优惠开放。据不完全统计,长假七天时间,这三类公共文化场馆总接待人次60余万。[①]上海各级公共文化设施内,紧紧围绕新春民俗主题开展丰富多彩的活动逾2 300场次,营造出和谐欢乐的节日氛围。同期,上海各大演出场馆共上演了34台节目、262场演出,囊括各个艺术门类,据统计其中剧场共接待观众29万多人次,票房收入约800万元。春节期间,美术馆继续开馆,为市民与来沪游客提供高品质的节日艺术服务。据统计,共有约15万观众走进美术馆,欣赏近60场展览,参与近20场公共教育活动,数字较2017年略有上升。其中,5家市级美术馆举办展览19场,吸引观众超过86 000人。春节期间有近80家博物馆对公众开放,参观总人次

① 上海市文化广播影视管理局:《最新数据! 春节期间,上海文化娱乐消费人均超150元》,http://www.shanghai.gov.cn/nw2/nw2314/nw2315/nw31406/u21aw1291171.html

200 938。电影展演市场有序，文化消费稳中有升。2018年上海地区春节档影院票房为1.81亿元，比去年同期增长31.28%，放映场次6.65万场，观影人次412.43万人次，分别比去年同期增长1.07%、30.73%，平均票价43.85元，同比去年增长0.43%。[①] 近年来中国经济快速发展、居民收入稳步增长，因此春节期间文化产品消费需求的维度更加多元、品质更加高端，这不仅为文化产业带来了繁荣契机，更为中国经济转型升级注入了鲜活动力。

除了春节之外，清明、端午、中秋等中国传统佳节，也是文化消费的重要节点，祭祖、家庭团聚、旅游休闲、看电视、逛街购物、看电影、逛庙会等民俗活动、购买民俗文化产品、观看演出、看书买书、打游戏以及参观展览展示等都是这些节日期间的重要文化消费方式。在这些节日期间，除了商家提供的各类文化消费品外，政府也提供了大量的公共文化服务。如2018年春节期间，上海市举办了文艺演出活动、群众文化活动近1 700场（次），全市各区图书馆、文化馆，街道（乡镇）文化（中心）站、图书馆节日期间都对外开放。[②] 春节等中国传统佳节是文化消费的重要节日，目前民众对中国传统佳节期间的文化消费品供给，也是满意度最高的，民众感觉非常满意的占27.3%，比较满意的占63.5%，感到不满意的仅占7.5%。

（二）上海地方民俗节庆活动的文化消费情况

对于上海民俗节庆活动，43.20%的受访者表示“不愿意参加”，24.70%表示“愿意参加”，7.40%表示“非常愿意参加”，“不一定”和“看情况是否参加”的受访者分别占11.50%和13.20%。这一数据说明上海的地方民俗节庆活动，其目前的文化消费品供给吸引力不足，不能让人满意。对于上海的地方民俗节庆活动，非常满意的占15%，满意的占62.9%，不满意的则占15.4%。

---

① 《2018春节长假文化场馆成沪上市民消费新去处》，《新民晚报》，http://sh.bendibao.com/news/2018222/190504.shtm

② 上海市文化广播影视管理局，《2018年上海市春节至元宵期间主要文化活动公告》，http://wgj.sh.gov.cn/node2/n2029/n2031/n2062/u1ai154503.html

豫园灯会、龙华庙会、三林圣堂庙会、真如庙会等节庆活动是上海本土的传统民俗，带有浓郁的上海地方特色，在当代又被列入不同级别的非物质文化遗产名录（其中豫园灯会、龙华庙会是国家级非物质文化遗产，三林圣堂庙会是上海市非物质文化遗产，真如庙会是普陀区非物质文化遗产），可以说是上海文化中的瑰宝。历史上江南地区多寺庙，因庙兴会，庙会成为集信仰、经济、社会等功能为一体的重要文化空间。建国后，因物资匮乏，庙会基本都改为城乡物资交流大会，后因诸多原因大都先后停办。20世纪90年代后，又逐渐复兴。但随着城市化和现代化的发展，经济大力发展，人们生活水平提高，庙会的物资交流功能消退，逐渐转型为文化型庙会。尤其是在21世纪非物质文化遗产运动之后，庙会更是成为文化展示性的节庆，非物质文化遗产展演、传统民俗手工艺展销等成为主要内容。以圣堂庙会为例，自2012年开始，其全称改为"第X届上海民俗文化节暨'三月半'圣堂庙会"，上海民俗文化节成为活动主体，而圣堂庙会则沦为附属。而非遗展示、民俗展演、艺术展览、行街表演、花船巡游等项目也将庙会活动的重点转移到文化展示方面。

当代社会，上海的地方民俗节庆活动除了豫园灯会、三林圣堂庙会等少数节庆活动还保持发展活力外，许多都乏善可陈，龙华庙会已连续停办三年，真如庙会更是停办多年。上海的地方民俗节庆活动，是上海本土文化的典型代表，其发展乏力，反映了上海文化消费的地方性特色不足，在现代化进程中未能成功转型。

（三）上海西方节日期间的文化消费情况

圣诞节、情人节、感恩节、万圣节等西方节庆，同样也是上海文化消费的重要时间节点。不过不同于中国传统佳节和现代节假日期间政府有大量的公共文化服务，西方节日期间的文化消费，主要是商业性的文化消费供给，商家的各类宣传营销活动对节日氛围等起到了重要的推波助澜作用。在情人节、万圣节、圣诞节等西方节日期间，民众的主要文化消费方式是看电视、逛街购物、看电影、去高档餐厅用餐、旅游休闲、打游戏、看书买书、观看演出、参加主题活动、参观展览展示以及去教堂参加活动等，其中选择去教堂参加活动的，只占1%。对圣诞节、情人节、感恩节、万圣节等西方节日，民众对其的了解程度远低于中国传统佳节、现代节假日和上海地方民俗节庆，民众表示非常了解的，占23.9%，一般了解的占51.7%，表示不了解的占24.3%。这些西方节日与西方的宗教信仰和文化有着密切联系，大多数民众只知其名称和形式，对其文化内涵则了解不多。而西方节日在进入中国以后，也面临着本土化的问题。如圣诞节在进入中国以后，"平安果"等文化形式的创新就是其本土化的过程。当前，西方节日的主要消费群体是年轻人，中老年人参与的相对较少。而节庆期间的文化消费品供给，也主要集中在传统的商品服务领域，创新较少，没有形成稳定的消费热点。对于西方节日期间，民众对上海的文化消费品供给，非常满意的占12.3%，比较满意的占61.2%，不满意的占19.50%。在各类节庆中，满意度最低。①

（四）上海节假日期间的文化消费状况

国庆节、五一劳动节、元旦等现代节假日，同样是上海重要的文化消费节点。以五一劳动节为例，2018年五一期间，沪上商圈、商街、商场活动不断，人头攒动。根据抽样调查，上海412家零售和餐饮企业节假日期间（4月29日至5月1日）实现销售额37.8亿元，同比增长15.9%。按区域来看，杨浦、徐汇、长宁、浦东、虹口、静安、嘉定和金山等地区样本企业销售额同比增长两位数以上，其中杨浦、徐汇和长宁同比增速高达86.3%、26.0%和22.7%。五角场、南京西路、中山公园、南京东路等商圈样本企业销售分别同比增长86.3%、37.0%、23.5%和10.1%。集购物、餐饮、娱乐等功能的体验式购物中心销售表现抢眼，长宁来福士、瑞虹天地、大融城、佛罗伦萨小镇等销售额同比增长30%以上，新世界城共计接待游客22万人次，三天实现销售1.22亿元，杜莎夫人蜡像馆三天销售325万元，同比增长22%；服饰、娱乐健身等消费升级品

① 上海市居民文化消费状况调查报告，第22页。

类，同比增长27.1%和36.5%。① 五一期间的消费旺盛，源于商家的成功营销。各大商业企业在节日期间组织了60多场营销活动，用“文艺范儿”打动消费者。此外，一批首店、快闪店、无人店的次第开放体现上海商业求新求变、引领潮流的风气。

此外，2018年五一期间，上海成为出境游人数最多的城市，其他依次是广州、北京、杭州。数据显示中国女性在境外比男性更爱消费，65%在境外消费的支付宝用户是女性；上海女人也不例外。此外，虽然全国用户中90后占大多数，上海的80后却是境外消费主力军。②

除了五一劳动节之外，国庆节、元旦等现代节假日都是文化消费的重要节点，三至七天的假期，为人们的文化消费提供了充足的时间，各个商家抓住机遇开展各类宣传促销活动，政府也有大量的公共文化服务项目。

以2018年“十一”长假为例，上海市文化旅游、购物旅游、主题乐园旅游、邮轮旅游等均实现新增长，带动旅游消费升级。其中，文化旅游中的红色旅游是国庆假日旅游的热门项目。中共一大会址累计接待游客4.83万人次，同比增长32%；龙华烈士陵园累计接待游客2.2万人次，同比增长19.51%。假日期间，上海市美术馆、博物馆持续升温。据统计，国庆期间共有33.87万名观众走进美术馆，欣赏101场展览，参与103场公共教育活动，共同分享艺术带来的快乐。观众人次与去年同期相比，增加了近60%。全市各级各类博物馆共接待观众总人次约74.8万，较2017年增长近一倍。据统计，长假期间上海科技馆（含上海自然博物馆）累计接待游客32.68万人次，同比增长18.8%；上海博物馆累计接待游客6.36万人次，同比增长5.5%。上海出品的电影继火爆暑期档后在国庆档继续表现活跃，《无双》成为今年国庆档票房冠军，《阿凡提之奇缘历险》《古剑奇谭之流月昭明》也受到观众关注。此外，上海市歌舞、

---

① 张钰芸，《五一小长假“买不停” 37.8亿“剁手钱”你贡献多少》，http://sh.qq.com/a/20180503/012102.htm

② 金志刚，《“五一”出境游移动支付数据：上海居出境游人数榜首》，http://sh.qq.com/a/20180503/012361.htm?pgv_ref=aio2015&ptlang=2052

娱乐、游戏、游艺等文化娱乐市场消费人次近100万，人均消费约170元。[①]

总体说来，在现代节假日期间，民众对上海的文化消费品供给满意度较高，非常满意的占19.30%，比较满意的占66.10%，不满意的占11.50%。

（五）上海现代会展节庆期间的文化消费状况

上海目前的现代会展节庆活动呈现多元化，从主题上看，自然、文化、艺术等类别的节庆活动相互交融，共同发展；从内容上看，节庆活动融入了文化演出、参观展览、商贸洽谈、经济文化论坛等主题。虽然目前上海每年举办的节庆活动多达几十个，但是大部分节庆活动影响力度不够、公众参与度相对较低。根据对上海市目前节庆品牌的公众认知度调查显示：在众多节庆品牌中，知名度排在前3位的是：上海国际电影节、上海旅游节和上海国际艺术节，而其余的节庆活动公众认知度普遍较低。根据调研，民众对上海的现代会展节庆活动的了解程度非常低，非常了解的占14.60%，一般了解的占48.20%，不了解的占37.20%，是所有节庆中了解程度最低的。

目前，上海国际艺术节、上海国际电影节、上海旅游节等节庆活动已经发展较为成熟，不仅成为拉动上海经济发展的重要力量，每年也都会为民众提供大量优秀的文化消费品。以上海国际艺术节为例，2016年第十九届中国上海国际艺术节演出交易会，就有来自60个国家的地区的代表参会，参会机构500余家，其中国外机构228家，国内机构285家，代表总人数超过1 000人，展位数118个及6个大机构展厅，推介演出总数33台。参会国际机构数量较上年增长了39%。[②]另外，2018年第21届上海国际电影节期间，共展映中外影片492部，放映1 621场，观众购票数达468 178张，比去年增加了将近4万张。售票平台淘票票提供的数据表明，在购票总量中，来自非上海地区的购票数量为51 562张，占比为百分之十一左右，再次证明了上海国际电影节的

---

① 李宝花，陈玺撼，吴卫群，钟菡，陈琼珂《这个国庆，逾千万游客乐游上海》https://www.jfdaily.com/journal/showNewsDetail.htm?id=258580

②《第十九届中国上海国际艺术节演出交易会洽谈成果发布》，内部文件。

影响力度和惠民广度。而来自外地的购票数中，包括江、浙、皖在内的数量为27 248张。在推动长三角地区一体化发展的进程中，长三角地区居民的“上海购物”显然已在扩大内涵，电影节期间影迷纷纷“到上海，看电影”的现象，也将从文化的角度，为长三角一体化发展战略的推进增添新内容、新动力。①

再以2018上海旅游节为例，22天里共吸引了1 275万市民和游客参与，同比增长了5%。上海旅游节自2011年起推出景区半价优惠活动以来，一直广受市民游客的欢迎和喜爱。2018年9月15日至21日，推出的“上海旅游节”景点门票半价优惠活动，覆盖了全市75家主要景区点，数量较2017年增加10%左右，其中，黄浦江游览和上海迪士尼乐园是首次加入旅游节惠民活动。此外还创新推出了“阅读上海、乐游浦江”国庆特别活动、百名旅游达人游上海、乡村民宿体验周、E游上海旅游节等新活动，吸引更多市民群众、城市建设者通过参与活动，分享旅游发展成果，感受上海城市温度。②

然而上海的现代会展节庆活动仍有许多不足，一些高昂的票价让许多民众望而却步，活动的日程安排与宣传等方面也并不尽如人意。对于上海的现代会展节庆活动期间的文化消费品供给，民众的满意度非常低，非常满意的占12.4%，比较满意的占61.6%，不满意的占19.4%。对于了解程度最低同时也是不满意程度最高的现代会展类节庆活动，39.80%的受访者表示“不愿意参加”，27.70%表示“愿意参加”，8.10%表示“非常愿意参加”，“不一定”和“看情况是否参加”的受访者分别占10.50%和13.80%。在2017年，有79.50%的受访者表示没有参加过任何会展类活动，参加过3次以下的占15.40%，3次到5次的占3.80%，而参加5次以上的寥寥无几，0.80%的受访者表示参加过5次到8次的会展类节日，0.10%表示参加过8次到10次的会展类节日，参加过10次以上的只有0.40%。③

---

① 《为打响上海“四大品牌”插上光影的翅膀——第21届上海国际电影节综述》，http://www.siff.com/a/2018-06-25/2883.html

② 《2018年上海旅游节圆满闭幕》http://lysh.eastday.com/lyj/scenic_a/zxzx/u1ai275151.html

③ 上海市居民文化消费状况调查报告，第24—25页。

二、上海节庆文化消费存在的问题

（一）各类节庆间发展不均衡

上海是一个开放包容的城市，上海的节庆包含了传统与现代、西方与本土的各类节庆。在节庆活动期间，既有政府提供的公共文化服务，又有商业性的文化消费品。当前，上海文化消费的多样性、创意性特征进一步凸显，文化产品及其消费样态越来越丰富。然而，上海节庆经济的模式还处在传统与现代交替的变革过程中，节庆期间的文化消费日益呈现多样化的特征，但传统节庆的现代转型还不完善，传统节庆活动的内容和形式还未能与当下民众的审美文化需求完美结合，人民日益增长的美好生活需要和不平衡不充分的发展之间的矛盾日益突出。在全球化冲击下，地方性特色日益消失，庙会等传统地方节庆文化消费也存在同质化、西方化等倾向。不仅无法满足上海民众的多样化需求，也不利于保护上海传统地方特色文化和建设国际化大都市。

（二）信息不对称，宣传不够到位

上海民众构成复杂，不同群体有着不同的信息获取渠道。然而目前大多数节庆活动在宣传上只选择有限的几种方式，无法进行充分的宣传，民众获得信息的渠道较窄，导致信息的不对称，许多消息是在活动中甚至活动后才知晓。如2018年春节期间，上海市举办了文艺演出活动、群众文化活动近1 700场（次），全市各区图书馆、文化馆，街道（乡镇）文化（中心）站、图书馆节日期间都对外开放。[①] 然而许多民众却对相关活动却并不知晓，也不知道应该通过何种渠道获取相关信息。再如2018年三林圣堂庙会在举办前，宣传

① 上海市文化广播影视管理局，《2018年上海市春节至元宵期间主要文化活动公告》，http://wgj.sh.gov.cn/node2/n2029/n2031/n2062/u1ai154503.html

工作也并不到位，微信、网络上都没有相关的宣传信息。所以许多节庆文化活动在举办前的宣传工作还有待改进。

（三）民众参与性发展不均衡

举办节庆活动的目的，就是要通过一个相对集中和具有规模的形式，推出一种特色的产品，以吸引更多的消费者来参观、购买。因此，节庆活动要特别注重可参与性，尽可能大众化。目前，上海的节庆活动虽然比较丰富，但在不同类型的节庆活动市场上，公众的参与性呈现出不均衡状态，其中上海旅游节公众参与性最高，其次是上海国际艺术节，而具有400多年历史的龙华庙会公众参与人数最低，甚至2016年、2017年、2018年三年更是直接停办。

（四）官方色彩较浓，市场化不足

政府主导型是目前上海绝大多数节庆活动的运作模式，这种模式在初期是必要的，政府可以运用自身的资源为节庆市场发展作铺垫培育工作，从而实现节庆活动跨越式发展。但在节庆活动步入正轨之后，这种模式不利于节庆发展的体制机制创新，容易让节庆活动失去活力，沦为政府文化展示的政绩平台。这一点在庙会等地方节庆活动中体现最为明显。当代城市庙会的办会主体较为单一，主要为政府操控，官方化严重，脱离了信仰本色和市场本性。在一定程度上，庙会起到了弘扬城市传统的功能。但是近年来，尤其是在成为各级非物质文化遗产以后，庙会反倒成了一个形式主义的文化摆设。

以国家级非物质文化遗产项目龙华庙会为例，龙华庙会最初的组织者，包括了龙华寺的僧人、当地民众、乡绅、商人等。这种信仰色彩较重的香火会，是龙华庙会发生的最初缘由。但是，近年僧人从民俗庙会组织者中逐渐淡出，20世纪80年代庙会复兴以后，僧人曾经参加过相关活动，但是到了现在，龙华寺与三月三龙华庙会逐渐疏离，淡化了庙会组织的信仰倾向。此外，士绅和商人也曾是庙会的促进者。1901年商人联合上书，敦请启动龙华寺与龙华庙会，可以见出商人在庙会中的地位。但从20世纪下半叶开始，庙会就一直由政府主导，从当年的物资交易会，到后来开展起来的龙华三月半民俗庙会，都是政府主导的，组织者变成了当地政府、文化部门、旅游部门，以及具体操作的文化公司。政府对于庙会的定位不准，人为剥离了庙会的信仰色彩，干预庙会本身具有的商业功能，以官方化色彩的摊位指派替代商业性的摊位有偿出让，使本来自身具有造血功能的龙华庙会，沦为严重依赖政府财政拨款的文化展示会。对于政府来说，庙会的经济收入可以忽略不计，反倒是人流太多，容易产生安全等方面的问题，所以控制规模就可以降低风险度。加上近年控制行政会展表演和节庆规模的政令导致拨款减少，使得庙会的人气日趋下降。加上去掉了富有特色的小吃内容，近年的龙华庙会可谓乏善可陈，有如鸡肋。

（五）文化消费时间节点分布不均衡

目前上海的节庆活动时间分布，虽然基本遍布全年，但文化消费的热度等发展却并不平衡，尤其是在五一之后至十一国庆前的一段时间，节庆文化消费热点并不突出。随着节庆主题多元化以及市场化发展，节庆不仅仅是宣传营销手段，而应该成为新型文化产业，这必然会带动节庆在时间分布上向均衡化的方向发展。

三、对 策 建 议

（一）丰富活动内容，完善节庆要素架构

在当代，各类节庆活动，应充分考察民众需求，通过调查问卷、访谈等形式充分了解民众需求，并根据民众需求，丰富活动内容和形式，既融合传统，又有所创新，以满足不同群体的需求。

结构上，要以创意产业思维完善节庆要素架构。节庆要素要注重公众的参与性、休闲娱乐需要以及节庆本身的内涵与特色，因此，节庆活动要融入体验感知的发展理念，完善节庆要素架构，以创意产业思维打造虚拟体验平台

和舞台真实体验效果，实现主办者、旅游者和本地居民的良性互动，形成对节庆文化体验的“深度旅游”。

(二) 扩展宣传渠道，加强媒体宣传

根据调研，对于节庆期间的文化消费信息，民众获得信息最多的前几大渠道依次是微信、家人朋友推荐、门户网站、电视、地铁/公交车广告、报纸杂志。微信作为当前人们信息来源的重要渠道，公众号、朋友圈的传播效果非同一般，而家人朋友间的推荐，也往往是通过微信交流。网站作为信息传播的重要现代科技手段，不仅可以快速有效传递信息，而且可以为节庆活动的品牌化发展提供重要保障。上海国际电影节的门户网站就做得较好，值得其他节庆活动借鉴。地铁、公交车作为重要的交通工具，拥有大规模的人流量，在广告宣传方面也有着独特的优势。报纸杂志作为传统的纸质媒体，拥有特定的阅读人群，在广告宣传方面也是重要的信息载体。总之，上海要充分利用其作为中国窗口城市的优势，积极采用各种有效的宣传促销途径，如电视广告、报纸杂志、互联网、形象代言人、新闻发布会、旅游交易会等，对节庆进行全方位、深层次的宣传，并通过相应的优惠措施和促销策略加强与社会单位的合作，拓宽市场开发渠道，扩大节庆品牌影响力和号召力。

(三) 淡化官方色彩，增强社区参与，注重市场机制的引进

目前上海绝大多数节庆活动的运作模式都是政府主导型，对于龙华庙会等上海地方性节庆活动，因为非物质文化遗产保护的原因更是受到政府的特别重视。但在很多情况下，非物质文化遗产保护也出现了政府操控过多的弊端，不符合其发展的客观规律。政府虽然在非物质文化遗产保护工作中处于领导地位，但应充分尊重民众的主体性，遵循非物质文化遗产传承发展的规律。非物质文化遗产保护的工作原则应为“政府推动，民众为主，社区参与。”非物质文化遗产在根本上是民众生活的一部分，非物质文化遗产的传承与展演必须遵照民众的固有方式与传统。非物质文化遗产保护的主体应该是

以社区民众和传承人为主的社会各方，而政府部门主要是起组织、推动作用。目前，三林的圣堂庙会在社区参与方面就做得不错，其他节庆活动可以借鉴三林的成熟经验，增强社区参与。

此外，节庆活动的市场部分，可以交由专业的企业去运作，通过引进市场机制来更好地增强节庆的发展活力，实现市场化，政府部门应从此类微观操作中淡出，而在更高层面上发挥作用。目前，上海国际艺术节的市场化运作也已成熟，其他节庆活动可以借鉴上海国际艺术节的成熟理念，进行市场化运作，扩大节庆活动的发散效应。

（四）提升文化消费，加强政府引导型文化消费建设

上海文化消费的提升，要着眼于社会主义核心价值体系建设、全面提高市民道德素质、丰富人民精神文化生活、增强文化整体实力和竞争力，构建设施健全、结构合理、功能完善、实用高效的公共文化服务体系。通过强化基础设施建设、改革管理体制、激活微观机制创新，提升公共文化服务能级，建设具有全国示范性的文化生活高地。

政府引导型文化消费应着眼于打造基础性文化消费市场，构建惠及全体市民包括外来务工人员的文化消费体系。政府导向型文化消费迥异于其他文化消费，它在促进文化消费繁荣的同时，还承担着确保文化民生的重担。当前，上海在公共文化服务体系建设方面，尤其要做好以下几项工作：一是做好15分钟文化圈建构，力争实现上海公共文化服务高水平全覆盖；二是做好公共文化服务对外来人口、企业园区的支撑工作，力争实现对外来人口的全覆盖；三是做好亚文化群体的文化服务工作。

（五）抓住自身文化特色，注重文化消费中的上海表达，打造一批具有国际知名度的节庆活动

到目前为止，上海拥有国际知名度较高的节庆活动数量还很有限，因此，在未来，上海仍需积极打造一批品牌型节庆活动，以此来树立上海国际节庆

文化中心城市的形象。上海拥有丰富的物质、非物质文化资源，可以以演艺、展览、体验式旅游的方式进行宣传，打造成海派文化品牌，形成文化消费中的上海性，打造新的文化消费的亮点。上海的地域文化以中西合璧为优势、多元交融为精髓的“海派文化”为特色，所以节庆活动策划要采用文化整合战略与系统化战略将各类文化元素加以整合、提升。节庆活动通过不同主题活动的演绎，其文化交流的广度和深度更高。因此，上海节庆活动策划要特别注意跨文化交流的特点，从多个维度加以把握。上海既有传统的节庆节目，也有现代的节庆活动品牌，要注意将传统文化与现代文明有机地结合于一体；通过深度挖掘节庆文化资源，以传统与时尚的形式增强节庆活动的体验参与性，使节庆活动不仅达到娱乐目的，还要发挥教育功能和文化传承的功能。同时，结合上海本土新兴产业资源的开发，培育独特的上海文化品牌和文化产品。在保护和开发中生成上海本土文化消费新的增长点。

（六）扩大节庆文化的经济效益和文化效益

对于现代化节庆活动来说，经济性既是节庆活动主办者追求的直接目的，也是节庆获得市场竞争力和可持续发展的内在动力。然而，一个成功的节庆，不仅是促进经济发展的催化剂和助推器，具有重要的资源集聚力、巨大的经济牵引力和长远的市场扩张力，而且还是重要的平台、窗口、形象，关乎广大民众的文化利益，关系到上海的国际文化大都市形象。因此，上海在发展本地特色节庆活动时，要进一步增强节庆活动和城市发展之间的集结性，延伸节庆品牌链条，打造上海节庆文化品牌，一方面，需将节庆看作是产业来经营和发展，另一方面，也应积极谋求与其他相关行业部门合作，以实现节庆文化溢出效应的最大化，实现社会经济、文化、生态的综合协调发展，实现经济效益、文化效益和社会效益的共赢。

（程鹏）

社区营造与社会融入

消费与区隔：上海住房消费与消费文化调研

一、引　　言

房地产业对国民经济健康发展具有重要意义，中国城镇住房制度改革后，受各类经济政策的直接和间接推动，以商业地产业和住宅地产业为代表的房地产行业成为我国经济的支撑产业。国家统计局数据显示，中国居民部门的债务率连年上涨，其中居民消费性中长贷和公积金贷款的最主要用途均是购房，仅个人购房贷款就在居民中长贷中的占比接近80%。由于货币政策的放宽和住宅价格的高企，购置住宅已成为家庭重要的支出部分。居住空间的占有消费是我国房地产经济背景之下的重要消费形式，住房消费成为上海消费文化组成的一部分。

如今住房价格的差距随着价格的整体上涨被显著放大，直接反映了个人和家庭的经济实力。住房已成为财富和社会地位的象征、社会区隔的体现。

住房消费的差异也体现了不同阶层的空间区隔。

二、研究数据和方法

本研究范围为上海市主城区，住宅价格数据来自中原地产于2017年4月统计的上海全市296个典型居住小区均价样本。本研究将价格信息采样点数据录入后采用反距离加权插值法（IDW）进行模拟。反距离加权插值的方法是通过得到一个计量像素点和选定控制点对应的逼近关系，乘以相对应的权重关系，求得计量像素点相对应的取值变化关系。逼近函数可以理解为对计量像素点p的影响程度，而权重函数则可以看成是对距离的权重，距离越远，权重越小。因此，此方法假定计量像素点的变量受到与控制采样点间的距离的影响而减小。

三、由住房消费建构的空间区隔特征

商品住宅交易在上海全市分布广泛、相对均质，在房地产市场竞争较为充分的情况下，商品住宅交易市场完整、频数高，销售价格基本反映了该地段受到市场认同的价格，因此是一种较为客观判定土地级差效益的价格参照。在这一范式下进行的研究如丁健于2000年利用上海多层住宅价格地域分布数据，对“十五”时期上海新一轮土地级差效益变化、生成的趋势作了判断。不同的居住条件吸引不同社会阶层的人，从而自然形成不同的阶层社区。

（一）住宅价格的空间分布

住宅价格的高低与邻近的价格最为相关，且随着距离的增大相关性也得到减弱，可见在空间上的分布逻辑与IDW方法是基本相同。本研究在研究范围内的所有位置搜索与其最邻近的12个控制点用此方式可得到平滑的

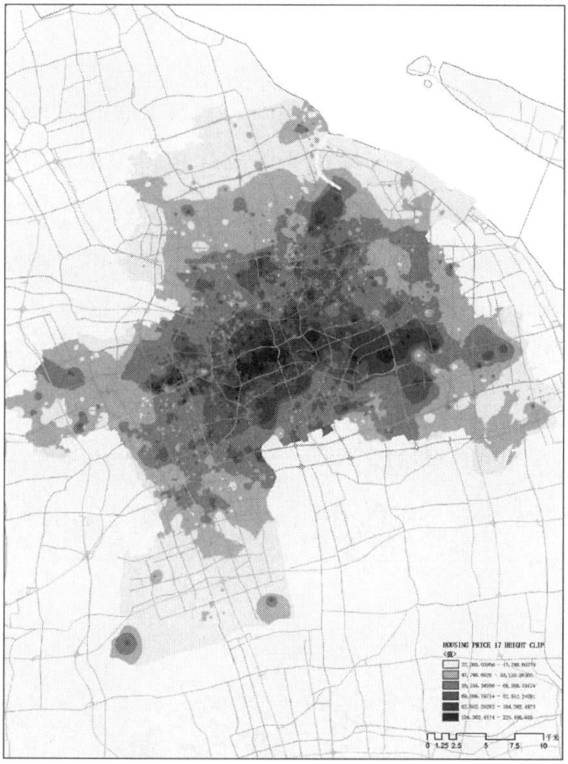

图1　住宅价格的空间分布评价
资料来源：笔者自绘

模拟插值，并按6类自然断点法进行划分，从而获得住宅价格的空间分布评价（图1）。

可以看到的是，住宅价格的空间分布大致呈多中心特征与同心圆结构的圈层式特征。在衡复风貌区范围内价格最高，是主要圈层和主中心，而向外围圈层等级依次减小，小陆家嘴、花木、西郊虽不在主要圈层内，但均价相当，构成多个中心；新江湾、大宁、张江等地区则为次一级的中心。从这几个中心之间的空间关系来看，主要的分布在东西轴向上。

（二）住宅价格的空间分布评价与消费空间集聚分布

城市某一位置的消费空间集聚程度代表着消费服务水平的多寡，一定程度上体现了区位价值，影响着以住宅价格为代表土地价值。假设某一个地区两者的相关性很弱，比如消费空间集聚程度很弱，但住宅价格则很高，这一矛盾反映出的实质便是消费主义的影响之下，住宅价格已经突破了自身价值—价格的既定规则。消费者也愿意承担相对更高住宅价格，表明这一地区的住宅价格成为能够体现特定的消费阶层。因此，相对于单纯观察住宅价格的空间分布而言，通过两类数值的空间比较，可以更为明显地区分出城市住宅价格的“溢价”点，尤其是可以观察到高收入阶层在城市空间中产生的隔离情况。

将住宅价格的空间分布评价与消费空间集聚分布评价进行叠加（如图2）。根据自然分段法，住宅价格由低到高分为三类（以下称房价指数），表现为彩度由浅至深；消费空间的集聚由低到高分（以下称消费集聚指数）表现为色系由冷至暖，呈蓝—绿—橙—紫的变化。

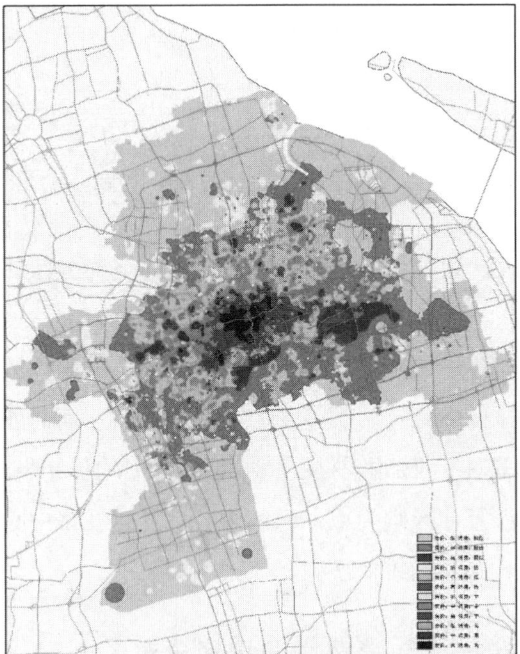

图2　空间分布评价与消费空间集聚分布的叠加评价

资料来源：笔者自绘

从整体上看，颜色的色系和彩度基本体现出整体同心圆扩散，浦东浦西冷热不均的特征：城市消费空间集聚在浦西，以东北—西南方向为主，但是高房价地区主要是在东西方向的，从而导致指数交错不匹配的地区主要在东西方向上，其中以浦东张江地区最为明显，而城市土地和住房价值基本呈同心圆状向外蔓延并衰减，使得内环—中环外基本成为房价指数中、消费集聚指数低的地区。浦东相对于浦西地区，两个指数的差异更为明显。

各指数等级的空间分布有

以下几个特征：

房价指数与消费集聚指数均在高位的深紫色地区主要在内环内静安寺—田子坊—外滩的三角形围合的地区内，以及浦东东昌路及西南方向上古北、徐家汇及其南部地区；

代表房价指数为中及消费集聚为高的亮紫色地区主要分布在深紫色地区周边，在内环外有天山、五角场地区；

深橙色地区主要分布在深紫色地区周边，如徐家汇西南、大陆家嘴地区、南外滩世博地区，并散点分布在环世纪公园的花木、碧云、联洋等地区；

而反映出房价与消费空间分布极度不对等的深绿色地区及深蓝色地区有世博滨江地区、长宁西郊地区、闸北大宁地区、静安平德里、杨浦新江湾地区及浦东花木、碧云、联洋及张江等地区；

此外，代表房价及评价均为中等的亮橙色地区浦西覆盖程度远大于浦东地区。

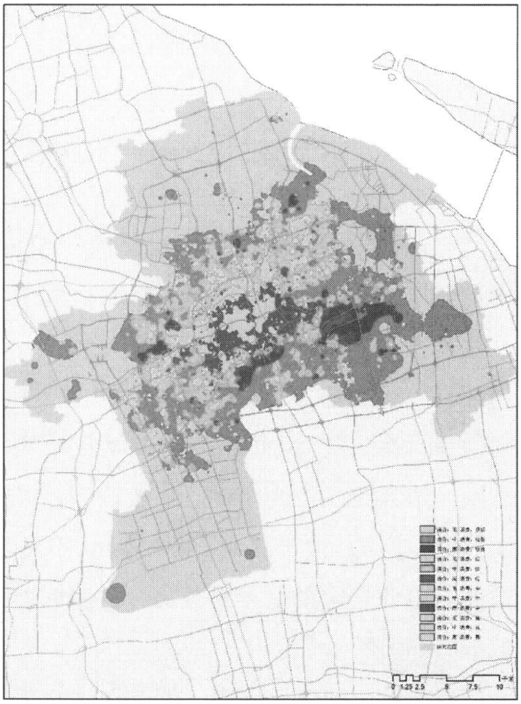

图3 土地和住房价值高于或远高于城市消费空间集聚程度的地区

资料来源：笔者自绘

（三）住房空间占有消费的阶层隔离

从以上分布特征中梳理出土地和住房价值高于或远高于城市消费空间集聚程度的地区（图3），也能够体现出空间占有消费的阶层隔离。可大致分为以下几类——

一是城市新开发地区，如静安大宁地区、徐汇南外滩世博地区、杨浦新江湾地区，浦东花木、碧云、联洋地区、张江地区。这些地区均为形成期较短的中高端住宅片区，且两类指数差异最大，因此是城市高收入阶层建立空间区隔最为显著的地区；

二是重要商业中心周边地区：徐家汇西南、天山南部、小陆家嘴周边、平德里，属于受商业中心的价格辐射影响地区。这些地区和商业中心间存在一定的空间距离，因此消费集聚指数不高，但依然是高端阶层的集聚之处，成为城市“绅士化”发展的主要地区；

三是近郊别墅区：如长宁西郊地区，是开发较早、区位较偏远的别墅区，因商业服务设施规划建设的不足导致的地区商业服务呈现低水平，在这里的空间区隔形成时期较早，且至今依然存在；

四是城市快速蔓延地区：其他浅绿色分布的城市土地价值地区，这里两类数值差异相对不突出，不同阶层的空间区隔较不明显。

四、大宁社区——住房发展与新贵阶层建立

大宁地区是土地和住宅价格高于城市消费空间集聚程度的地区之一。同徐汇南外滩世博地区、杨浦新江湾等地区一样，大宁地区体现出城市居住区快速发展下空间占有消费的阶层隔离。宁社区位于上海市静安区中部的内环与中环之间，距人民广场仅6公里。行政区划上的上海市大宁路街道包括共和新路以东、汶水路以南、粤秀路以西、广中路以北的街坊。而实际的大宁地区边界定义较为模糊。一般认为，大宁地区由六个功能板块组成：大宁国际商业广场、大宁绿地、多媒体谷、市北工业新区、国际居住园区和上海马戏城。由此划定的主要居住区——大宁社区占地面积约为4.5平方公里，大致范围如图所示（图4）。

目前大宁地区及周边已形成立体的交通网络。全国首条集高架道路、轨道交通、地面道路三位一体的南北主干道共和新路在辖区内贯穿而过，与汶水路中环形成上海城市主干道的交汇点。交通上的优势是构成大宁国际商

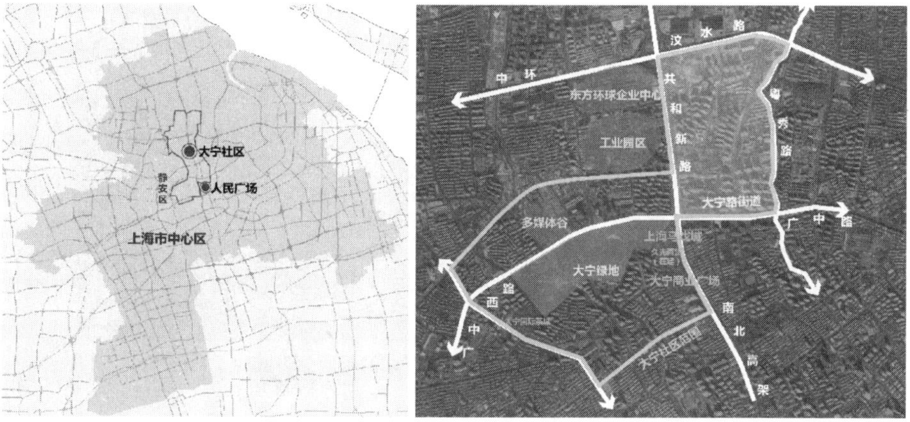

图4　大宁社区区位及范围

资料来源：笔者自绘.

业中心的硬件。

在大宁社区周边，广中路“多媒体谷”已建成并投入使用，这里构成了高新技术人才和商贸的聚集；大宁国际商业中心开张之后，南洛川东路、共和新路路口引进了“大宁国际茶城”，北面开发的有以“国际企业总部基地”为目标的“东方环球企业中心”等。

（一）从“下只角”到上海地王——住宅发展与新阶层群体的进入

在文化研究学者看来，大宁所在的闸北区（现并入静安区）在上海一直被看作是“下只角”，解放前这里是苏北移民、底层劳动者的聚居区，与静安、黄埔、虹口等区形成鲜明对比；解放后，这里依旧集中了上海最重要的几个棚户区，长期以来，住户文化水平低、从业档次低，收入低，居住条件差，是沪上的“下只角”。

2000年后，大宁社区被列为闸北区重点发展区域（图5）。相关部门提出“以高品质的规划带动整个地区发展”，“打造现代国际居住社区”，“商业社区”的发展理念。在2002年后逐步建设了大宁绿地等绿化项目，开发了大宁

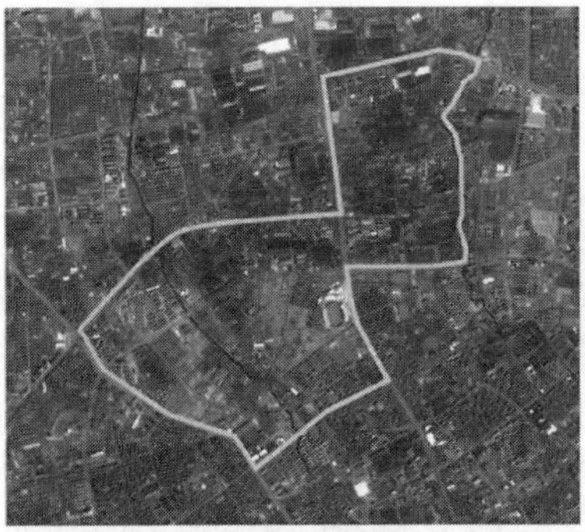

2000年 以棚户区和工业厂房为主的大宁社区被列入重点发展区域

2002年 大宁绿地建成，周边新建中高档居住区，吸引新居民

2009年 大宁国际商业广场建成后带动周边大量商品住宅建设

2014年 房地产市场火热，中高端住宅土地资源紧缺，“地王”出现

现在 房价“突跃式”增长令大宁社区成为高端住宅的集聚地

图5　大宁社区历史发展卫星图

资料来源：谷歌地球，笔者整理自绘

国际商业广场。旧城改造成为政府主要工作点，在房地产经济带动之下，大宁社区吸引了大量开发商的先后入驻。围绕大宁绿地建设了一系列中高档居住区，代替了原有的棚户区。这些楼盘的建成为大宁板块引来了至少100万新居民。他们是一批拥有大专以上学历，从事比较高端职业的白领阶层，加上这一地区原有的居民。按照大宁国际商业广场建造方的调查统计，大宁板块及其周边辐射地区（主要指共和新路北延伸段沿线居民），具有中档消费能力的居民增加到了300万人。

区域高品质住宅开发项目也不断涌现，大宁地区由早些年的工业聚集区转变为新国际社区，土地级差得到快速扩大。住宅项目刷新区域高端住宅开发新纪录。2014年1月，大宁地王（闸北区大宁路街道325街坊地块）以101亿元的高价被拍出，溢价率高达111.6%，折合楼板价4.76万元/平方米，一时引起了市场的轰动。从大宁板块近年来的房价走势可以看到，从2010年开始大宁板块的商品住宅均价便已经开始了“突跃式”增长。根据中原地产的统计数据，自2005至2017年，大宁地区的平均房价上涨了约7.8倍，这一数字目前已经达到76 271元/m，是上海市中心区内上涨比值最高的几个地区之一（见图6）。土地一级市场中“地王”的层出不穷、住宅价格的一路飙升，标志着大宁成为上海新贵阶层的聚集地。

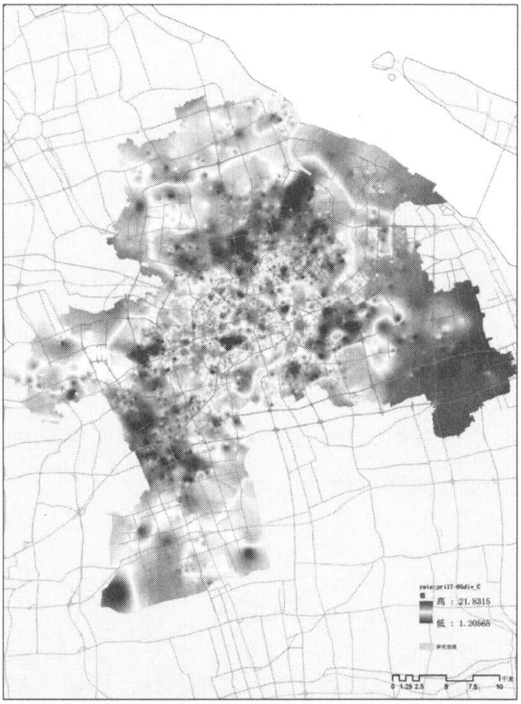

图6　上海市中心区住宅价格与2005年的比值在空间上的分布情况

资料来源：笔者自绘

（二）住房先行下的地区商业发展的滞后

2000年后，以不夜城为中心的发展策略被当时的闸北区政府认为“不符合大上海，包括闸北的未来发展方向”，而把区重点发展方向转移至大宁地区。其中大宁国际商业广场项目作为大宁商业从无到有的重点建设项目，受到了极大重视和支持。随着2006年9月大宁国际商业广场的投入运营，对于区域内的人气集聚、人流量增加、消费氛围起到一定的促进作用。大宁国际商业广场占地面积约5.5万平方米，总建筑面积约25万平方米，是一个综合性、多功能的购物中心，具有商务酒店、办公楼、SOHO式办公楼、零售、餐饮、娱乐、教育文化和城市生活配套设施等八大功能。其中商业面积为9.5万平方米，约25%是餐饮、45%是零售、30%是文化娱乐。大宁国际商业广场是闸北有史以来最大的商业项目，整体提升了沪北地区商业形态、消费环境和档次。2010年，大宁国际的客流量高达1 800万人次。

但是即便如此，与土地价值的快速上涨相比，大宁地区商业设施建设依然存在较大落差。与全市住宅价格处于基本相同水平的地区（住宅价格$\geqslant$65 000元/m^2）相比，大宁地区的消费空间虽然在餐饮、娱乐等各门类集聚水平较平均，但综合评价值与新江湾城、徐汇世博滨江同处于较低水平（见图7）。目前来看，消费空间集聚分布的综合评价值为7分，仅与邻近的地区级商业中心大华地区相同，存在较大的发展空间。虽然房价的平均值在图表中并不十分突出，但土地价值和配套商业设施服务水平的巨大矛盾体现出的大宁地区由住房构建的阶层区隔问题。

五、结　　论

本研究从空间消费层面，选取了地产经济背景下的空间占有消费进行研究，并揭示了在新经济背景的转变过程中体现出的消费区隔问题，探讨了空间占有消费水平所反映出的阶层区隔；通过对上海市住宅价格的空间分布与

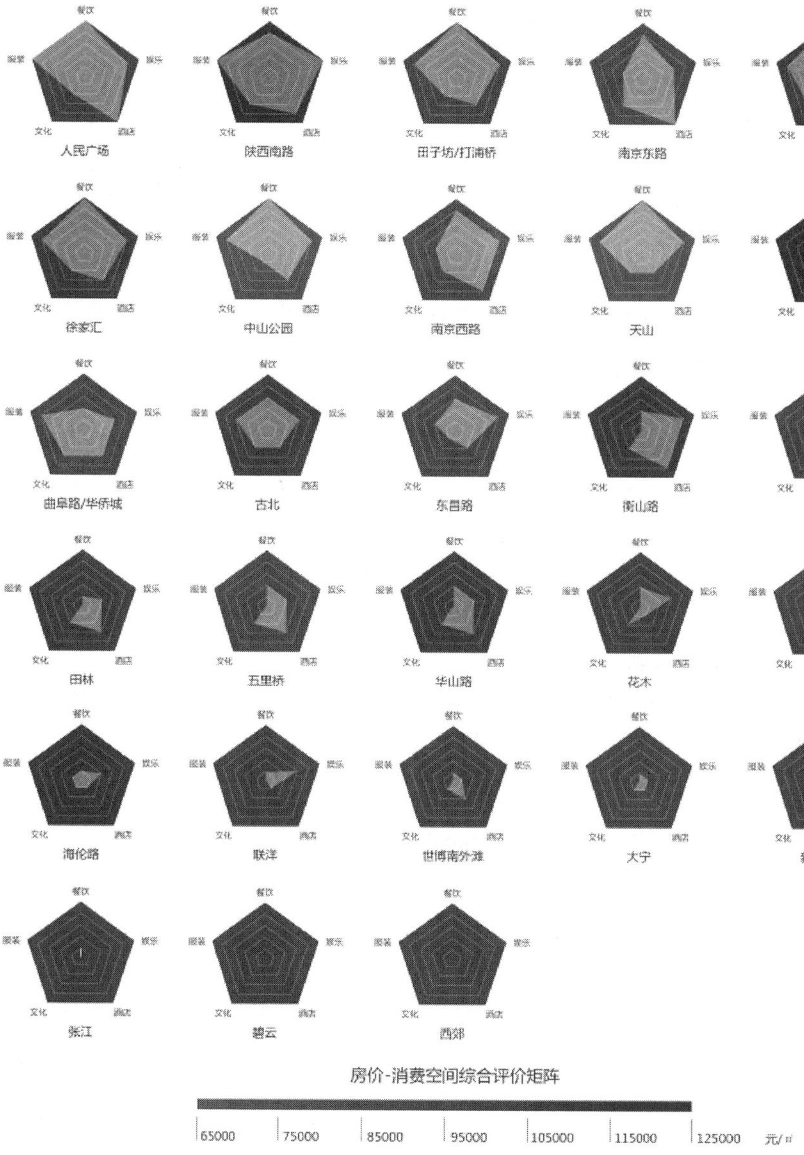

图7　房价—消费空间综合评价矩阵

资料来源：笔者自绘

消费空间的空间分布进行叠加评价，发现形成期较短的中高端住宅片区、重要商业中心周边地区和近郊别墅区是城市高收入阶层建立空间区隔显著的地区。

在大宁社区案例地区中，描述了住宅价格增长与商业发展的滞后的背景之下，新社会阶层进入该地区的过程。空间的占有消费是我国房地产经济火热发展之下重要的消费形式。对于刚刚成长起来的中国中产阶级来说，住房已经成为他们维持群体边界和排斥其他阶层的区隔符号。城市不同档次的住宅区成为不同阶层消费能力、社会地位的直观体现，由此在空间消费的过程中阶层区隔得以建构。

（王伟强　张恺平　唐皓明）

参考文献

[1] 於红梅.都市空间中的阶层区隔[C]//“传播与中国·复旦论坛”.2012.
[2] 王凯.住房：中国中产阶级的身份建构与符号区隔[D].中南大学，2010.
[3] 张鸿雁.城市空间的社会与“城市文化资本”论——城市公共空间市民属性研究[J].城市问题，2005(5)：2—8.
[4] 季松.从空间到文化从物质到符号——消费文化对中国城市空间发展的影响因素与机制研究[D].东南大学，2009：194.
[5] 丁健.“十五”时期上海新一轮土地级差效率研究[J].财经研究，2000(1)：50—55.
[6] 葛红兵，刘艳艳.中产阶级意识的生发和建构——对2000年后上海消费文化的个案分析[C]//上海、纽约都市文化国际学术研讨会.2008.

社区的营造：曹杨新村的工人文化与空间变迁调研

一、引　　言

曹杨新村位于上海市普陀区南部，沪宁高速公路入城段地区，由武宁路—中山北路—金沙江路—桃浦河所围合的区域构成，设曹杨街道办事处，现总用地2.14平方公里，居住人口132 419人（2010年统计数据）。曹杨新村始建于1951年，是解放后上海乃至全国第一个工人新村，由于选址位于当时的商业集中地曹家渡与杨家渡之间，故由此得名。

曹杨新村自1951年建设以来，至今为止历经了60多年变迁，期间几次较大的社会变革，例如大跃进，文革以及改革开放等大事件，社会体制从社会主义公有制转变为以公有制为主体，多种所有制共同发展。在这期间，新村的住宅建设也发生了较大的变化，从最初的两三层联排住宅，到后来因面积不够而加层高，再到居住小区的兴起，随着住宅制度的改革，高层商品住宅又如雨后春笋般出现在城市建设环境中。曹杨新村正是在这样的背景下见证了

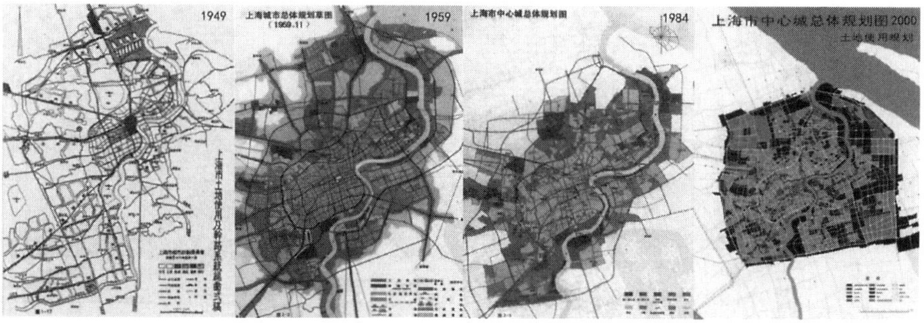

图1　曹杨新村街道的区位演进图

新中国成立之后上海城市住宅发展的整个过程，作为新中国成立以来在上海大规模建设的工人新村，虽然也经过局部的拆改建，但是工人新村的发展脉络保存完好，建设历程依然清晰可循，为本研究提供了有利条件。恰恰这种旧城更新，期间所形成的各种不同类型的居住模式，具有代表性，是一个非常成熟的、值得研究的案例。

二、曹杨新村理论溯源与规划思想

曹杨新村的规划采用了“邻里单位”的规划理论，并带有明显的“花园城市”和“郊区化”的特征。在邻里单位总体布局下，曹杨新村外围被曹杨路、中山北路等多条城市干道围合，内部组织结构则采用了“街坊—街坊群—新村”层级清晰的组织模式，同时提倡道路分级分类，住宅成组成团布置，在争取朝向均好性的情况下，打破行列式布局的单调，并将原有地貌中河浜水系组织在绿地系统中。

曹杨新村的“邻里单位”与佩里的“邻里单位”、新城市主义的模式，尽管在结构形式上具有相似性，但实际上存在着尺度差异和逻辑结构的差异。以佩里的“邻里单位”概念进行辨识，曹杨新村“邻里单位”实质上多了一个结构层次，也就是在“中小学”这个核心之上，曹杨新村多了商业中心区这一层次。因此尽管半径类似，但人口密度和规模容量差异很大。“新村的人口是比一般邻里

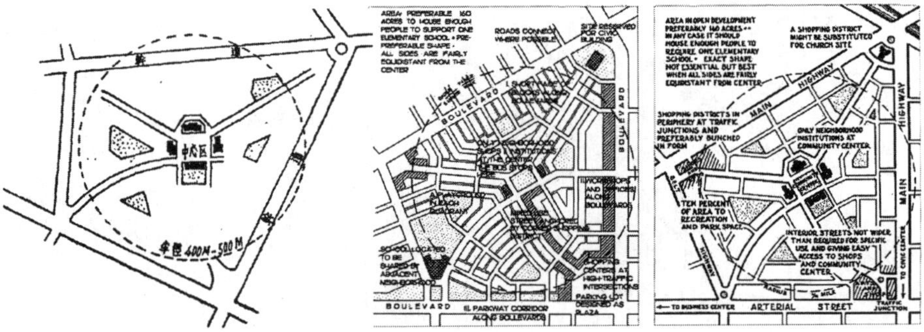

图2　曹杨新村“邻里单位”示意图、佩里邻里单位示意图、DPZ新城市主义示意图比较

单位的人口为大，实际上，它已经是一个小住宅区的规模，这是考虑为了维持一定规模的公共建筑和居民经济状况而拟定的（汪定曾，1956）。”这种分歧和差异既来自“邻里单位”的原型概念在几十年之中、在不同地域的发展带来的应用性演进，也来自不同社会经济背景下实际社会组织结构的差异，尽管同样是低层低密度的建设模式，曹杨新村却采用了低居住标准、高户内密度的人口密度组织形式，使得公共服务设施配置的数量和等级进行升级。

图3　曹杨新村规划图

邻里单位模式奠定了曹杨新村居住的空间结构，而以之为原型的居住区模式则构成了其等级化的组织结构。历经60多年建设，特别是土地市场化和住宅商品化，曹杨新村从最初一期的1 002户发展到了3万余户，随着面积的扩大和人口的增加，新村在原有规划基础上进行了较大规模的改建，但基本上邻里单位的模式依然清晰，以最初的总体规划为依据，新村延续了整体内向型的布局模式，使之成为我国居住区规划史演变的缩影。

三、曹杨新村工人文化特征

（一）曹杨新村空间特征

1. 等级化的规划结构

建立在功能主义规划理论基础上的邻里单位和居住区模式，注重空间组织的秩序和空间结构的明晰与条理性，试图以良好的形体环境重组人的社会生活。曹杨新村规划结构分为三级：居住区级、居住小区级和基本生活单元级，对应不同的社会管理体制，并由公共服务设施的服务半径确定其边界。

2. 分级分类设置的公共服务设施

工人新村的建立是一个庞大的系统工程，与等级化的规划结构相对应，曹杨新村的公共设施采取分级分类布置，集中布置和街坊内部均衡分布相结合的方式。规划根据人口规模来配置公共服务设施，形成三级公共设施体系：居住区、居住小区、基本生活单元，使工人生活所需要的一切被严格和系统地划分在各个不同的商业网点和配套设施处，使人们的生活连接成一个系统的网络。

3. 人性化的道路系统

曹杨新村的道路系统在规划上注重人性化，因地制宜地创造舒适、卫生、方便的生活条件。一是采用功能分类的居住区内部道路。曹杨新村根据功能将其内部主要道路分为交通性道路和生活性道路。杨柳青路与梅岭路（梅岭南路、梅岭北路）承担了主要交通功能，兰溪路则承担了主要的商业服务功能。二是注重街坊的宜人尺度。曹杨新村中心区域路网密度高，内部道路采用“密、窄、弯”的布局方式。尺度宜人的街坊空间使人感受到亲切祥和的氛围，在空间的私密性和开放性中达到均衡。三是采用封闭的交通体系。由于邻里单位被设计成为一个相对完整的细胞，曹杨新村采用外围城市道路环绕，内部“丁字”型的路网结构，使居住区内外联系通而不畅，既限制外部车辆穿越，控制机动车流量和车速，也塑造了社区的内向感和向心感。

4. 适宜密度、行列式的居住空间格局

由于统一的规划设计，统一的营造方式、统一的住宅标准，50年代以来上海工人新村整体形态呈现整齐的城市肌理。曹杨新村的规划是以道路为空间骨架，以行列式进行住宅空间布局，具有传统里弄主次分明的特征。住宅布局采取行列式，南北向平行布局，并且在当时相对宽裕的用地条件和有限的技术条件下，采用了低层建筑形态，层数多在2—5层之间，后加建至3—6层，并设有若干公共活动空间。

图4　曹杨新村鸟瞰图

5. 因地制宜的布局方式和传统建筑风格

曹杨新村的设计师们对于规划布局如何与自然协调、建筑风格的历史传承方面作了积极的探索。曹杨新村内尽量保留原有河道，既利于排除雨水，又可增加住宅区的自然情趣。道路沿河规划，房屋沿着道路和河流走向排列，部分房屋山墙与道路垂直，部分房屋与道路成斜角，使景色丰富而有节奏。

曹杨新村是采用中国传统的“立帖式”木结构加砖墙承重方式建造起来的新式住宅，汲取江南传统二层楼三合院或四合院的空间布局特点，沿用原来联排布局的方式，整合当时城市生活的功能要求，形成了鲜明形态特征。曹杨新村住宅单体也体现了江南民居的特点，形体丰富活泼，小巧宜人，沿着道路可以看到绿树掩映中充满韵律的山墙面，富有典雅含蓄的江南气息。

6. 丰富的公共空间体系

如今曹杨新村的绿化体系已经相当成熟。新村绿化以3座园林（曹杨公园、兰溪青年公园、枣阳园）为核心，由环浜滨水绿带及林荫路串联，结合间或小块绿地及宅边绿化，组合成成片绿地，形成点、线、面融为一体的绿化网络。曹杨新村成为全市第一个全面绿化的新村。

7. 多样化的交往空间

工人新村的兴起与解放后集体主义的理念分不开。它通过缩小个人空间、扩大公共空间的手段，密集有效地解决了人口急剧膨胀所带来的住房要求。随着60多年来的改建和完善，曹杨新村从计划经济时代的大尺度公共空间格局，逐步形成了以街道、公园、街头绿地、环浜绿地、宅前屋后敞地、边角空间等社会化、网络化的公共空间体系。

尽管历经了不同时期的发展建设，曹杨新村早期的规划思想与规划特征依然能够清晰地反映在曹杨新村的空间肌理中。相较于曹杨新村的发展，近些年我国的住宅建设方兴未艾，大型住区比比皆是，在面对市场化开发中，如何控制城市的整体形态，塑造城市肌理，追求城市长远利益，曹杨新村跨越二十多年的建设周期，无疑是具有启示意义的。

曹杨新村的空间结构、功能布局、城市肌理与公共空间系统均延续了最初的设计方案构想，使最初优秀的设计思想、功能系统得以在社区的更新改造中不断延续与完善，最终形成曹杨新村所独有的标志和亮点，体现出持续、有弹性的规划价值，满足人们不断提高的对于城市空间环境质量的要求。工人新村与里弄建筑、老城厢一样，是上海城市发展某一历史阶段政治、经济和社会情况在城市形态上的折射，是上海城市特色的重要组成，具有重要的城市肌理价值，应予以重视和保护。

（二）曹杨新村保障作用

住房制度改革前，住房统一由政府或单位提供，而且在分房时往往重点考虑困难家庭的住房问题。实行住房商品化后，尤其是1998年公有住房分配机制全面停止后，中低收入人群的住房问题凸显了出来。事实上，恰恰是由于住房制度改革中保障性住房制度设计的缺失，加剧了后来中低收入人群的住房问题。2004年后，房地产市场房价飞涨、问题频出，迫使政府出台相应的保障性住房政策。

但是，保障性住房的建设之路并不平坦。自2000年开始推广廉租房，2004年出台经济适用房政策以来，上海保障性住房制度构架就一直在调整。2004年，启动“两个一千万”工程——配套商品房1 000万平方米、中低价普通商品房1 000万平方米。2007年，在《国务院关于解决城市低收入家庭住房困难的若干意见》指导下，又出台了《解决城市低收入家庭住房困难发展规划（2008—2012年）》，首次提出将通过廉租住房及经济适用房方式进行住房保障。2011年，上海开始探索保障体系新模式，力图构建起廉租房、共有产权房、公共租赁房、动迁安置房“四位一体”的住房保障体系，以共有产权房（经适房）和动迁房为主的租售并举的保障房模式。

但是，鉴于保障性住房的涵盖面，上海的住房问题是不能通过短期内快速建设保障性住房就能够解决的。严重偏离租售比的房价是大多数居民都难以负担的，而这部分人群恰恰又在保障性体系的覆盖面之外。这就需要构架多层次的住房产品体系。而工人新村恰恰就可以承担住房市场中等价位住房供给的角色。

与新建商品房住宅相比，工人新村无疑是有其独特优势的。首先，工人新村建设历史长，数量充足，至今仍是上海居住空间的重要组成部分。其次，由于套型面积小（普遍在30～60平方米），因此在房价相同的情况下，购买工人新村住宅所需总价仍比大户型商品房低。再次，工人新村居区位条件好于大多数商品房。从上海三类主要住宅类型（传统街坊、工人新村和商品房社区）的分布情况的分析，我们可以发现上海内环以内以传统街坊为主，内环至中环之间以工人新村社区为主，中环以外以商品房为主。低廉居住成本和良

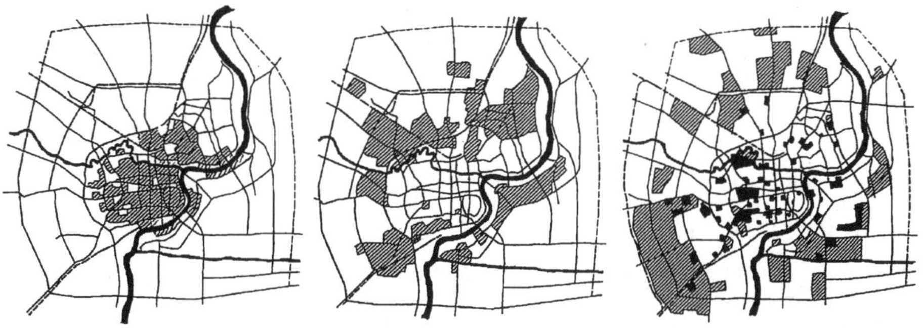

图5　上海传统街坊、工人新村和商品房社区分布情况（从左至右分别为传统街坊、工人新村和商品房社区。）

好区位条件使得工人新村成为上海中心区域中低收入者的最佳居住选择之一，从而弥补了上海保障性住房的数量不足和空间差异，使得工人新村可以解决部分住房问题。

1. 曹杨新村居住满意度整体评价

实地问卷调查从2012年10月至2013年3月进行，调查在曹杨新村总计37 067户家庭户中，按照住宅门牌号以等距抽样方式抽取1 500个家庭样本，上门发放和回收调查问卷。调查对象为在曹杨新村街道居住的年满18周岁及以上的人口，以户主及其配偶为优先选择对象。调查由曹杨新村街道和各居委会协助引导上门，采取户主或户内主要家庭成员自填、工作人员辅助解释方式进行，由课题组调研员发放、解释和回收调查问卷。实际回收问卷1 023份，回收率68.2%，有效问卷973份，有效率95.1%。

曹杨新村的居民社会调查而言，城市住区的满意度分析模块主要包含4部分内容：① 住房条件满意度；② 住区环境满意度；③ 交通出行满意度；④ 邻里环境满意度。

由表可见，曹杨新村的居民对“住宅条件”的满意度不高，仅仅31%的居民对其表示满意。其中，对“住房厨卫空间状况”“住房结构设备状况”“住房面积拥挤程度”不满意度较高，不满意率分别为43%、42%、40%。可见曹杨新村的住宅存在厨卫合用、建成时间长质量低、居住空间拥挤等急需解决的问题。

曹杨新村的居民对“住区环境”的满意度不高，仅27%的居民对其表示满意，主要体现在对“整体环境拥挤状况”的不满意，其不满意率为41%。可见曹杨新村存在着绿地景观系统混乱、交往空间稀缺、开敞空间不足等亟待解决的问题。

曹杨新村的居民对“交通出行”和“邻里环境”的满意度较高，满意率为48%、50%。可见曹杨新村的区位优势明显、交通服务设施配置完善、社区认同感和邻里意识强，得益于曹杨新村作为上海第一个工人新村特殊的历史背景所积淀的社区文化。

表1　满意度密度增长类型表

指 标 分 类		不满意	一般	满意	总满意率
住房建筑满意度	住房室内活动状况	35.8	31.3	32.9	31
	住房卧室空间状况	33.0	34.0	33.0	
	住房厨卫空间状况	42.9	28.1	29.1	
	住房结构设备状况	41.5	30.4	28.1	
	住房面积拥挤程度	39.9	29.7	30.3	
居住环境满意度	住宅建筑间距	35.9	34.4	29.7	27
	住宅建筑外观	37.0	36.8	26.2	
	室外活动设施	29.7	43.7	26.6	
	各类服务设施	26.7	42.4	30.8	
	绿地景观与场地	32.5	41.2	26.3	
	整体环境拥挤状况	40.5	37.6	21.9	
出行环境满意度	步行环境满意度	16.3	37.5	46.1	48
	服务设施可达性满意度	15.4	42.8	41.8	
	公交站点距离满意度	10.9	30.7	58.4	
	轨交站点距离满意度	18.2	34.3	47.5	
	乘车环境舒适度满意度	13.5	44.4	42.1	
	出行方便程度满意度	9.9	36.9	53.2	
邻里交往满意度	遇到困难周边居民帮忙	10.7	31.9	57.5	50
	邻里和睦相处有矛盾能调节	11.4	31.7	56.9	
	邻居待人真诚并值得信赖	15.3	42.0	42.7	
	居民对居住区有认同感	11.4	35.8	52.8	
	遇到坏人邻居能够挺身而出	14.4	44.7	40.9	

2. 居住满意度的社会分布

居民满意度的社会分布的整体评价：从居民个体的角度，曹杨新村的满意度结构表现出异常稳定的整体特征，不同年龄、不同学历、不同阶层等因素对住房条件、住区环境、交通出行、邻里环境和综合因素都没有体现出显著性。

3. 居住满意度的空间分布

利用GIS空间分析，将调研问卷中的居住满意度评价和居民社会属性内容进行空间分布分析，通过将量化后的居住满意度参数纳入空间参数的分类比较，有助于分析得出物质属性参数与非物质属性参数在空间分布特征上的关联性。

住房满意度

- 室内活动空间状况
- 室内卧室空间状况
- 室内厨卫空间状况
- 住房结构和设备状况
- 住房面积拥挤程度

住房满意度分布图

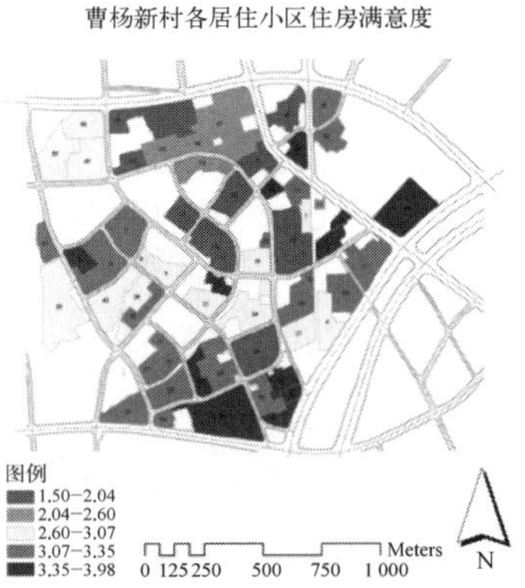

曹杨新村街道内各居住小区的住房满意度整体呈现北低南高、东高西低的特征（图2–5）。通过对住房满意度评价指标的结构分析不难推断，住房满意度较低的区域，通常可能是由于住房空间拥挤、住房户型结构老旧、室内空间缺乏修缮维护等因素导致的。

住房满意度评价与分布图

居住环境满意度

- 住宅建筑间距大小
- 住宅建筑外观新旧
- 住区室外活动设施
- 住区各类活动设施
- 住区绿地景观与场地活动
- 住区整体环境拥挤状况

居住环境满意度分布图

曹杨新村街道内各居住小区的居住环境满意度整体呈现北低南高、东低西高的特征（图2–6）。通过对居住环境满意度评价指标的结构分析不难推断，居住环境满意度较低的区域，通常可能是由于缺少活动设施与场地、景观环境缺乏养护、建筑间距较小等因素导致的。

居住环境满意度评价与分布图

日常出行满意度

- 住区步行环境
- 住区日常服务设施可达性
- 从家至日常公交站点的距离
- 从家至轨道交通站点的距离
- 日常乘车环境舒适程度
- 日常出行方便程度

日常出行满意度分布图

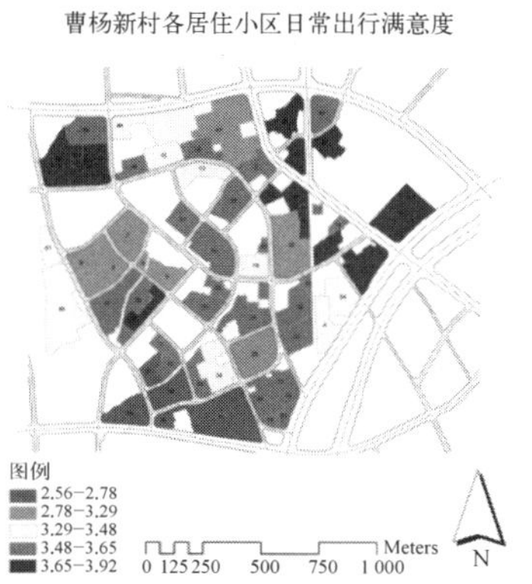

曹杨新村街道内各居住小区的日常出行满意度，除南部集中偏低的区域外，整体呈现散乱的特征（图2–7）。通过对日常出行满意度评价指标的结构分析不难推断，日常出行满意度较低的区域，通常可能是由于远离交通出行站点、步行环境不理想等因素导致的。

出行满意度评价与分布图

邻里交往满意度

- 遇到困难周边居民是否帮忙
- 邻里和睦相处有矛盾能调节
- 邻居待人真诚并值得信赖
- 居民们对居住区有认同感
- 遇到坏人邻居能够挺身而出

邻里交往满意度分布图

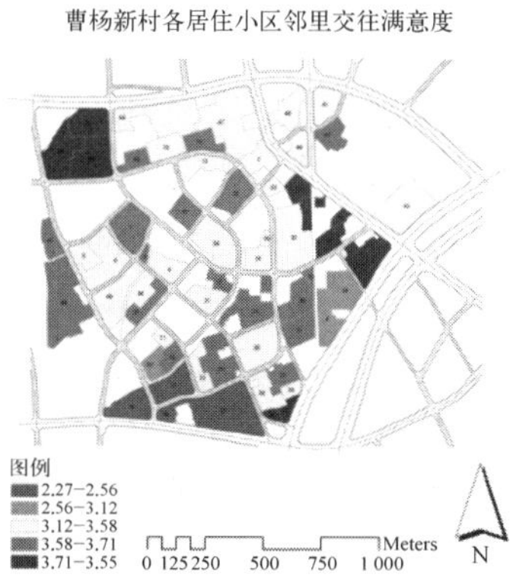

曹杨新村街道内各居住小区的邻里交往满意度，除南部集中偏低的区域外，整体呈现散乱的特征（图2–8）。通过对邻里交往满意度评价指标的结构分析不难推断，邻里交往满意度较低的区域，通常可能是由于居民收入、社会地位、家庭结构差异较大等因素导致的。

交往满意度评价指标与分布图

图6　居住满意度的空间分布

4. 居住满意度分析

（1）曹杨新村居民对住房满意度不高，调查中居民都有扩大住房面积、住房成套的改造需求，主要集中在曹杨一村、二村、五村、七村等。另外老年居民针对自身的出行需要，还提出了进行住宅电梯的加建建议。

（2）曹杨新村居民对整体环境的满意度不高，特别是居住小区内部的活动健身设施维护、宅间绿地修缮、门禁设施改造、机动车停车位加建、居住小区外部的城市生活性道路改造（如主要健身道路的花溪路，主要商业步行街桂巷路的改造)等。同时,对于曹杨新村富有特色的环浜绿地空间的改造呼声也非常高。在调查中,曹杨居民对环浜绿地沿线支离破碎的路径提出了明确的"环浜打通"意愿,以沟通环浜沿线的步行路径。

(3)曹杨新村居民对交通出行的满意度较高,其优越的区位、较完善的公共交通服务设施以及较高的路网密度,给居民出行带来很大的便利。

(4)邻里环境的满意度感知评价属于意识性评价,总体来看,邻里关系满意度较好,特别是传统的曹杨一村、三村、五村(中心除外)、六村,其中较低评价满意度的是社区认同感。

(三) 曹杨新村适老化社区建设

根据六普数据,曹杨新村全街道常住人口为98 350人。60岁及以上人口共23 212人,占常住人口的23.6%。在研究上海城市老龄化对策方面具有一定的标本作用。作为老龄化居民高度集中的曹杨新村,已经列为普陀区首个宜居(适老型)试点社区。

早期曹杨新村规划非常强调公共设施的配置,很好配合了计划经济体制特点。随着时代的变迁、居住人口的变化,年龄结构的变化,曹杨新村公共服务设施也留有不断更新的余量,体现出规划的弹性。建设适老社区有助于更好地促进曹杨社区养老与家庭养老有机结合,为老人提供全面服务,更好地解决目前曹杨社区因养老动力机制发生变化而产生的各类问题,更好地加强曹杨社区老年人的社区意识与归属感以及更好地为社会提供更多的就业机会。

1. 社区公共服务设施配置存在的问题

(1)服务设施不足。在国家、上海市居住区规范及老年人设施规划规范中,曹杨新村街道层面应配建的、与适老化改造相关的公共服务设施项目都满足要求;小区层面设施的配建上,除托老所、服务站和小区级的老年服务中心和球场外,标准中要求配建的项目,曹杨新村也都有。但是曹杨新村在医疗卫生设施、文化教育设施、体育健身设施、社区服务设施、公共绿地及广场的配置指标上均达不到上海市标准。

（2）设施布局不合理。整体来看，曹杨新村内部核心地区的各类设施的可达性在整个街道内处于较高水平，但在核心的外围社区中，新建社区可达性较好，而旧社区中因设施配置水平较低，在整个曹杨新村中设施的可达性最差，以南部金沙江路沿线、北部小俞家弄最为突出。

2. 老年人行为特征与社区公共服务设施需求分析

（1）曹杨新村老年人基本情况。从老年人分布年龄特征来看，其中最多的是60—64岁的老年人，曹杨新村老龄化呈现出少龄化的特点，表明老年人整体上活动能力较好、生理机能较好因此，适老化改造中公共服务设施应按自理老人、介助老人的体能和心态特征进行配置与设计。

老年人在知识文化结构、职业结构等方面的不同都会影响到老年人对居住生活环境，包括公共服务设施的认知和需求。曹杨新村老年人大部分教育程度集中在初中及以上，整体教育水平不低。

（2）曹杨新村老年人社区服务设施的改进需求。老年居民普遍反映家门口缺少交往和活动空间。街坊/小区层面设施、场地在数量上的缺乏使得一些组团距老年活动室/文化活动室距离较远，不能满足老年人就近使用的需要。

部分老年公共服务设施的正常管理和运行缺乏足够的资金保障。这一问题在老年活动室上尤其严重，部分老年活动室因缺乏人员管理、资金支持，开放时间短、室内的设施也相当简陋，组织的活动类型单一，对老年人起到的服务作用极其有限，大大影响了其使用效率。同时，一些室外邻里交往空间中缺乏相应的配套设施，如一些室外的老年活动场所缺乏休息座椅、健身设施等。

公共设施在设计上没有重视老年人对无障碍环境的需求。例如公共设施、住宅的出入口缺少无障碍设计；公共设施休息座椅旁没有考虑轮椅停留的位置；视觉标识设置还不普及。这给行动不便的老人的生活带来了诸多不便。

(四) 曹杨新村社区治理模式

1. 曹杨社区治理背景

曹杨街道是上海市加强社区建设扩大试点单位，也是上海文明社区之一。1998年以来，为探索社区治理的模式，街道围绕“社区党建全覆盖、社区建设实体化、社区管理网格化”的总体目标，勇于探索大胆实践，在社区治理模式方面取得了一定的成就。

（1）体制创新：区域化大党建引领社区共治。建立以社区（街道）党工委为核心，行政、居民区、驻区单位“三条线”党组织为构架的“1+3”社区党组织新模式，形成了社区党建工作“条块结合、资源共享、优势互补、共驻共建”格局。既强化了对行政派出机构的双重管理，又强化了对驻区单位的协调沟通，从体制上推进了党建工作全覆盖，极大地增强了社区党组织战斗力、凝聚力和创新力。

（2）载体创新：3+2+X个中心建成基础公共服务体系。挖潜整合辖区内有限的资源，建成3+2+X公共服务平台，即3个基础平台、2个拓展平台（社区生活服务中心、综合治理中心）、X个综合平台（乐活家园、精神家园、社区卫生服务站、联勤联动中心、老年日间照料中心、阳光之家等等），逐步建立与社会发展相适应，面向社区全体成员，内容涵盖帮困救助、为老服务、公益慈善、健康卫生、就业指导、公共安全等功能相对完善的曹杨社区公共服务体系。

（3）机制创新：网格化管理模式破解城市综合管理难题。城市综合管理采用网格化管理模式，协调联动城管、公安、工商、市容、环保、绿化、房地等相关16个单位，每周一召开例会，围绕市容环境、公共安全、社会稳定等内容，共商共治城市综合管理顽症。建立了“综合协调、巡查处置、源头管理、互动参与”四项工作机制，截至12月底，联席会议已召开342期，成功解决综合管理问题800余件，破解难题百余起，组织联动执法超百次。有效推进行政资源整合，实现条块共治，提升政府管理效能。实现条块联手，资源整合，再造流程，强化监督，执法不留空隙，确保比较好地效果。

（4）方法创新：民间组织枢纽式管理助推社会组织发展。成立曹杨社区民间组织服务中心，从党的建设、业务工作和保障服务三个方面为社区内的民间组织开展全面服务和有效管理，具体落实了培育和管理监督的责任，为推进政府职能转变、改进社会管理方式，加强党的执政基础、增强民间组织自我发展能力提供了社会化管理运作平台。

（5）模式创新：居委会自治家园建设构筑基层自治平台。建立健全小区居民自治体系，切实落实“三会制度”，加大居委会自治家园建设。杏梅园“百灵鸟驿站”有效地提高了小区管理的群众自治水平，扩大和巩固小区管理的群众基础和支持度，为丰富群众社区生活，加强居民间沟通，使居民各得其所、各尽其能、各展所长提供平台。

2. 曹杨社区治理模式存在的问题

在传统管制方式与现代共治理念的磨合过程中，传统模式为创新机制“腾”出了一定的治理运作空间，但创新机制的实践基础仍较薄弱。

（1）街道对辖区内职能部门、社区单位的协调能力仍然较弱。在“两级政府、三级管理、四级网络”的城市管理体制下，街道作为政府对社会实施有效管理的运作空间，政府的社会管理职能理应在街道层面得到优化整合。但在实践中，市区两级虽然做到了财力和管理责任的下移，但相应的社会管理权力和协调权力却未真正到位，“条块结合、以块为主”的社区管理机制有待完善。

（2）社区自治组织和中介组织相对较弱。长期以来，行政化的社区管理模式，使社区自治组织和社会组织的发育缓慢，政府的许多职能无法向外进行转移，无法真正引入社会化、市场化的社区管理手段。虽然近年来出现了“政府购买服务”的工作方式，但在运作中还是存在与实现社区管理市场化、社会化的要求仍有较大差距的问题。在“上海模式”中，社区委员会等社区共治组织目前尚处于初级阶段，条线部门的大量任务落实到街道层面后，街道下派任务仍需要由居委会具体承担，社区中的其他社会中介组织缺乏资源和权威，没有足够的能力代替政府部门组织居民管理公共事务。

（3）居民对社区事务参与不足，自治意识有待增强。居民社区事务参与的广度，决定了社区治理的深度。但目前在社区建设中普遍存在居民参与程度参差不齐的状况。“上班族”居民更多是把社区当成居所，没有很强的归属感和认同感。在历史较长、社区形态成熟的上海老城区，社区群体对政府的依赖程度相对较高，社区自治更多的来自行政力量的推动：在新建成的社区以及国际化程度较高的社区，社区群体的自治意识较强，对政府依赖程度较低。社区群体参与意识不强，导致社区共治的基础动力支持不够。

3. 完善社区治理模式

近几年来，上海中心城区的社区治理模式虽仍以行政力量为主导，已开始融入政社合作、社区共治的理念和机制。在实际运作中，传统模式与创新机制之间应采取“磨合”“调适”的思路，才能达到相得益彰、稳健有序的效果。而工人新村的社区建设经验有助于现代社区中以回归居住本质为主线的社区价值重构。

（1）管理与治理相结合。治理强调多元主体通过合作、协商的方式实施对公共事务的管理，治理与管理的结合点在于加快提升各参与主体的素质、健全促进公共事务高效民主运作的体制机制。

（2）自治与共治相结合。社区治理强调居民参与，要求社区发展的各项规划、社区建设的实施以及社区事务的处理等都必须体现社区居民的广泛参与，与居民的要求相适应，体现居民自治的原则。社区建设要不断地增强居民的社区归属感和认同感，扩大居民参写的范围和程度，要重视社区功能的开发，发展社区服务，塑造社区文化，满足居民的多种需求。

（3）服务与引导相结合。社区服务质量是居民提出意见建议的焦点，因此社区服务也成为推动居民关注公共事务的重要切入点：引导是将这种“个人关注”整合放大为“公众参与”的公民教育策略，使居民在对社区事务“评头论足”的过程中潜移默化地提高民主参与意识。

四、结　　语

以曹杨新村为代表的工人新村目前面临的挑战来自内外两个方面。就外部而言，当前宏观调控形势下，房地产和保障房体系中的种种问题使得我们必须重新审视工人新村的价值所在。我们应当认识到工人新村作为上海城市特色的重要组成，具有重要的城市肌理价值，其独有的标志和亮点，体现出持续、有弹性的规划价值。同时工人新村弥补了上海保障性住房的数量不足和空间差异，一定程度上可以解决部分住房问题。

就内部而言，工人新村更新改造应当满足其适老需求，可以从适老性设计改造、为老服务设施布局、为老服务能力、为老服务内容等方面，以及增配建适老型设施配建等方面进行探索。同时社区治理模式的完善不可忽视，而工人新村的社区建设经验有助于现代社区中以回归居住本质为主线的社区价值重构。通过应对这来自内外两方面的挑战，可以有效地促进工人新村在未来的良性发展。

（王伟强　马晓娇）

流动性与文化认同：上海农民工文化消费调研

一、研究的背景、意义

习近平总书记在十九大报告中提出：发展不平衡不充分的一些突出问题尚未解决。而这种不平衡不充分不仅表现在经济方面，也体现在文化方面。具体表现为东西部的文化服务水平不平衡，针对不同社会群体的文化服务不均衡等。我国农村劳动力资源丰富，随着工业化、城镇化的加快发展，农村劳动力大量在城乡之间流动就业的现象将长期存在。农民工文化消费现状与城市文化的发展水平、农民工文化消费需求与城市文化服务供给之间都极不平衡，是文化方面发展不平衡在城市这一空间里的集中体现。

对于上海来说，做好农民工工作是和谐社会建设和经济持续发展、文化繁荣的重要内容。上海是我国农民工跨省市流动的主要输入地之一。目前学界、政府部门对农民工的定义为具有外省市的农村户籍，在沪务工或创业的外来人员。

根据上海市统计局的调查，截至2015年6月30日的最新统计显示，上海市15岁至34岁的新生代农民工规模已经达到502.36万人，占到全市农民工的55.5%，占全市同年龄段人群的61.3%。[①] 至2017年末，全市常住人口总数为2 418.33万人。其中，户籍常住人口1 445.65万人，外来常住人口972.68万人。

根据统计局数据，上海农民工来自邻近省份居多。其中，来自安徽的占37.5%，江苏占13.6%。外来农民工家庭成员的平均年龄为32岁，其中16—60

① 杨雄等：《上海社会发展报告蓝皮书》，社会科学文献出版社，2016年。

岁的劳动年龄人口占83.8%。初中和高中文化程度的占69.0%，大专及以上占6.4%。16—60岁的外来农民工中有九成在就业，在岗位的平均工作时间为5年1个月。从行业看，从事制造业的占42.5%，居民服务、修理和其他服务业的占11.1%。

在2014年外来农民工家庭生活消费支出中，人均生活消费支出为18 987元，但教育文化娱乐方面的支出仅约占1 300元左右。[①] 在2017年上海外来人口享受公共文化服务的统计中只占26.7%，体育馆占8.8%，图书馆占13.9%，社区活动中心占25.9%，图书馆占7.7%，而这一数据中农民工的比重的更低。[②]

面对这一形势，做好农民工工作，是构建社会主义和谐社会的客观要求，对于上海建设国际型大都市、保持社会经济健康持续发展具有重要意义。

（一）打造上海高品质生活的重要组成

农民工作为城市的特殊群体，是上海四大品牌铸造的参与者，他们的文化消费水平不仅是打造上海高品质生活的一部分，也为更好地服务四大品牌打牢基础。提升农民工的文化消费水平，是解决当前文化发展不平衡、不充分局面，打响上海文化品牌的重要组成部分。

上海作为经济文化高度发达的城市，农民工在面对不同形态的城市文化时，农民工和城市间的深层文化冲突，可能会成为农民工融入城市进程中的阻碍，产生不参与、难适应的现象，政府需要为农民工搭建和社会其他群体进行文化交流的平台。农民工的文化精神困境问题，自有农民工之日始，就一直存在，甚至引发了严重社会问题。李强书记指出，要打造高品质生活，满足人民过上美好生活的新期待，必须要提供丰富的精神食粮。让所有工作生活在上海的人们都能感受到这座城市带来的获得感、安全感、幸福感，抓住市民群众关心的教育、卫生、就业、养老、住房、文化体育等基本服务。

---

① 参见上海网上政务大厅，2016年上海年鉴・社会调查・上海外来农民工生活情况。
② 参见上海网上政务大厅，2017上海外来人口社会管理与公共服务情况。

(二) 文化消费,农民工社会融入的新途径

从历史上来看,近代上海开埠以后,就吸收大量的外省市移民,这些人除了商人外,大部分是失地或者弃地的农民,但他们与城市间的隔阂较浅。直到20世纪八九十年代,城市化大规模开展,以及计划经济体制下城乡二元结构的形成,导致农村户口和城市户口在待遇上有很大差别。纺织业、建筑业等大力发展,大量外来务工人员来到这里。这两个阶段,进入上海的移民浪潮大多是通过同乡组织或者同业行会等社会组织适应新的城市生活,他们也有文化消费。其内容最多的就是看戏、电影、民间信仰的活动等。在过去已有的口述调研中,近一半的解放前移民曾经将看地方戏作为主要生活消遣之一,同时也作为最重要的社会适应方式。

进入新时期,政府所提供的基层文化服务更加多元,同时互联网手机终端带来的消费形式的转变,使得农民工的文化消费有所升级。如何让农民工在文化生活上参与到城市生活,产生文化认同是他们社会融入的重要路径。

农民工积极参与、健康地进行文化消费才能促使他们快速融入城市生活,以文化方式塑造公共平台,以文化活动消弭社会隔阂,增加社会各界相互了解和支持,促进社会认同感、归属感,提高他们的获得感、幸福感、安全感,以文化融入带动社会融入,从而增加城市基层治理的有效性。

(三) 区域经济、社会协调发展的需要

上海作为长江经济带的中心城市,自近代以来无论是经济还是文化方面对周边省份都起到一定的带动、辐射作用。而这一作用除了地方政府间的合作、支援,还存在一个重要的方式,就是区域间劳动力流动带来的改变,旅沪农民工将先进的生活方式、技术器物、消费理念等带回家乡,对当地的经济、生活产生重大的影响。移民的社会关系成为社会和外省市交流的一条重要纽带。因此,上海农民工文化消费的调研及问题的解决就变得十分重要,不仅促进上海本身的繁荣,还对缓解地区间发展的不平衡、不充分有推动作用。

此次调研拟解决的问题是发现农民工文化消费在不同行业、不同城区、不同年龄段等间的差异，有针对性地提出解决的方案，为提升上海农民工文化消费生活水平探索出可行的实施路径。

二、上海农民工文化消费现状分析

（一）样本基本情况

此次调研选取上海主要城区及近郊进行纸质问卷发放，并选取某几位代表进行深度访谈获得口述资料。同时通过网络随机发放问卷，利用问卷中职业和户籍栏目进行筛选。共发放问卷348份，回收有效问卷300份，回收率86%。其中被调查对象中男性工201位，占67%，女性99位，占33%。年龄分层是26—30岁、18—25岁、31—40岁分别位居第一、二、三位。如下表所示：

表1　调研对象年龄比例

选　项	小计	比　例
18岁以下	8	2.67%
18—25岁	87	29%
26—30岁	107	35.67%
31—40岁	63	21%
41—50岁	25	8.33%
51—60岁	8	2.67%
60岁以上	2	0.67%
本题有效填写人次	300	

问卷由三部分构成，包括农民工的基本信息、农民工的文化消费现状、农民工的城市文化融合情况。具体包括：受访者的户籍地及类型、年龄、职业（制造业/建筑业；批发零售/交通运输仓储邮政/住宿餐饮/居民服务、修理、

其他服务业/其他)、居住地点、爱好、工作时间、在沪居住时间、居住类型等基本信息;文化消费项目、频次、时间段、时间长短、花费金额;得知/购买文化消费项目的途径;文化消费的同伴;是否考虑品牌;是否考虑距离远近;居住地最近的文化消费场所距离;工作后有无职业培训等;是否愿意参与社区组织的文化消费项目;在社交网络中,上海本地人所占比例。除此之外,还包括少量开放性的调研内容。

从已经收回的300份问卷来看,涵盖了上海主要城区及近郊绝大部分,其中来自上海徐汇、闵行、杨浦、宝山、浦东、嘉定的样本量较大。此外,黄浦、长宁、静安、普陀、虹口等区相对较少。

(二) 农民工文化消费现状分析

农民工作为城市的一个特殊群体,由于原生成长环境和经济水平的影响,他们的文化消费群体特征十分明显。通过此次调研,可以发现当前上海农民工的文化消费具有以下特征:

1. 整体上,互联网移动终端的文化消费形式非常普及,实体场所的消费相对较少

在300位受访者中,高达76.33%的农民工都使用智能手机、电脑等互联网移动终端进行文化消费。相对来说,传统的通过电视来接收信息的途径下降到25.67%左右。电影院、公园、网吧、景点等消费门槛较低的实体场所,选择人数位居中间,其他的实体场所消费人数非常少。

表2 上海农民工文化消费的整体趋势

选　项	小计	比　例
电视	77	25.67%
手机、电脑、pad	229	76.33%
电影院	106	35.33%

（续表）

选　　项	小计	比　　例
参观景点	71	23.67%
公园	97	32.33%
买书、看书	52	17.33%
社区、居委文化活动室	6	2%
文化广场	29	9.67%
网吧等娱乐场所	30	10%
游戏厅电玩城	17	5.67%
儿童教育项目、场所	19	6.33%
游乐场	44	14.67%
图书馆	28	9.33%
博物馆、美术馆	25	8.33%
体育馆、运动场馆	42	14%
棋牌室	27	9%
文化馆、艺术馆	19	6.33%
剧院	7	2.33%

在移动终端上，农民工们所关注的内容，新闻类和休闲娱乐类占比最高，其次是社交类，而对财经、教育等方面关注较少。这就说明农民工整体对社会现象较为关心，但对实体文化消费场所涉猎很少。

根据调研统计分析，可以看出：移动终端消费门槛低，时间灵活是他们选择的最主要原因。超负荷劳动致使没有足够时间进行文化消费。根据上海市统计局数据，上海农民工平均周劳动时间达47.9小时，按照每日8小时标准工作时间计算，每周实际工作6天。部分外来农民工反映，他们常以超时劳动来提高收入。根据300位农民工的调研结果，他们当中有60%在傍晚17 : 00以后下班，甚至有部分的工作时间要延续到深夜23 : 00。因此，他们一般进行手机、网络等文化消费的时间都是在晚间和深夜。

杨浦区虬江码头为外来人口的一个集中居住区，其中许多是来自四川籍。调研中发现一个叫“十字线的颤动”的网络写手写作了一部网络穿越小说。小说主人公是一个四川籍的应届毕业生，租住在城乡结合部的棚户区，穿越到1937年参加虬江码头的抗战活动。作者重点描述虬江码头区域的环境，并提到家乡四川是没有遭到战火的，希望回到家乡。大致可以推测主人公李雷目前是租住在虬江码头区域。网络文化生活已经成为他们非常重要的一部分。

2. 新生代农民工文化消费内容有所拓展，但仍存在局限

从下表可以看出，18—30岁的农民工由于突破了传统农民工所从事的行业，他们的文化消费样式也呈现出多样化。调研对象中19.98%的人会参观博物馆、美术馆，进行体育馆、运动场馆文化消费的比例占到30.61%，他们都是在18—30岁之间的新生代农民工。这一群体，去往文化馆、艺术馆的比例也较其他群体高，购书的比例占到整个调研对象的38.68%，去图书馆等相关场所的比例占25.72%。此外，健身、美容、旅游等新生代农民工都相当关注。这就说明新生代农民工在学习、汲取知识方面存在一定的需求，对包括审美、健康在内的高品质生活有追求的倾向和动力。

另一方面，他们虽然对博物馆、电影、体育馆、文化广场、书店等场所比传统农民工更加感兴趣，但对歌剧、话剧、交响乐、美术展等高雅艺术类型仍然处在空白状态。通过调研发现原因主要在于：价格太高、觉得没必要进行这个花费，以及不了解、不懂欣赏等。

40岁以上的农民工比他们初到上海时文化消费的类型有了很大的拓展。主要倾向于教育方面，以及与教育相关的旅游、展览等，原因在于子女养育问题促使他们文化消费类型有了转型。但另一方面，他们也不知道如何拓展、寻找更高层次的文化消费。

表3　上海农民工年龄与文化消费种类关系

年龄/项目	电视	手机、电脑、pad	电影院	参观景点	公　园	购书看书	社区活动室	文化广场	网吧等娱乐场所
18岁以下	1（12.5%）	5（62.5%）	4（50%）	3（37.5%）	4（50%）	1（12.5%）	0（0%）	0（0%）	3（37.5%）
18～25岁	15（17.24%）	71（81.61%）	34（39.08%）	23（26.44%）	22（25.29%）	16（18.39%）	1（1.15%）	11（12.64%）	20（22.99%）
26～30岁	25（23.36%）	79（73.83%）	44（41.12%）	25（23.36%）	38（35.51%）	21（19.63%）	2（1.87%）	12（11.21%）	5（4.67%）
31～40岁	19（30.16%）	50（79.37%）	21（33.33%）	18（28.57%）	24（38.1%）	12（19.05%）	1（1.59%）	5（7.94%）	2（3.17%）
41～50岁	10（40%）	18（72%）	3（12%）	2（8%）	6（24%）	2（8%）	1（4%）	1（4%）	0（0%）
51～60岁	6（75%）	5（62.5%）	0（0%）	0（0%）	3（37.5%）	0（0%）	1（12.5%）	0（0%）	0（0%）
60岁以上	1（50%）	1（50%）	0（0%）	0（0%）	0（0%）	0（0%）	0（0%）	0（0%）	0（0%）
年龄/项目	游戏厅电玩城	儿童教育项目、场所	游乐场	图书馆	博物馆美术馆	体育馆运动馆	棋牌室	文化馆艺术馆	剧　院
18岁以下	2（25%）	1（12.5%）	4（50%）	0（0%）	0（0%）	0（0%）	1（12.5%）	0（0%）	0（0%）
18～25岁	12（13.79%）	2（2.3%）	23（26.44%）	11（12.64%）	6（6.9%）	12（13.79%）	5（5.75%）	8（9.2%）	3（3.45%）
26～30岁	3（2.8%）	4（3.74%）	11（10.28%）	14（13.08%）	14（13.08%）	18（16.82%）	11（10.28%）	7（6.54%）	4（3.74%）
31～40岁	0（0%）	10（15.87%）	5（7.94%）	3（4.76%）	4（6.35%）	12（19.05%）	6（9.52%）	4（6.35%）	0（0%）
41～50岁	0（0%）	2（8%）	1（4%）	0（0%）	1（4%）	0（0%）	3（12%）	0（0%）	0（0%）
51～60岁	0（0%）	0（0%）	0（0%）	0（0%）	0（0%）	0（0%）	1（12.5%）	0（0%）	0（0%）
60岁以上	0（0%）	0（0%）	0（0%）	0（0%）	0（0%）	0（0%）	0（0%）	0（0%）	0（0%）

3. 社会心理隔阂下农民工文化消费观念的转变与保守

从调研统计的下表中可以看出，非常同意“我的工资足够让我放心进行文化消费”的农民工只占8%，比较同意的有17%，大部分人表示不赞同。他们认为工资水平和工作时间影响了他们的文化消费水平，同时也认为收入水平最大程度上决定了文化消费观念和品味。

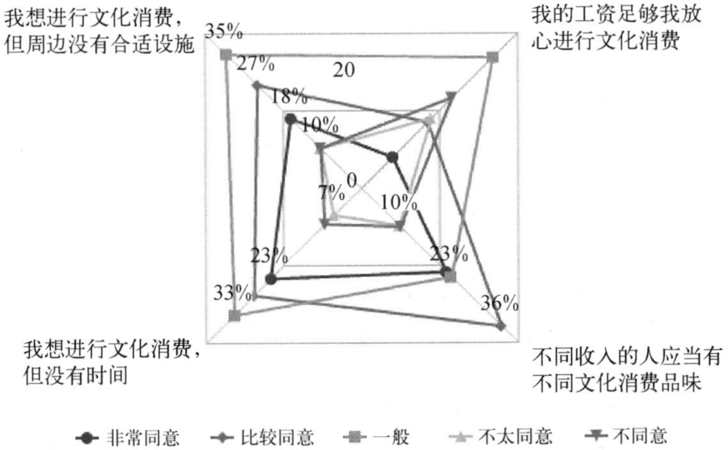

图1　上海农民工对工资水平与文化消费品味关系的看法

60%以上的农民工认为“不同收入水平的人应当有不同层次的文化消费品味”，只有10%的人认为经济收入不能单独决定文化消费的品味。

在调研中，笔者对居住在杨浦区五角场街道虬江码头的农民工聚居区进行集中访谈，其中选取来自四川的王某进行深度访谈。王某，四川籍，42岁，从事机械装配行业。他来到上海大约有15年，目前是一家三口居住在厂房搭建的临时居住点，孩子在上小学四年级。在访谈中，王某认为：他的工资在每月7 000元左右，厂家提供集体住宿，但他还会买书、参观博物馆等文化场馆，与孩子一起学习。除此之外，他自己会阅读一些哲学、佛学、古典文学的书籍，他说自己的学历就是高中，但是非常喜欢看一些感兴趣的读物。在他看来，一个人的文化消费的品味与工资水平没有直接的关系，而是个人修养的体现。

图2　四川籍机械工王某在谈论古典文化（左）

事实上，王某在文化消费上的观念有一定的代表性，40岁以上的农民工比他们初到上海时文化消费的类型有了很大的拓展。主要倾向于教育方面，以及与教育相关的旅游、展览等，原因在于子女养育问题促使他们文化消费类型有了转型。

在受访的对象中，月工资在7 000元以上的农民工占到35.67%。总的来说，他们的工资水平普遍较低，这在很大程度上限定了他们的消费观念。但是，身份认同影响下社会心理的隔阂才是决定他们文化消费观念的关键要素。例如在对杨浦区某中介公司的职员赵某进行深度访谈时了解到，他的工资水平一个月可以达到15 000元左右，但是他的文化消费观念依然很保守。除了自己爱好打球，偶尔去附近的球场运动外，他所有的文化娱乐时间都是手机。他认为：他自己是农村人，在上海挣钱只是为了回老家买房，或者运气好了在上海买房。但是从来不认为自己是上海人，将来也没有可能成为上海人。

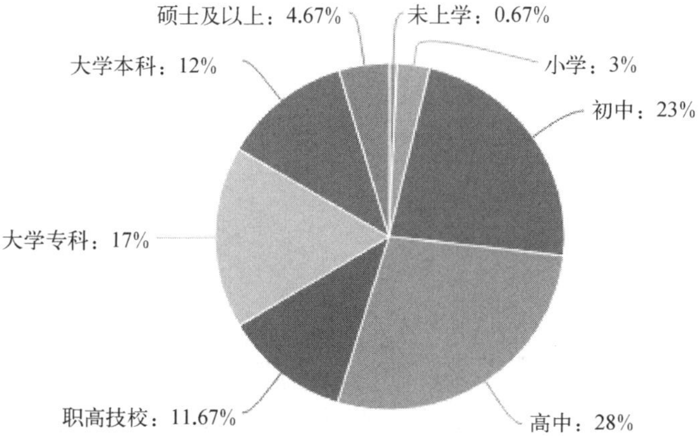

图3　上海农民工学历水平比例

文化消费的品味直接决定了消费的类型和内容，而决定文化消费品味的因素有很多，受访者的学历水平、从事的行业、生长环境都很重要。

在受访者中，只有7.33%从事教育、投资理财等领域，其他几乎全部是从事制造业、建筑业、餐饮等生活服务、中介咨询、物流安保等行业。学历上，初中、高中、职高技校、大学专科的比重最大。他们由于文化水平相对较低，且多从事服务行业，对身份认同仍然保守，认为自己是农村人口。当然，这种社会心理的隔阂是由中国长期以来包括户籍制度在内的城乡二元体制带来的，它直接导致进城农民工不知文化消费、不愿文化消费、不敢文化消费。

图4　陆家嘴金融城对面的环卫工人

4. 社会融入程度低与很少参加社区等公共基层文化活动互为因果

在所有对象中，只有2%的人会参加社区、居委等形式的公共文化活动。这一现象与当前上海农民工的社会融入存在一定的相关性。

在本次调研中，研究者设计了有关社会适应的问题，包括平时进行文化消费时选择的同伴有哪些，以及在上海的社交网络中本地人占多少比例。结

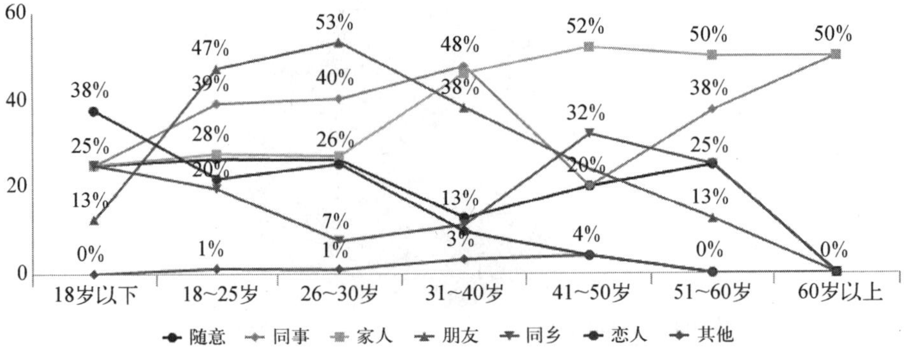

图5　上海农民工年龄与进行文化消费时选择同伴的情况

果显示，41—50岁、50—60岁的老一代农民工选择同乡的比例最高，其次是25岁以下来到上海不久的最新一代农民工。而26—40岁中间的农民工选择同乡一起文化消费的比例最低，他们大多会选择与朋友、同事、其他伙伴同行。同时，这项调查与他们与本地人交往的程度是相一致的，头尾两个年龄段群体中社会关系中本地几乎没有。

这就表明了很重要的一点，老一代农民工和最新一代农民工在上海的社交网络比较单一，还是以同乡为主。在他们的社交关系中，乡缘依然占主导位置，在上海的社会融入程度很低。

社区等基层免费的文化活动项目是城市市民最先最易接触到的文化消费项目，是居民文化消费的最低保障。目前上海各个城区都大力推动社区文化服务功能，加大服务种类和力度的改善。但是由于农民工的居住条件、消费习惯、社会心理等原因，导致他们很少参与到其中。

在本次调研对象当中，90.33%的农民工是农村户口。其余9.67%是在近5年以内通过在家乡中小城市购置房产，从而将户口迁至城市。但是，这一部分人消费心理和社会文化观念仍然具备农村的特征。

在居住形式上，有41.67%的农民工与他人合租，33.67%的农民工独租，

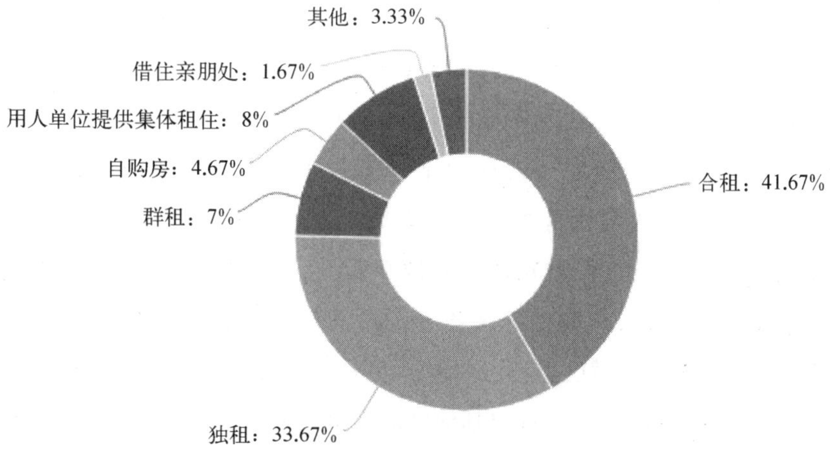

图6　上海农民工居住形式

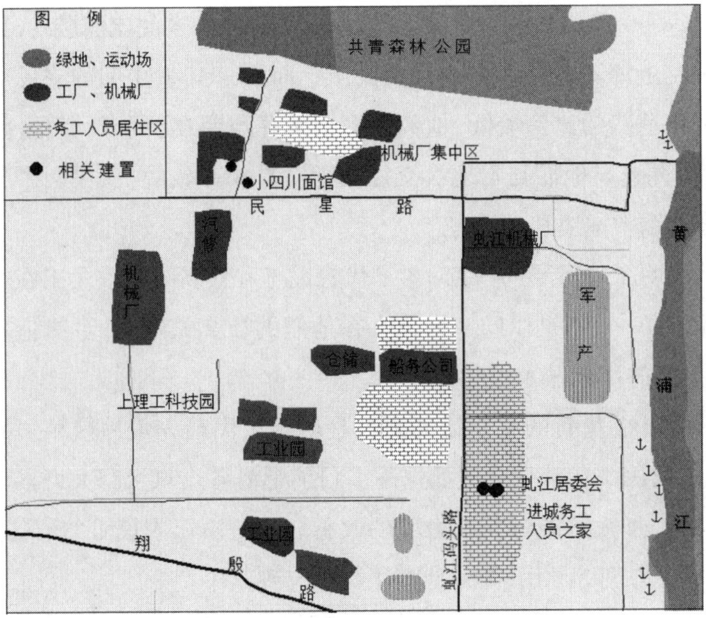

图7 虬江码头周边农民工与工厂分布情况

其他大多是群组、用人单位提供租住、借助等形式。

从整体上讲，居住条件和农村户口带来所带来的长期消费习惯和心理的落差，导致他们很少利用城市基层公共文化设施这一现象。

以上文虬江码头地段农民工王某居住地为例，这一地段总的来说比较封闭，东南北三面分别是黄浦江、翔殷路（隧道）、共青森林公园，而西面也是条繁忙的军工路所阻隔。该区域内有多处机械厂、两处工业园、船务公司等，因此也分布着大量的农民工。如图，他们主要分布在虬江码头路东西两侧以及民星路东段北侧，王某就是居住在后者。从空间上看，这里除了一家四川人开的生活超市与面馆外，几乎没有其他娱乐、文化设施。在虬江码头路东侧是虬江居委会以及五角场镇外来务工人员服务中心在这里设立的进城务工人员之家，西侧是两处社区公共运动场，也是这一地块中唯一的休闲场所，但实际上他们很少利用，更没有与其他区域人群的互动。王某的孩子上小学需要上兴趣班，也是开车送到将近10公里以外的虹口。可见，农民工居住区在空间上就很难参与基层文化活动，也带来社会融入度低。

上海，是新生代农民工极其向往的城市。已有的调查显示，在“我喜欢我现在居住的城市”“我关注我现在居住城市的变化”“我很愿意融入本地人当中”“我觉得本地人愿意接受我成为其中一员”等选项中，新生代农民工都给出了极高的肯定，其比例全部超过88%以上。其中，“我喜欢我现在居住的城市”的比例最高，为97.5%；“我关注我现在居住城市的变化”也达到了95.5%；而“我很愿意融入本地人当中”为94.8%。有73%的新生代农民工明确表示，希望能在上海长期居住，从而用自身的努力，在城市中实现自己的梦想。不过，通过调查发现，新生代农民工虽然表达出了强烈的在沪长期居住的愿望，但在实际中，其融入城市生活依然存在着许多不足。①

5. 农民工群体文化消费能力总体较低，消费潜力大

美国经济学家霍利斯·钱纳里（Hollis B. Chenery）指出：当人均GDP为3 000美元时，文化消费应该占比总消费的23%，当人均GDP达到5 000美元时，文化消费将快速增长（即钱纳里临界点）。当然，这一界限的设定应该是

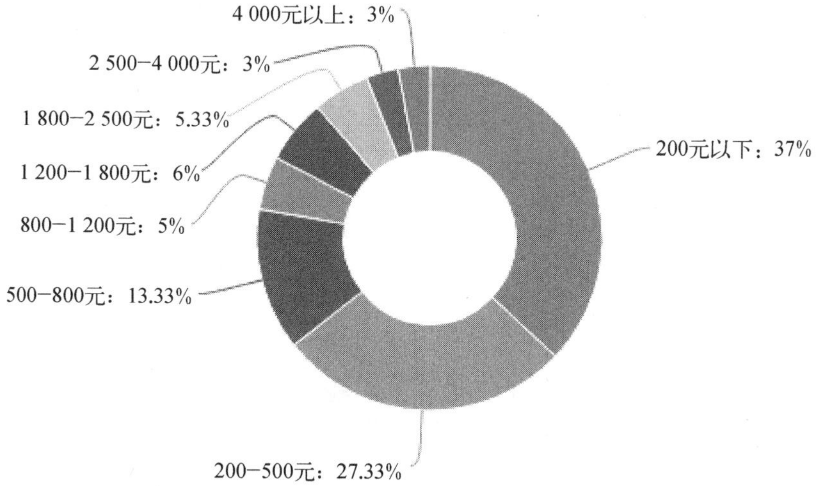

图8　上海农民工每月文化消费金额情况

① http://sh.bendibao.com/news/2017417/179758.shtm。

与所在国的消费水平一致的。

受访农民工月工资在7 000元以上的占35.67%，但是收入中用于文化消费的比例非常低，200元以下占到37%，200—500元间占27.33%。因此，上海农民工的文化消费总水平依然很低，用于文化消费占比微乎其微。

但是，从农民工的工资水平来看，与上海的人均收入相比差距并不大。尤其是部分新生代农民工由于具备新的职业技能，他们的工资水平以及完全突破了老一代农民工所从事的传统行业。在受访者中，笔者对河南籍的王某进行了深度访谈。王某，25岁，职业是杨浦区五角场某健身教练，月收入在15 000元以上，除了比其他农民工多接触了一些新的文化消费种类之外，他用在文化消费上的支出在工资收入中占比也同样很低。

这就说明了一点，对于上海农民工来说，他们文化消费水平低下的原因并不完全来自其收入水平。从未来的趋势来看，其文化消费的潜力十分可观。尤其是新生代农民工，他们的文化认知水平比老一代农民工高，学习能力更强，往往具备某种新的职业技能。这就使得他们有能力从事某些新兴的行业，工资水平也远远高于群体的平均水平。

表4　上海农民工月收入

选　项	小计	比　例
1 000—3 000	24	8%
3 001—5 000	101	33.67%
5 001—7 000	68	22.67%
7 001—9 000	41	13.67%
9 001—11 000	28	9.33%
11 001—15 000	18	6%
15 001以上	20	6.67%
本题有效填写人次	300	

从这一程度上说，对农民工文化消费的提升是有很大空间可以实现的，除了提高工资水平最受关注的要素之外，还有其他更重要的因素限制的其文化消费水平。同时，这也为今后做好农民工工作，提升其文化消费水平，加快社会融合提供更好的路径和方法。

6. 文化消费的相关基础设施不够完善，满足不了农民工群体的需求

调研对象中，24.33%的人认为“距离较远，不方便”导致不去参与文化消费，高达50%的农民工提出不去文化消费的原因是“工作太忙，没有时间”，15%的人周边没有文化消费的相关设施和项目。83.33%的农民工接受半个小时车程以内的文化消费项目。这就说明便利的文化消费设施对提高他们的文化消费水平十分重要。从消费形式和种类来看，移动终端占比很高。

54.33%的调研对象认为他们会通过手机、电视新闻来获取文化消费的信息，63.33%的人将手机APP作为获取文化消费信息的途径。因此，移动网络终端对农民工群体提高文化消费水平至关重要。

2018年1月15日《今日头条》的一篇文章《寻找Wi-Fi：地铁口“蹭网”农民工走红背后》，来自河南周口的老葛在地铁站“蹭”免费Wi-Fi和家人视频通话，被一位视频拍客撞见，拍下视频传上了网络。在葛远征所在的工

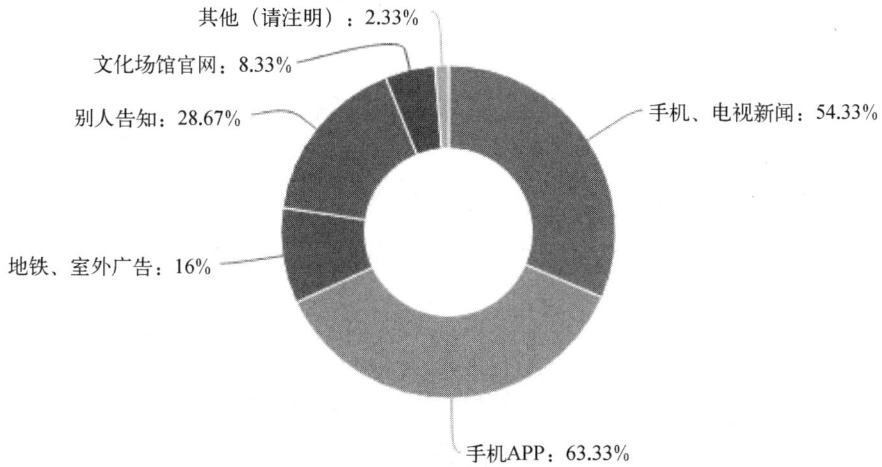

图9　上海农民工获知文化消费信息的途径

图10　在地铁站“蹭”免费Wi-Fi的农民工

地上，像他这样会去地铁站“蹭网”的农民工不止一个。他们“蹭网”，是因为不舍得花太多钱买流量，又“想家，想和家里人说说话”。在工地上，农民工一天可以赚200—300元，“都是血汗钱”，没人舍得把钱花在买流量上，工友们凑在一块总懊恼，“这智能手机吃流量，我上月又超了十五块钱”。

来上海近三个月，葛远征去过一次东方明珠。下班了，盯着东方明珠的塔尖一直向它骑过去，越来越近，越来越近，他发现，“原来东方明珠晚上会开灯，是会变色的”。当然，他没有进到电视塔里面去，“别费那钱”。他也想过要不要去工地附近的世博园玩一下，“听说很好玩，玩一天耽误一天的工钱，还是不去了吧”。

从这则新闻报道可以看出，文化消费相关的公共设施例如公共网络等既是目前文化消费形势的短板，也是今后提升农民工文化消费的突破点所在。利用网络这种最便捷的方式去让农民工了解文化消费、参与文化消费。

三、上海农民工文化消费供给端现状及问题

2016年文化部、国务院农民工工作领导小组办公室、全国总工会联合发布《关于进一步做好为农民工文化服务工作的意见》。《意见》指出：以现代公共文化服务体系建设为支撑，以整合服务资源、创新服务方式、提高服务效能为主线，着力保障农民工基本文化权益，着力强化为农民工文化服务能力，着力发挥文化促进农民工社会融合作用，有序推进、逐步实现有条件有意愿的农民工市民化，让文化发展成果更多惠及全体农民工。以社会主义核心价值观为引领，充分发挥文化引领风尚、教育人民、服务社会、推动发展的作用，

促进农民工群体形成积极向上的精神追求和健康文明的生活方式。明确政府主导，注重以人为本。将为农民工文化服务工作作为促进基本公共文化服务均等化的重要内容，推动落实常住地政府的主体责任，保障农民工平等享受城镇基本公共文化服务。注重农民工特殊文化需求，提供针对性文化服务。到2020年，全面实现农民工平等享受城镇基本公共文化服务，为农民工文化服务的内容和手段更加丰富，服务效能显著提升，政府、企业、社会共同参与为农民工文化服务的工作格局建立健全，农民工基本文化权益得到更好保障，农民工群体融入城镇的文化隔阂进一步消除，基本公共文化服务标准化、均等化水平稳步提高。

在这一指导思想下，形成以下几条可行的措施：第一，切实将农民工纳入城镇公共文化服务体系；第二，加大公共文化设施向农民工免费开放力度。第三，增强基层综合性文化服务中心为农民工服务的功能。第四，举办面向农民工的公益性文化活动。第五，加强农民工题材文化产品创作生产。第六，丰富农民工随迁子女的精神文化生活。第七，加强对农村留守儿童和妇女、老人的文化关爱。在此基础上，着力促进农民工社会融合，创新为农民工文化服务方式。

从文化消费服务的供给端来看，近年来上海在加强农民工的公共文化服务方面加大投入。2016年《上海公共文化服务发展报告》对保障特殊人群的基本文化权益方面进行了总结，浦东、嘉定、松江、闵行、风险、金山每个区每年向外来务工人员配送文艺演出不少于200场，累计近25万人次享受公共文化服务。徐汇滨江龙华街道成立农民工之家，为辖属范围内的农民工提供社区文化服务。

此外，上海市为弘扬新时代农民工的精神风貌，展现新时期优秀农民工的风采，激励广大农民工积极投身上海经济建设，努力为上海建设“四个中心”和社会主义现代化国际大都市作出贡献，上海各区近年来陆续开展年度上海市优秀农民工、上海市农民工先进个人评选推荐工作。

尽管政府和各种社会机构做出一定的努力，但上海农民工在文化消费供给端方面仍然存在许多待解决的问题,例如公共文化设施不够完善；文化消费环境不够安全；部分文化产品价格昂贵；对整个文化消费氛围的宣传不够。

四、相关理论指导下的问题分析及对策、建议

(一) 加强文化心理疏导,释放农民工文化消费潜力

农民工消费心理的转变是释放农民工文化消费潜力的根本。扭转农民工文化消费观念,让文化消费从生活中的“调味品”向“必需品”转换,从源头上释放文化消费潜力。因此,第一,要引导农民工树立正确的文化观。依托现代媒介等传播载体开展健康文化宣传活动。第二,要缓解现存文化消费中的文化焦虑。文化焦虑是文化矛盾的社会体现,折射出文化认同危机。在中国特色社会主义决胜全面小康的关键时期,居民消费转型时期,我们必须加快建立新的文化消费观、新的行为范导；平衡多元文化冲突,满足进城农民工新的文化价值诉求,使农民工群众敢消费、爱消费。

政府应该扮演引导文化消费的角色。让高雅艺术的普及化、市民化,拓展高雅文化消费项目的宣传途径,在基层社区提供免费的、身边的高雅消费项目。

(二) 根据实际情况,适当提供具有地域特色的文化消费项目

根据调研,上海90%以上的农民工认为包含家乡要素的文化消费项目,他们会更加偏爱,这就提示农民工的文化消费不可能完全脱离其早期生长环境而独立存在。具有家乡要素的文化类型,使他们更有安全感,并帮助他们适应城市生活。

因此,在政府为农民工提供的文化消费类型时,不仅要引导他们参与城市文化类型,还要承认文化差异的存在,为他们提供不同形式的文化活动,满足群众多样性需求。提供多种类、多层次的文化消费供给；高雅艺术的普及、市民化,促使农民工从被动地通过乡土文化来适应城市生活,转变为主动地

参与到城市社区文化生活中去。

（三）重点加大教育型文化消费投入

教育型的文化消费主要指通过购置阅览书籍、学习技能、参加讲座培训等方式，以提升能力为目的的文化消费项目。知识技能是所有社会成员公认的一种资源，因此经由教育型文化消费所带来的知识拥有是稳固成员身份的象征。在这种意义上，对新生代农民工而言是获取城市居民认可和接纳的重要方式。

基于此，社区、工作单位可以为农民工提供定期免费的技能、知识、兴趣讲座或培训，让他们产生对工作、生活的兴趣点，引导其参与城市文化消费。这一路径有助于新生代农民工建构起稳固的社会认同，真正地融入城市社会，摆脱城市边缘人群的游离状态，从而真正地成为城市社会的一员。

（四）提升基层公共文化服务功能，打造触手可及的文化消费场所，提供量身打造的个性化文化消费类型

政府应该大力宣传文化消费方式，使农民工对文化消费有一个确切的了解，在宣传的基础上采取措施，如定时开展一些免费画展、举办读书阅读活动、全民健身、书法比赛等等，让农民工切身感受文化的魅力。其次，引导培育不同的文化消费群体，根据个体特征，形成多元文化消费结构。如针对高收入农民工群体消费群，提供高档精品的文化消费产品，实施个性化文化消费模式；针对中等和低收入群体，提供大众消费模式。利用“互联网+”提供多样化文化产品的同时，也要拓展文化线上消费，提供多时段文化消费项目供给，使大多数农民工都有机会接触线上文化产品。

（五）构建城市空间理论框架下的农民工社交网络是带动农民工文化消费的必经之路

本问卷在发放过程中遇到很大的阻力。最初通过某几个特定行业的营

业点发放纸质问卷，受访者十分热情，并且填写十分仔细。但是制作网络电子问卷传播速度十分缓慢。这当中反映的问题是：为什么网络的东西比纸质实体传播要慢？尽管包括农民工在内互联网手机终端的使用已经十分普遍，但在农民工的社交网络中互联网并不能完全代替传统的社交网络。正是如此，才反映出城市农民工、外来务工人员与这个城市是隔离与隔阂的。不仅仅表现在物理空间上，更主要的是网络关系和社会文化心理层面。但另一方面，我们生活的城市、衣食住行的任何一个岗位都离不开农民工。

列斐伏尔曾经论述不同群体对城市空间的利用，但是由于工作时间的原因以及空间使用的合规合法，许多农民工通过时间来换取对空间的使用，在空间的使用上他们与正常的上班族可能没有时间上的交叉点，也不可能产生任何“不必要”的交往。因此，在文化消费时间上，许多农民工选择在夜晚或深夜，甚至没有任何时间参与消费。

在文化消费时所选择的伙伴上和社交网络中，农民工绝大多数几乎不会参与到上海本地人的社交网络中，仅一成人表示与上海户籍市民来往最多，八成以上的交往对象依然是外地户籍为主。大多选择与同事、同乡、家人等进行一起文化消费。

这一方面表明农民工的社会融入仍然十分困难，同时，也限制了他们的文化消费升级。

对此，上海社区应该发挥基层组织的优势，鼓励新生代农民工参与社区生活和社区自治，增加他们与本地人的交往和交流机会，增进彼此互相了解和理解。

（陈云霞）

图书在版编目(CIP)数据

上海文化消费调查报告 / 荣跃明,包亚明主编. --
上海:上海书店出版社, 2020.4
ISBN 978-7-5458-1912-0

Ⅰ. ①上… Ⅱ. ①荣… ②包… Ⅲ. ①文化生活-消费-调查报告-上海 Ⅳ. ①G127.51

中国版本图书馆CIP数据核字(2020)第055621号

责任编辑 王 郡
封面设计 郦书径

上海文化消费调查报告
主 编 荣跃明 包亚明

出 版 上海书店出版社
(200001 上海福建中路193号)
发 行 上海人民出版社发行中心
印 刷 上海叶大印务发展有限公司
开 本 710×1000 1/16
印 张 20.75
版 次 2020年4月第1版
印 次 2020年4月第1次印刷
ISBN 978-7-5458-1912-0/G·155
定 价 88.00元